**8° Z 114 (Rel IX)**

Paris
1897

**Picavet, François**

*Gerbert, un pape philosophe d'après l'histoire et la légende*

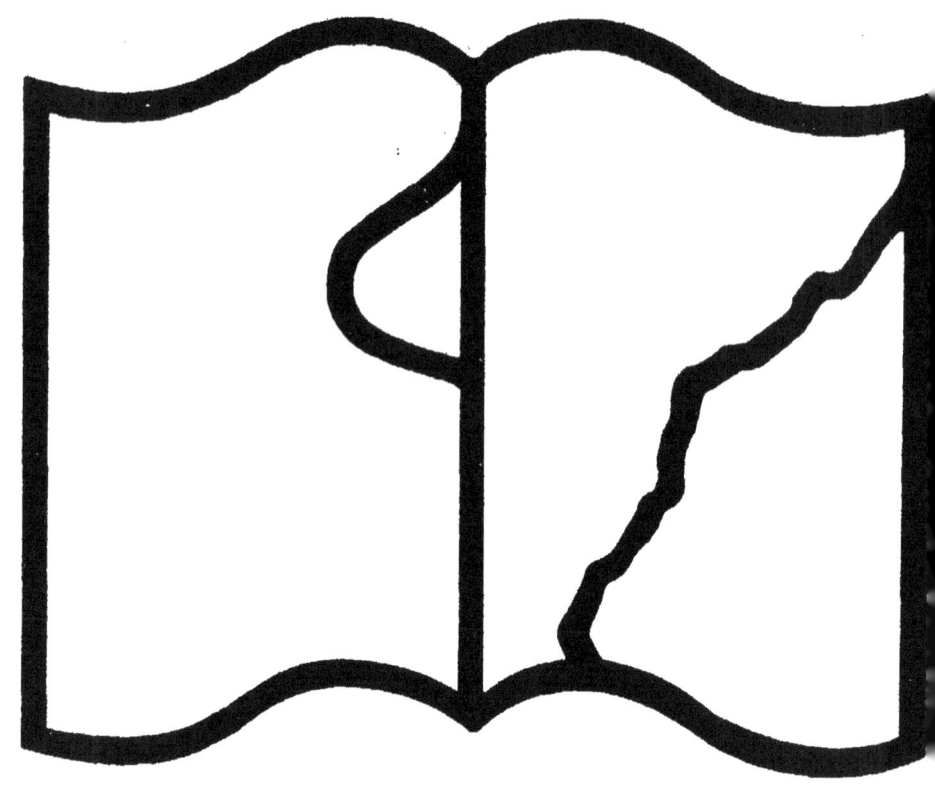

Symbole applicable
pour tout, ou partie
des documents microfilmés


Texte détérioré — reliure défectueuse

**NF Z 43**-120-11

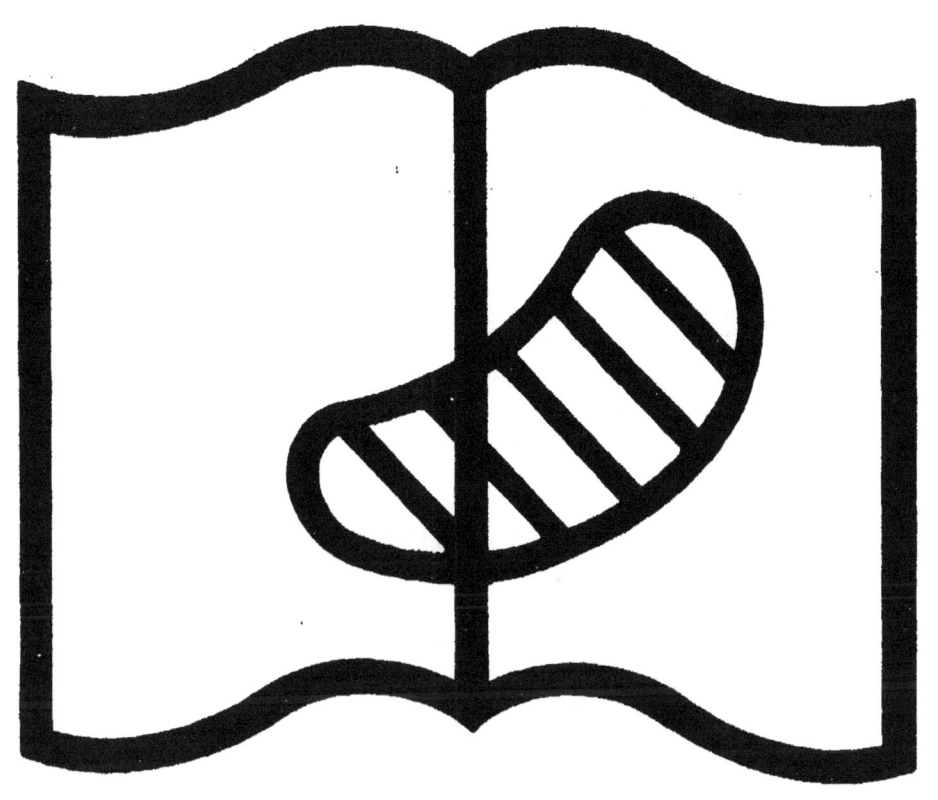

Symbole applicable
pour tout, ou partie
des documents microfilmés

Original illisible

**NF Z 43**-120-10

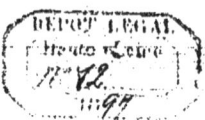

BIBLIOTHÈQUE
DE L'ÉCOLE DES HAUTES ÉTUDES

PUBLIÉE SOUS LES AUSPICES DU MINISTÈRE DE L'INSTRUCTION PUBLIQUE

### SCIENCES RELIGIEUSES

NEUVIÈME VOLUME

# GERBERT
# UN PAPE PHILOSOPHE

D'APRÈS L'HISTOIRE ET D'APRÈS LA LÉGENDE

PAR F. PICAVET

MAÎTRE DE CONFÉRENCES A L'ÉCOLE DES HAUTES ÉTUDES
Section des sciences religieuses

PARIS
ERNEST LEROUX, ÉDITEUR
28, RUE BONAPARTE
—
1897

# BIBLIOTHÈQUE
## DE L'ÉCOLE
# DES HAUTES ÉTUDES

SCIENCES RELIGIEUSES

NEUVIÈME VOLUME

# GERBERT
## UN PAPE PHILOSOPHE
### D'APRÈS L'HISTOIRE ET D'APRÈS LA LÉGENDE

# PRINCIPAUX OUVRAGES DU MÊME AUTEUR

**Kant**, *Critique de la Raison pratique* (Alcan, 1888).
*L'histoire de la philosophie*, ce qu'elle a été, ce qu'elle peut être (Alcan, 1888).
**Maine de Biran**, *Sa philosophie de l'an IX à l'an XI* (Picard, 1889).
**Les Idéologues** (Paris, Alcan, 1891, couronné par l'Académie française), essai sur l'histoire des idées et des théories scientifiques, philosophiques et religieuses en France, depuis 1789, 1 vol. de 628 pages.
**De Epicuro** *novæ religionis auctore* (Alcan, 1885).
**L'éducation**, 1 vol. de 232 pages (Chailley, 1895).
**Instruction morale et civique**, 1 vol. in-18 de 600 p. (Colin, 2ᵉ édit., 1896).

## SOCIÉTÉ DE SCOLASTIQUE MÉDIÉVALE

La Société, fondée avec la collaboration de MM. Albert Réville, Esmein, Maurice Prou, par M. Picavet et les élèves, diplômés ou titulaires de la Conférence, se propose de faire connaître les idées philosophiques, scientifiques et religieuses du moyen âge, en publiant des monographies, des textes ou des analyses. Sa bibliothèque comprend actuellement :

**F. Picavet**, *L'histoire des rapports de la théologie et de la philosophie* (Colin, 1888); *De l'origine de la scolastique en France et en Allemagne* (Leroux, 1888); *Le mouvement néo-thomiste et les travaux récents sur la scolastique* (Revue philosophique, 1892, 1893, 1896); *La scolastique* (Colin, 1893); *La science expérimentale au XIIIᵉ siècle* (Bouillon, 1894); *Galilée, destructeur de la scolastique, fondateur de la science et de la philosophie modernes* (Fontemoing, 1895); *Abélard et Alexandre de Hales, fondateurs de la méthode scolastique* (Leroux, 1896); *Les discussions sur la liberté au temps de Gottschalk, de Raban Maur, d'Hincmar et de Jean Scot* (Picard, 1896); *La renaissance des études scolastiques* (Revue bleue, 1896); *Roscelin, philosophe et théologien* (Imprimerie nationale, 1896); *Gerbert*, (Leroux, 1897).

**Jean Philippe**, *Lucrèce dans la théologie chrétienne du IIIᵉ au XIIIᵉ siècle, et spécialement dans les écoles carolingiennes* (Leroux et Alcan, 1896).

**L. Grandgeorge**, *Saint Augustin et le néo-platonisme* (Leroux, 1896).

# GERBERT

## UN PAPE PHILOSOPHE

D'APRÈS L'HISTOIRE ET D'APRÈS LA LÉGENDE

PAR

F. PICAVET

MAÎTRE DE CONFÉRENCES A L'ÉCOLE DES HAUTES ÉTUDES
(Section des sciences religieuses).

PARIS
ERNEST LEROUX, ÉDITEUR
28, RUE BONAPARTE

1897

## A MONSIEUR LIARD

DIRECTEUR DE L'ENSEIGNEMENT SUPÉRIEUR
MEMBRE DE L'INSTITUT

HOMMAGE DE RECONNAISSANCE ET DE RESPECT

# PRÉFACE

Gerbert a été l'un de ces hommes privilégiés qui, après s'être fait une grande place parmi leurs contemporains, après avoir donné naissance à une légende merveilleuse et grandiose, puis soulevé des discussions passionnées, depuis la Réforme jusqu'à nos jours, sont enfin rangés, par l'histoire impartiale des civilisations, entre ceux dont elle peut et doit retenir les noms.

D'origine obscure, il est d'abord moine à Saint-Géraud d'Aurillac, puis, pendant trois ans, il étudie dans l'Espagne chrétienne, auprès du comte Borel et de l'évêque Hatton. En Italie, le pape Jean XIII admire son « industrie » et son amour de l'étude; l'empereur Otton Ier lui fait enseigner les mathématiques à sa cour. Scolastique à Reims, il est célèbre, non seulement dans les Gaules, mais en Germanie et « jusqu'à l'Adriatique et à la mer Tyrrhénienne ». Otton II, qui l'entend plusieurs fois, lui donne l'abbaye de Bobbio, une des plus riches de l'Italie. Il ne peut s'y maintenir après la mort de l'empereur et revient à Reims, où il est le collaborateur d'Adalbéron. Avec lui, il défend le jeune Otton III contre ceux qui veulent le dépouiller et substitue en France les Capétiens aux Carolingiens; c'est lui, disent même ses ennemis « qui fait et défait les rois ». Archevêque de Reims et archichancelier de France, il lutte contre Jean XV, qui veut rétablir son prédécesseur Arnoul. Abandonné par le roi Robert, il quitte la France et se rend en Germanie, où il est le maître et le conseiller d'Otton III. Par lui, il devient archevêque de Ravenne, puis pape, sous le nom de Sylvestre II. Il essaye alors de réaliser l'unité du monde catholique, par la collaboration du pouvoir spirituel et du pouvoir temporel, et rattache, à l'Église, des domaines nouveaux. Le « pape philosophe », comme l'appelle Adalbolde, meurt en 1003, laissant un grand nom et le souvenir d'une prodigieuse fortune, à laquelle l'homme n'avait pas été inférieur.

Bientôt la légende s'empare de Gerbert : elle en fait un magicien et un allié du démon, un Faust dont la puissance semble d'autant moins contestable, qu'il a plus réellement et plus fortement agi sur tous ses contemporains. Pendant plus de cinq siècles, elle règne incontestée sur les esprits, et, de nos jours encore, elle n'a pas complètement disparu.

Au XVI<sup>e</sup> siècle, on imprime les *Actes du Concile de Saint-Basle*, où Gerbert défendait, contre Jean XV, avec énergie et éloquence, ses droits, comme ceux des évêques et des rois. Les réformés et les catholiques, plus tard les gallicans et les ultramontains, s'en servent, comme d'une arme nouvelle, pour se combattre, non sans frapper plus d'une fois, avec une singulière violence, celui-là même qui l'a fournie et dont on ne connaît guère alors que la légende.

Au XVII<sup>e</sup> siècle, Masson et Duchesne publient les *Lettres* : tous les érudits s'aperçoivent que Gerbert est un des leurs, tous les lecteurs y reconnaissent un homme d'une rare intelligence ; mais elles sont incomplètes et les plus importantes contiennent des caractères tachygraphiques, qui en rendent le déchiffrement impossible. Deux siècles plus tard, on découvre les *Histoires* de Richer, toutes remplies d'une vive admiration pour celui dont l'esprit inventif semble tenir « du divin ». C'est le point de départ de polémiques aussi vives que celles du xvie et du xviie siècle ; il y est question, non plus des relations de Gerbert avec la Papauté ou du pape Sylvestre II, mais du politique, dans ses rapports avec les Capétiens et les Carolingiens, avec la France et la Germanie. Plus d'une fois, Gerbert est accusé d'intrigue et de duplicité, de vénalité et de trahison. Puis des savants revendiquent, pour lui et pour Boèce, l'invention des chiffres dits arabes, et grandissent son rôle de mathématicien. Mais les imputations de la légende, les accusations des adversaires politiques ou religieux persistent, si bien qu'Olleris en reproduit, qui sont en contradiction manifeste avec les œuvres par lui éditées, que Victor Hugo, s'attaquant à Otton et surtout à Gerbert, pour mieux atteindre Napoléon III et Pie IX, n'oublie rien de ce qui peut être répété, ne laisse rien à inventer par ceux qui voudraient, à tout prix, déprécier Sylvestre II.

Cependant la publication d'Olleris (1867), celle de Julien Havet (1889), qui — en même temps que Boubnov — a transcrit complètement les lettres, dont il a proposé une bonne classification chronologique, permettent de connaître, par les sources et d'une façon assez exacte, ce que fut et ce que valut Gerbert. C'est l'objet que nous nous sommes proposé dans le présent ouvrage.

Il ne pouvait être question de relever, une à une, les inventions de la légende ou les assertions injustifiées des polémistes : il y faudrait des volumes, et le résultat en serait médiocre, puisque nous n'aurions fait que détruire l'erreur, sans mettre en lumière la vérité pleine et entière. Il nous a donc paru préférable d'étudier soigneusement, d'après les textes, l'homme et son œuvre spéculative ou pratique, dont la synthèse nous conduit, d'un côté, au philosophe, qui unit en lui l'érudit et l'humaniste, le dialecticien, le savant et le moraliste; de l'autre, au pape, qui nous présente, dans tout leur épanouissement, le chrétien, le théologien et le politique. Nous avons dû, par conséquent, citer beaucoup et souvent, pour fournir au lecteur les moyens de contrôler avec fruit toutes nos affirmations. Mais, du même coup, il nous a suffi de rappeler brièvement la légende, dont nous avons expliqué la formation, et les polémiques modernes dont nous avons établi l'inexactitude manifeste, par des renvois au travail de reconstruction précédemment effectué.

Les documents sur lesquels nous nous appuyons, ont été expliqués et commentés, en même temps que nous examinions la légende et les conclusions des historiens antérieurs, dans nos Conférences de l'année 1889-1890. Nous y sommes revenus, après l'apparition de *Moines et Papes* — qui nous aurait dispensé d'écrire ce livre, si M. Gebhart n'avait renoncé à développer, dans un travail spécial, ce qu'il y a dit de Gerbert — et la publication d'autres ouvrages qui, de près ou de loin, apportaient quelque lumière nouvelle sur les points encore obscurs.

A tous ceux qui ont fait connaître les textes, qui les ont annotés et éclaircis, traduits ou commentés; à tous ceux qui ont essayé d'en tirer ce qui y était contenu ou même qui se sont surtout proposé de critiquer ou de combattre Gerbert, et que nous n'avons pas eu l'occasion de citer, nous devons des remerciements; parce qu'il n'en est guère qui ne nous ait fourni des indications intéressantes, ou qui ne nous ait forcé à examiner de plus près les difficultés. C'est un devoir pour nous, de le rappeler au début d'un livre, où nous n'avons eu d'autre objet que de dire toute la vérité, et rien que la vérité [1].

Paris, 10 février 1897.

---

[1]. Qu'il nous soit permis de mentionner les travaux des néo-scolastiques, qui ont tourné l'attention générale, en ces dernières années, sur les hommes et les choses du moyen âge ; ceux des érudits, en particulier d'Olleris, de Julien Havet, de Baeumker ; des historiens allemands ou français, Cousin, Prantl, Hauréau, Hock, Gfrörer, Wilmans, Gebhart, etc. ; des savants, Chasles, Cantor, Budinger, Curtze, Th.-H. Martin, V. Mortet et P. Tannery, etc.

# CHAPITRE PREMIER

## LA CIVILISATION MÉDIÉVALE AVANT GERBERT

I. — La civilisation hellénico-romaine, de la séparation de l'Orient et de l'Occident, au temps de Charlemagne. — Décadence en Occident : l'Italie, l'Afrique, l'Espagne, la Gaule, l'Irlande, la Grande-Bretagne ; les livres et les maîtres qui pouvaient ramener à l'étude de la pensée antique. — Byzance conserve la civilisation gréco-romaine et fait œuvre originale. — Les Arabes, ayant constitué leur empire, vont créer une civilisation brillante.

II. — Byzance et les Arabes au temps de Charlemagne. — Relations entre les trois empires. — Renaissance carolingienne : Alcuin et sa synthèse impersonnelle des connaissances accessibles à ses contemporains, faite d'un point de vue religieux et pratique ; ses collaborateurs et ses successeurs.

III. — Au temps de Charles le Chauve, marche ascendante des trois civilisations. — Byzance : Photius. — Les Arabes, Honain et Alkendi. — Situation peu prospère de la France ; progrès de la culture intellectuelle, Servat Loup, Jean Scot et leurs contemporains, retour à l'antiquité, questions nouvelles, introduction de l'esprit grec dans les écoles.

IV. — Byzance au x$^e$ siècle : Constantin VII Porphyrogénète. — Les Arabes en Orient, Alfarabi ; en Espagne, bibliothèques et académies. — L'Occident : Alfred en Angleterre ; la France, Heiric et Remi d'Auxerre, Abbon et Odon ; l'Allemagne, héritière et continuatrice de Charlemagne, Henri I$^{er}$, les Otton, contemporains et protecteurs de Gerbert.

La civilisation hellénico-romaine, transformée par le christianisme, fut, au moyen âge, conservée, modifiée ou reprise par les Byzantins, les Arabes et les Occidentaux, qui l'ont transmise au monde moderne [1].

---

[1]. Il ne sera donné, dans ce chapitre, que ce qui est absolument nécessaire pour comprendre Gerbert et son œuvre.

## I

Dès 395, avait lieu la séparation, à peu près définitive, des empires d'Orient et d'Occident. L'Occident, incessamment assailli par les Barbares, perdit bientôt son indépendance et son unité : l'Italie, l'Afrique, l'Espagne, la Gaule, les Iles Britanniques sont séparées et d'autant plus misérables qu'elles avaient été plus prospères.

En Italie, Stilicon bat Alaric et les Wisigoths, Radagaise avec ses 600,000 Suèves, Vandales, Burgondes, Hérules ou Alains; mais il est assassiné en 408. Deux ans après, Alaric fait le sac de Rome, dévaste la Campanie et coupe toute l'Italie méridionale. Puis Attila, vaincu à Châlons-sur-Marne (451), n'épargne guère que les lagunes où va s'élever Venise. Quelques années plus tard, le Vandale Genséric, venu de Carthage, met Rome au pillage pendant quatorze jours et quatorze nuits. En 493, Théodoric, avec les Ostrogoths, conquiert l'Italie sur les Hérules. Son empire est détruit, en 552, par les Grecs de Justinien. Dès 568, les Lombards sont campés comme une armée, sous le commandement de leurs ducs indépendants. Grégoire le Grand (590-604) les gagne à la foi catholique, ainsi que les Wisigoths d'Espagne ; il envoie Augustin en Bretagne et augmente encore le domaine de la papauté. Mais il ignore et méprise les lettres antiques : « On me dit, écrit-il à l'archevêque de Vienne, Didier, — et je ne puis le redire sans honte — que vous avez cru devoir enseigner la grammaire à quelques personnes. Apprenez combien il est grave, combien il est affreux qu'un évêque traite de ces choses... de ces frivolités... de ces lettres séculières que doit ignorer même un laïque [1]. »

---

[1]. Migne, *Patrologie latine*, vol. LXXVII. Epist. lib XI, ep. LIV : « Pervenit ad nos, quod sine verecundia memorare non possumus, fraternitatem tuam gram-

L'Afrique fut plus mal traitée encore. Au moment où mourait saint Augustin (430), Hippone allait ouvrir ses portes aux Vandales, dont le nom devint synonyme de dévastateurs. Si les Byzantins reprennent le pays sous Justinien (533), les persécutions religieuses, les soulèvements des indigènes, des troupes, des gouverneurs y rendent la vie pénible et ne laissent aucune place à la culture des lettres et des arts. Enfin les Musulmans sont à Carthage en 696 : ils prêchent, avec succès, l'islamisme aux tribus qui avaient oublié la civilisation romaine et même le christianisme.

L'Espagne, occupée par les Wisigoths, divisée par les querelles entre ariens et catholiques, fut, après la bataille de Xérès (711), conquise par les Arabes.

La Gaule est parcourue et ravagée, successivement ou simultanément, par les Barbares, Burgondes, Suèves, Wisigoths, Huns, etc. Quand les Francs, auxquels les évêques catholiques prêtent leur appui, en haine des Ariens, prennent l'avantage, leurs querelles incessantes, les crimes des fils de Clovis et de Clotaire achèvent de détruire la culture romaine. Grégoire de Tours (542-594), de beaucoup supérieur à ses contemporains, se plaint de la ruine des études et avoue que lui-même n'a appris ni les lettres, ni la grammaire, ni la rhétorique [1]. Si les Mérovingiens sont à

maticam quibusdam exponere... Et quam *grave nefandumque* sit episcopis canere quod nec *laico religioso* conveniat, ipse considera... Si post hoc evidenter ea quæ ad nos perlata sunt falsa esse claruerint, nec vos nugis et sæcularibus litteris studere constiterit, Deo nostro gratias agimus qui cor vestrum maculari blasphemis nefandorum laudibus non permisit. Cf. E. Lavisse, *Histoire générale*, I, p. 210 : « Grégoire ne sait pas le grec ; il n'a pas la culture classique de ses devanciers ; il est peu bienveillant pour les auteurs profanes ; il se vante de faire des barbarismes ; la légende veut même qu'il ait brûlé la bibliothèque du Palatin et renversé les statues de l'école païenne. »

1. Præfatio. « Decedente atque imo pereunte in urbibus Gallicanis liberalium cultura litterarum..... nec repperire possit quisquam peritus dialectica in arte grammaticus, qui haec aut stilo prosaico aut metrico depingeret versu : ingemiscebant sæpius plerique, dicentes : « Væ diebus nostris, quia periit studium litterarum a nobis, etc.. Hauréau », qui cite ces textes (*Histoire de la philosophie scolastique*, I, p. 3), ajoute « que le plus illustre évêque de la Gaule, dénonçant en ces termes barbares la barbarie de son temps, prouve, par son exemple, qu'il ne la calomnie pas ».

l'apogée de leur puissance sous Dagobert (627-638), son historien, Frédégaire, est bien inférieur à Grégoire de Tours[1]. Enfin, de Dagobert jusqu'à Pépin le Bref, c'est un siècle de fer, le plus ignorant, dit l'Histoire littéraire, le plus ténébreux et le plus barbare qu'on ait jamais vu, du moins en France. Les Francs s'entretuent, les Germains se préparent à piller l'Église, qui est en décadence, et le paganisme regagne du terrain.

La civilisation romaine avait eu peu d'action sur les Iles Britanniques. Les Saxons, les Pictes, les Scots, les Angles en disputèrent la domination aux Bretons. Vers 432, saint Patrick convertit l'Irlande, y fonda des monastères, où furent étudiées sans interruption les lettres sacrées et profanes. Saint Colomba institua, au VIe siècle, l'église chrétienne d'Écosse. A son compatriote saint Colomban, moine de Bangor, on doit les monastères de Luxeuil et de Bobbio, où il mourut en 615. Saint Gall, disciple de Colomban, en établit un dans les montagnes qui dominent le lac de Constance. Puis le moine Augustin entreprend la conversion des Anglo-Saxons (597). Un de ses successeurs, le grec Théodore (669), organise l'église anglo-latine; il crée, pour faire concurrence à l'église bretonne, des écoles où l'on enseigne les arts libéraux. Bède le Vénérable, mort en 735, résume les connaissances de son temps.

Ainsi l'Occident, en y joignant la Germanie restée barbare, était, en majeure partie, au temps de l'avènement de Charlemagne, étranger ou hostile à la civilisation ancienne. Toutefois des livres avaient été composés, qui pouvaient instruire les Barbares et les préparer à y revenir. Outre Tertullien et saint Cyprien, Arnobe et surtout saint Augustin, dont l'œuvre théologique et philosophique exercera une influence si grande sur notre Occident médiéval, l'Afrique

---

[1]. « Tout souvenir du monde romain a disparu, dit Guizot (*Histoire de la civilisation en France*, XVIIIe leçon); c'est un moine barbare, ignorant, grossier et dont la pensée est enfermée, comme sa vie, dans les murs de son monastère. »

avait eu Apulée de Madaure, Martianus Capella, peut-être Macrobe, que nous trouverons de bonne heure entre les mains de nos scolastiques [1].

L'Italie avait saint Jérôme, saint Grégoire (le Grand), mais aussi Boèce et Cassiodore, qui ont tant contribué à l'éducation intellectuelle des hommes du moyen âge [2]. En Espagne, Isidore de Séville, mort en 636, laisse des écrits qui serviront aux philosophes comme aux théologiens [3]. L'Anglo-Saxon Bède laisse une *Historia ecclesiastica gentis Anglorum* et une espèce de manuel encyclopédique, où il suit Isidore de Séville. Enfin l'Espagne [4], l'Italie, l'Angleterre, surtout l'Irlande, ont encore des maîtres capables de conduire, parfois assez loin, ceux qui désireront étudier, indirectement ou même directement, les œuvres antiques.

1. Apulée de Madaure (114-184) est l'auteur des *Florides*, du *Dieu de Socrate*, du *De dogmate Platonis*, du *De Mundo*, d'une *Apologie*, des *Metamorphoseon libri IX*. — A Martianus Capella, vers 430, on doit les *De Nuptiis philologiæ et Mercurii libri VIII*, où il distingue trois arts : grammaire, dialectique, rhétorique, et quatre sciences : géométrie, arithmétique, astrologie et musique. Macrobe, vers 430 (?), écrit un *Traité sur la différence et la concordance des verbes grecs et latins*, surtout un *Commentaire sur le songe de Scipion* (*République* de Cicéron) et des *Saturnales* en sept livres. Tous trois se rattachent à Platon et à l'école néo-platonicienne. Cf. les *Ennéades* de Plotin, traduites par Bouillet (notes et éclaircissements).

2. De Boèce (470-525), nous avons les traductions des *Analytiques antérieurs et postérieurs*, des *Topiques*, et des *Réfutations des Sophistes* d'Aristote, celle du περὶ ἑρμηνείας avec deux commentaires, celle des *Catégories* avec commentaire, une traduction et un commentaire de *l'Isagoge* de Porphyre, un commentaire sur la traduction par Victorinus de l'Isagoge ; puis, *Introductio ad categoricos syllogismos*, *de syllogismo categorico*, *de syllogismo hypothetico*, *de divisione*, *de definitione*, *Philosophiæ consolationis libri quinque*, *de institutione arithmetica libri duo*, *de institutione musica libri V*, *Geometria*, *de trinitate*, etc. Nos scolastiques n'ont pas d'abord connu tous ces ouvrages de Boèce. On discute encore pour savoir s'il n'avait pas fait d'autres traductions d'Aristote, qui auraient été connues seulement au XIIIe siècle. On admet aujourd'hui qu'il fut chrétien, mais aussi qu'il a subi fortement, surtout dans la *Consolation*, l'influence néo-platonicienne. Cassiodore (479-575) a écrit *de anima, de artibus ac disciplinis liberalium litterarum, de Institutione divinarum litterarum*. Il relève de Boèce, de Martianus Capella, d'Apulée.

3. *Originum sive Etymologiarum libri XX, Sententiarum libri III*. Isidore se rattache à Martianus Capella, à Boèce, à Cassiodore. Ses livres de Sentences ont été parfois considérés comme formant le point de départ de la méthode scolastique. Cf. *Abélard et Alexandre de Halès, fondateurs de la méthode scolastique*, Bibliothèque des Hautes-Études, section des sciences religieuses, vol. VII, pp. 209-231. Cf. Endres, *Ph. Jahrbuch*, 1897, pp. 72 sqq.

4. Cf. ch. II, § 3.

Byzance n'a jamais cessé, aux plus sombres époques, de constituer un empire civilisé. D'abord elle se maintient contre les Barbares de toute provenance, qui renouvellent contre elle des attaques de plus en plus furieuses. Et comme l'a bien montré M. Bayet [1], elle a vécu, non point par un caprice de la fortune, mais parce qu'elle renfermait en elle des raisons d'être sérieuses. Sans doute, la populace de l'empire grec est souvent atroce et lâche, quand, par exemple, elle massacre Hypatie à Alexandrie ; mais elle ne vaut ni plus ni moins que la plèbe romaine, et les Byzantins sont encore capables, sous Héraclius, de se défendre avec succès contre les Avares qui les assiègent. Les chefs ne sont guère moins cruels et ils sont si naturellement perfides, qu'on pourrait citer leurs actes pour prouver que le développement du sentiment religieux peut fort bien se produire, sans être accompagné d'un développement égal de la moralité [2]. Mais nous savons, qu'au temps des Borgia, les meurtres, les cruautés, les mensonges, les perfidies se rencontraient chez les mêmes individus avec une vive intelligence de la beauté artistique et littéraire, avec une foi intermittente, mais ardente, qui se traduit par des actes d'une dévotion excessive [3]. Bélisaire et Narsès, Héraclius qui, pendant six ans, fut vraiment un héros, Léon l'Isaurien, qui force les Arabes à lever le siège de Constantinople, comme Charles Martel les arrête à Poitiers, témoignent suffisamment que les Byzantins n'avaient pas perdu toute audace et toute vigueur.

On a cité longtemps les querelles théologiques que soulevèrent Arius, Nestorius et Eutychès, les monothélites et les iconoclastes, pour condamner le « byzantinisme ». Ne serait-il pas plus juste d'y voir la continuité de la vie intellectuelle? Toutes ces discussions subtiles sur les matières religieuses ne rappellent-elles pas celles des philosophes grecs? ne rejoignent-elles pas celles des Pères, qui s'inspi-

---

1. *Histoire générale* de Lavisse et Rambaud, Colin, I, p. 166.
2. Cf. Ribot, *Psychologie des sentiments*, seconde partie.
3. Cf. Gebhart, *Moines et Papes*, Paris, Hachette, 1896.

rèrent de ceux-ci pour créer les dogmes chrétiens? Qu'on se souvienne que Byzance avait, en outre, des philosophes et des savants, des historiens et des poètes, qu'elle nous a laissé le *Code Justinien,* le *Digeste* et les *Institutes,* qu'elle a créé un art nouveau avec ses coupoles sur pendentifs, ses mosaïques et ses peintures sur les murs, sur le bois ou les manuscrits. On conviendra qu'elle a continué l'antiquité et qu'elle a fait elle-même œuvre originale. Et elle n'a pas travaillé seulement pour elle, elle a été l'institutrice des Barbares qui l'entouraient; elle a souvent agi sur l'Occident; elle a fourni aux Arabes les matériaux, avec lesquels ils ont édifié une civilisation parfois plus riche que la sienne propre [1].

C'est en 622 que Mahomet quitte la Mecque. Un siècle plus tard, les Musulmans sont maîtres d'une partie de l'Asie, de l'Afrique septentrionale et de l'Espagne. Charles Martel et Léon l'Isaurien les empêchent de conquérir à l'Islam tout le monde chrétien. Leur empire atteint alors ses limites extrêmes. Une civilisation brillante, avec ses poètes et ses artistes, ses médecins et ses géographes, ses mathématiciens, astronomes, alchimistes et philosophes, fleurira de l'Orient à l'Espagne, surtout à Bagdad et à Cordoue. Et il semble que, devant avoir peu de durée, puisque « le monde musulman s'abîme au xiii° siècle dans la plus triste décadence intellectuelle », elle se hâte de montrer, en tout lieu, ce qu'elle était capable de donner à l'humanité, tout en continuant, par certains côtés, l'œuvre de ses prédécesseurs.

---

1. M. Bayet donne, dans l'*Histoire générale*, une bibliographie à laquelle nous renvoyons les lecteurs. Pour les travaux récents, on pourra consulter la *Revue byzantine,* que M. Krumbacher publie à Munich. — M. Rambaud a bien montré, dans la *Revue bleue* (14 mars 1891), comment et pourquoi nous jugeons Byzance tout autrement que le xviii° siècle.

## II

Ainsi, au temps de Charlemagne, la civilisation byzantine est encore bien vivante. C'est même, a-t-on dit, du vııı⁰ au xı⁰ siècle que ses destinées sont les plus brillantes : elle est alors ce que furent Athènes et Rome dans l'antiquité, ce qu'est Paris dans les temps modernes. Parfois, elle fournit des livres, plus souvent des artistes, aux Arabes et aux Francs [1]. Avec Haroun-al-Raschid († 813), la civilisation arabe prend à Bagdad un rapide essor ; il s'entoure de Persans, de Grecs, de Juifs, de Nestoriens qui sont ses savants, ses médecins, ses fonctionnaires, qui traduisent les ouvrages grecs et surtout ceux d'Aristote [2]. A Cordoue, Abderrahman (755-788) fonde des écoles. L'un et l'autre élèvent des palais et des mosquées, favorisent les poètes et les artistes. En Occident, la civilisation renaît ; elle s'accroîtra, par elle-même et par des emprunts aux Arabes et aux Byzantins ; puis, survivant seule, elle donnera naissance, au xvıı⁰ siècle, à notre civilisation moderne.

Entre Aix-la-Chapelle, Byzance, Bagdad et Cordoue, les rapports sont incessants : on s'allie et on se combat, on s'envoie des ambassades et des présents [3]. Mais si Charlemagne prend, à Byzance, des artistes ou des modèles pour ses édifices, si les doctrines du Coran n'ont pas été peut-être sans influence sur l'apparition de l'hérésie adoptianiste [4], c'est aux pays limitrophes de la Gaule, où toute culture n'avait

---

1. Cf. Bayet, *l'Art byzantin*. Paris, Quantin.
2. Cf. Ludwig Stein, *Das erste Auftreten der griechischen Philosophie unter den Arabern* (*Archiv f. Gesch. d. Philosophie*, VII, 3).
3. Cf. Rosseeuw Saint-Hilaire, *Histoire d'Espagne*, vol. II ; *Histoire générale* de Lavisse et Rambaud, Colin (vol. I, spécialement les articles de Bayet et de Wahl, avec la bibliographie qui les accompagne).
4. Bibliothèque des Hautes-Études, section des sciences religieuses, vol. I, *De l'origine de la scolastique en France et en Allemagne*.

pas disparu, que Charlemagne réclama des collaborateurs : Pierre de Pise et le lombard Paul, le goth Théodulfe, Clément d'Irlande et ses compagnons, avec qui il revisait l'Évangile sur le texte grec ou syriaque, surtout l'anglo-saxon Alcuin, qui fut l'agent le plus actif de la renaissance carolingienne.

Aux savants qu'il appelait auprès de lui, Charlemagne demandait surtout de l'aider à faire triompher la religion et à mieux gouverner son empire. Aussi Alcuin, qui est avant tout un lettré et dont les vers sont parfois d'un poète, s'est-il, à l'École du Palais ou à Tours, beaucoup occupé de questions religieuses. Contre les théories adoptianistes de Félix d'Urgel et d'Elipand de Tolède, il écrit trois ouvrages ; il commente la Genèse et les Psaumes, le Cantique des Cantiques et l'Ecclésiaste, les lettres de saint Paul et l'Apocalypse, saint Matthieu et saint Jean ; il donne des traités sur la Trinité (de Fide Trinitatis) et sur l'Esprit saint (de Processione Spiritus Sancti), des légendes et des homélies ; il contribue à introduire, dans l'empire, la liturgie romaine et le chant grégorien ; il arrange des missels, constitue des sacramentaires et corrige ou fait copier des bibles [1].

Mais Alcuin est aussi un directeur de conscience. Ses lettres contiennent, pour les personnes de toutes conditions, moines, prêtres ou évêques, rois et papes, princes et princesses, une morale individuelle et sociale, que résume et complète le Liber de Virtutibus et Vitiis.

Enfin Alcuin enseigne la philosophie ou les sept arts, qui sont une excellente préparation à la vie religieuse et pratique : d'abord la grammaire, complétée par l'orthographe, puis la rhétorique, qui « consacre toutes ses forces aux questions civiles, dont Charlemagne est tous les jours occupé », la dialectique « qui sert à confondre les hérétiques ». L'arithmétique est nécessaire pour la connaissance des divines Écritures ; elle fournit, avec la géométrie, des histoires et

[1] F. Monnier, Alcuin, Paris, Durand, 1853, partie II.

des énigmes propres à récréer l'esprit. La musique tient une place considérable dans les cérémonies religieuses. Par l'astronomie, on apprend s'il faut célébrer la Pâque à la façon romaine ou à la façon alexandrine. Et les questions adressées par les élèves amenaient Alcuin à écrire le *Liber de animae ratione ad Eulaliam virginem*, à traiter de l'essence et de la nature de Dieu, de la vision corporelle, spirituelle, intellectuelle, à distinguer les mots *æternum* et *sempiternum*, etc.[1].

Ainsi, d'un point de vue religieux et pratique, Alcuin fait une synthèse de toutes les connaissances qu'il croit utiles à ses contemporains. Il en a puisé les éléments, moins chez les anciens que chez les auteurs chrétiens du moyen âge. Sans doute, il a lu Virgile, qu'il se reproche, à Tours, d'avoir trop aimé. Mais il s'adresse à Isidore de Séville, pour commenter la Genèse; à saint Augustin et à Cassiodore, pour les Psaumes et le Cantique des Cantiques; à saint Jérôme, pour l'Ecclésiaste et saint Paul; à saint Augustin, pour le *de Fide Trinitatis*; à saint Jérôme, Victorin, saint Augustin et saint Grégoire, pour l'Apocalypse; à Bède, pour saint Matthieu; à saint Augustin, à saint Ambroise, à saint Grégoire, à Bède pour saint Jean. De même, il s'inspire de Donat, de Priscien, d'Isidore, pour sa grammaire; de Bède, pour l'orthographe; de Cicéron et surtout d'Isidore, pour la rhétorique. Sa dialectique est, pour la première partie, tantôt extraite textuellement, tantôt abrégée d'Isidore de Séville, qui avait souvent copié Boèce. La seconde est calquée sur les *Dix catégories* attribuées faussement à saint Augustin[2]. Treize des trente-huit chapitres du *Livre des vertus et des vices* sont extraits des sermons de saint Augustin. En astronomie, il reproduit Denys le Petit, Bède et Pline.

Et si parfois Alcuin expose des idées qui lui sont propres, s'il donne une forme personnelle à l'exposition des doctrines

---

1. Cf. Bibliothèque des Hautes-Études, section des sciences religieuses, vol. I, *De l'origine de la philosophie scolastique en France et en Allemagne*.
2. Monnier, *Alcuin*, pp. 30 sqq., les textes sont mis en regard.

empruntées, il lui arrive bien plus souvent, comme l'a montré Monnier, de copier littéralement, selon le procédé longtemps en usage des *deflorationes*, les auteurs que nous avons cités. Sa synthèse des règles morales et des arts libéraux, où la théologie domine, est donc essentiellement impersonnelle ; elle résume, pour ainsi dire, une partie de ce qui s'était fait en Occident depuis la séparation des deux empires.

Mais Alcuin n'a pas travaillé seulement pour les hommes de son temps. Ses disciples, ses collaborateurs, ses successeurs ont conservé, même augmenté le patrimoine qu'il leur avait constitué. Angilbert, l'Homère de l'École, portait deux cents volumes à l'abbaye de Saint-Ricquier ; Adalhard, surnommé Antoine et Augustin, établit une école à Corbie et écrit le *de Ordine palatii*, que reprendra Hincmar. D'Éginhard nous avons une *Vie de Charlemagne*, qui constitue une « composition littéraire » à la façon de Suétone et montre, à elle seule, que la civilisation carolingienne est de beaucoup supérieure à ce qui existait au temps de Grégoire de Tours. Raban Maur, que l'Allemagne considère comme son premier précepteur, que M. Hauréau appelle « le restaurateur de cette école nominaliste ou conceptualiste, dont les destinées seront si glorieuses », connaît bien Lucrèce [1]. Il commente la traduction, par Boèce, de l'*Interprétation*, écrit le *de Universo*, le *de Clericorum institutione* ; il se dit un fidèle disciple d'Alcuin, et les contemporains voient en lui son successeur. Un condisciple de Raban à l'école de Tours compose les *Dicta Candidi de imagine Dei*, où sont exposées, sous forme essentiellement syllogistique, des doctrines théologiques qui viennent surtout de saint Augustin. De Fridugise, poète et philosophe, abbé de Tours après Alcuin, on a conservé le *de Nihilo et Tenebris*.

Bornons-nous à rappeler Leidrade, qui établit à Lyon, dont il est archevêque, une école analogue à celle du Palais ;

---

[1] Cf. J. Philippe, *Lucrèce dans la théologie chrétienne du IIIe au XIIIe siècle et spécialement dans les écoles carolingiennes*, ch. IV, pp. 45 à 49. Les conclusions paraissent inattaquables.

Théodulfe, qui songe non seulement aux clercs ou à leurs parents reçus dans ses monastères, mais commande aux prêtres des bourgs et des campagnes d'apprendre les lettres aux petits enfants; Smaragde, abbé de Saint-Mihiel, dont la grammaire fut célèbre; Anségise, abbé de Fontenelle, qui recueille les capitulaires de Charlemagne et de Louis le Débonnaire; Amalaire, prêtre de Metz; Agobard, archevêque de Lyon, l'adversaire de Fridugise; saint Benoît d'Aniane, qui réforme les monastères, etc., etc.

### III

Si nous passons du règne de Charlemagne à celui de Charles le Chauve (841-877), nous constatons que les trois grandes civilisations du moyen âge suivent une marche ascendante.

A Byzance [1] se termine, en 842, la querelle des Iconoclastes. La dynastie macédonienne, qui va occuper le trône pendant cent quatre-vingt-dix ans (867-1057), opère ce qu'on a appelé une véritable renaissance. Son fondateur, Basile Ier, vainqueur des Arabes, protège les artistes et transforme le palais impérial; il commence le recueil juridique des *Basiliques*, en soixante livres, qu'achève son second fils Léon VI, poète, théologien et écrivain militaire. Le frère de Théodora, qui a mis fin à la lutte des images, réorganise l'école du palais de Magnaure, où l'on enseigne la philosophie, la grammaire, la géométrie et l'astronomie. Le personnage le plus remarquable du IXe siècle est, à Byzance, Photius, patriarche en 857. Son rôle est capital dans l'histoire religieuse, car il entame, avec Nicolas Ier (858-867), la lutte qui aboutira, vers 1054, à la séparation définitive des Églises d'Orient et d'Occident.

---

1. Ludwig Stein. *Die Continuität der griechischen Philosophie in der Gedankenwelt der Byzantiner* (*Archiv f. Gesch. d. Philosophie*, IX, 2).

Il est aussi considérable dans l'histoire profane. Le Pseudo-Denys l'Aréopagite et Maxime le Confesseur (580-662), Jean Philopon et Jean Damascène avaient assemblé des matériaux, qui devaient être utilisés pendant tout le moyen âge. Photius en a réuni, dont on a, de nos jours seulement, tiré complètement parti. Le *Myriobiblion* analyse deux cent soixante-dix-neuf ouvrages de grammairiens et d'orateurs, d'historiens et de romanciers, de philosophes et de médecins, de philologues, de théologiens et de naturalistes ; l'histoire de la littérature et de la philosophie, des sciences et de la théologie, lui doit la connaissance d'œuvres remarquables et aujourd'hui disparues [1]. Et ce qui en augmente la valeur, c'est que l'auteur est plus qu'un érudit : c'est un esprit net, qui sait lire et juger, qui, pour l'indépendance et l'impartialité, pourrait être comparé à un moderne.

Haroun-al-Raschid a pour successeurs à Bagdad, Mamoun (813-833) et Moutacem (833-842), après lesquels se produit la décadence politique. De 842 à 908, il y a neuf khalifes, et en 940, les « émirs des émirs » ne laissent, au chef autrefois incontesté du monde musulman, qu'une puissance tout à fait nominale. Aux Ommiades de Cordoue et aux Fatimites du Caire, s'ajoutent de nombreuses dynasties locales, dans l'Orient et l'Occident, qui divisent de plus en plus le khalifat. Mais le développement de la civilisation n'est pas arrêté. C'est à partir de Mamoun que les traductions d'ouvrages grecs, philosophiques ou scientifiques, se succèdent sans interruption. Honain est un de ceux qui se distinguent le plus dans ce travail. Dès lors aussi, il y a des mathématiciens, comme Mohammed-ibn-Mousa et Thebith ben Corah ; des astronomes, des médecins comme Rhazès ; des alchimistes et des philosophes. Alkendi, mort en 880, cultive les sciences

---

[1]. Qu'il nous suffise de rappeler la *Théologie arithmétique* de Nicomaque de Gérase, les *Pyrrhonia* d'Énésidème, les *Dictyaques* de Denys d'Égée, des citations de Théophraste, des analyses de Clément d'Alexandrie, d'Origène. etc.

et la théologie; c'est, pour le ıx° siècle, l'homme le plus éminent du monde de l'Islam ¹.

L'Espagne, comme l'Orient, a des artistes et des écoles ². Hischem I⁰ʳ et Alhakem I⁰ʳ, puis Abderrahman II (787-852), dont la vie se passe presque tout entière à faire la guerre, semblent cependant préparer leur pays à cultiver les sciences et la philosophie, quand elles seront délaissées par l'Orient épuisé. Mais aucun homme comparable à Alkendi ne s'élève encore en Espagne.

La situation politique de l'Occident n'est guère favorable à l'étude des sciences et des lettres. Louis le Débonnaire est bien inférieur à Charlemagne. Par le traité de Verdun (843), l'Empire se trouve divisé. Non seulement il y a lutte fréquente entre les nouveaux royaumes, mais, dans chacun d'eux, les divisions s'accentuent, plus encore qu'en Orient. Après l'édit de Kiersy-sur-Oise, qui déclare héréditaire la transmission des fiefs, la féodalité est solidement établie en France; elle l'est, un peu plus tôt ou un peu plus tard, en Italie, en Allemagne et en Angleterre. En guerre avec leurs suzerains, en guerre entre eux, les seigneurs sont incapables de résister aux Sarrazins, aux Hongrois, surtout aux Normands. Charlemagne avait fortifié l'embouchure des fleuves pour empêcher les pirates d'en remonter le cours et d'en piller les rives. Au contraire, Louis le Débonnaire cède la Frise à Harold (826). Les Normands s'installent à Noirmoutier, Oissel, Walcheren, Ascaloha, d'où ils partent pour ravager le pays, brûler les couvents et les églises. Regnard Lodbrog s'avance jusqu'à Paris, et deux fois Charles le Chauve lui paie rançon (845 et 847). Hastings saccage Luna, qu'il prend pour Rome, et l'abbaye du Mont-Cassin (864). Les Normands n'épargnent pas plus, d'ailleurs, les musulmans que les chrétiens d'Espagne. Partout où ils passent, ils pillent, dévastent et brûlent. Dans

---

1. Cf. Munk, *Mélanges de philosophie juive et arabe*, Paris, 1859, et Renan, *Averroès et l'Averroïsme*, 3ᵉ édit., Paris, 1859. Cf. aussi les travaux de Dieterici (*Rev. ph.*, 1893, I. Néo-thomisme et scolastique, § 7).
2. Cf. ch. II. § 3.

les chroniques du ix° siècle, le récit de leurs invasions tient plus de place encore que celui des luttes féodales.

Et cependant, sous Charles le Chauve, la civilisation est, par certains côtés, plus avancée qu'au temps de Charlemagne. On ne se contente plus des compilateurs connus d'Alcuin. On pose des questions nouvelles, dont la solution continuera à être agitée aux époques postérieures. Parfois même on écrit des ouvrages, dont la valeur littéraire fait penser au xv° et au xvi° siècle.

Servat Loup, disciple de Raban et abbé de Ferrières, a Macrobe et le *de Officiis* de Cicéron ; Virgile, Horace, Martial et Térence, sur lesquels il s'appuie pour enseigner la poétique ; il possède ou réclame la *Rhétorique*, le *de Oratore* et les *Verrines* de Cicéron, les *Nuits attiques* d'Aulu-Gelle, le *de bello Gallico* de César, le commentaire de Boèce sur les *Topiques* de Cicéron, les *Institutions oratoires* de Quintilien, le *Catilina* et le *Jugurtha* de Salluste. Jean Scot Érigène compose des vers grecs et connaît le *Timée* de Platon ; il commente Martianus Capella et laisse peut-être des extraits de Macrobe. Par ses traductions, le Pseudo-Denys l'Aréopagite et son commentateur Maxime, les Pères grecs et les néo-platoniciens, dont l'un et l'autre reproduisent et combinent les doctrines, entrent dans les écoles de l'Occident.

Deux questions sont alors soulevées, qui indiquent une orientation nouvelle : l'une porte sur la prédestination, l'autre sur la présence réelle. La première, qui avait amené en 849 la condamnation de Gottschalk, fit intervenir ou entrer en lutte Raban Maur et Walafried Strabon, abbé de Reichenau ; Hincmar, archevêque de Reims, dont on connaît les théories sur les rapports du sacerdoce et de l'empire ; l'archevêque de Lyon, Remi, et le diacre Florus, dont les poésies, surtout celle où il déplore la division de l'Empire après Louis le Débonnaire, sont des plus remarquables ; Paschase Radbert et Ratramne de Corbie, Servat Loup et Prudence, évêque de Troyes, sans compter ceux qui siégèrent dans les conciles ou appuyèrent les combattants.

Mais ce qu'il convient surtout de noter, à propos de ce débat, c'est que le problème de la liberté recommence à être discuté avec des arguments rationnels, non plus seulement avec des textes empruntés aux livres saints ou aux Pères; c'est que la philosophie, la libre spéculation sont remises en usage, sinon toujours en honneur : l'esprit grec commence à agir sur notre pays, et son action se fera sentir jusqu'aux temps modernes, où elle deviendra prépondérante : Jean Scot ouvre une ère nouvelle pour l'histoire des idées en Occident [1].

On le retrouve encore, ce semble, à propos de la seconde question. Paschase Radbert soutient — et personne alors n'est de son avis — que la chair n'est pas autre, dans le sacrement et sur l'autel, que celle qui est née de Marie, a souffert sur la croix et sortit du sépulcre après la résurrection.

## IV

Au x° siècle, les Byzantins continuent, sous les empereurs macédoniens, à lutter vaillamment contre leurs adversaires. Ils reprennent l'avantage en Asie, s'emparent de la Crète, de Chypre, d'une partie de la Syrie et se maintiennent dans l'Italie méridionale. L'armée est fortement organisée et le feu grégeois, comme les engins perfectionnés dont elle se sert, lui assurent une grande supériorité. Un de ses empereurs, Constantin VII Porphyrogénète (912-957), peintre et orfèvre, rassemble autour de lui des artistes qui embellissent Byzance. Les écoles sont florissantes : le Prince des rhéteurs et le Consul des philosophes figurent parmi les grands personnages de l'Empire; des étudiants deviennent fonctionnaires et évêques. Constantin est aussi un écrivain, qui rappelle Photius ; on lui

---

[1]. *Les discussions sur la liberté au temps de Gottschalk, de Raban Maur et de Jean Scot*, Compte rendu de l'Académie des sciences morales et politiques, mai 1896.

doit la *Vie* de Basile Ier, les *Thèmes*, l'*Administration de l'Empire*, la *Cour de Byzance*. Il entreprend de résumer tous les historiens, dans un vaste recueil, en cinquante trois livres et il fait des extraits analogues pour l'agriculture, la morale, l'art militaire, la médecine et l'art vétérinaire. Un de ses fonctionnaires commence à collectionner les vies des saints.

Les Arabes, dont la puissance politique est en décroissance sur plus d'un point, ont toujours des artistes et des poètes, des savants et des philosophes. Alfarabi, mort vers 950, unit l'aristotélisme avec le néo-platonisme ; les Frères de la pureté exposent un système encyclopédique, où prennent place Aristote et les néo-platoniciens, Ptolémée et Galien. Avicenne, dont l'influence sera si grande sur les savants et les philosophes de l'Occident, naît en 980.

Alhakem II (961-976) établit à Cordoue une bibliothèque considérable : il fait acheter ou copier à Bagdad et au Caire, à Alexandrie et à Damas, des ouvrages anciens ou modernes. Les femmes mêmes, comme autrefois à la cour de Charlemagne, se livrent à l'étude. Des bibliothèques et des Académies, qui imitent celles de Cordoue, sont fondées dans les grandes villes. Mais Avicebron, le juif qui sera, en Espagne, le précurseur des philosophes musulmans, ne paraît qu'au XIe siècle (1020).

En Occident, il y a recul. Des Scandinaves, « les hommes de l'Est », s'emparent de l'Irlande (795), dont le nom ne reparaîtra plus guère dans l'histoire de la civilisation. Les Danois s'attaquent à l'Angleterre. Le roi Alfred († 901), qui les combat avec énergie, s'entoure, pour faire refleurir les études, d'étrangers comme Grimbaud de Saint-Omer et Jean de Corvei, — ce qui montre manifestement que l'on n'est plus au temps, où l'Angleterre pouvait prêter à la France, son scolastique Alcuin —. Il veut que les jeunes gens, nés libres, apprennent à lire l'écriture anglaise ; que ceux qui doivent enseigner ou être prêtres, soient instruits dans la langue latine. Et il traduit lui-même en anglais la *Consolation* de Boèce, puis Orose, Bède et Grégoire le Grand : aussi l'a-t-on nommé le fondateur de la prose anglaise. Mais dès qu'il disparaît, « aucun prêtre ne sait ni écrire une lettre en latin, ni la traduire du latin ». S. Dunstan, le ministre de quatre rois et le réformateur de l'Église, préfère, aux « études séculières », la science de la piété, contenue dans les livres évangéliques et apostoliques.

En France, Charles le Gros, maître de l'empire de Charlemagne, ne sait que donner de l'argent aux Normands, repoussés de Paris par le comte Eudes et l'évêque Gozlin. A sa mort, Eudes est choisi pour roi et, pendant un siècle (888-987), la rivalité des Robertins et des Carolingiens s'ajoutera aux autres causes de désordre. En 911, les Normands s'installent en Neustrie. Leurs ducs sont en guerre avec les Bretons et les Flamands. Les comtes de Flandre combattent les Hongrois et les envahisseurs du Nord, les comtes de Vermandois et de Ponthieu, les barons de la basse Lorraine : la chanson de geste, qui a pour titre *Raoul de Cambrai*, est un tableau vivant de la vie féodale, aux frontières de France, vers le milieu du x$^e$ siècle. Le duché de Lorraine, ravagé par les Hongrois, disputé par la France et l'Allemagne, est disloqué par Bruno, le frère d'Otton I$^{er}$, en fiefs indépendants. La Champagne, la Bourgogne, l'Aquitaine, la vallée du Rhône, qui sera le centre du royaume d'Arles, ont leurs seigneurs presque indépendants, toujours prêts à batailler contre leurs suzerains, comme ceux-ci sont toujours disposés à méconnaître l'autorité du roi de France.

Aussi la France nous offre-t-elle beaucoup moins d'hommes, remarquables par leur savoir, qu'au temps de Charles le Chauve. A dire vrai, il n'y a pas solution de continuité. Heiric d'Auxerre, né en 841, étudie avec un disciple de Raban Maur, Haimon d'Alberstadt, les auteurs sacrés; avec un autre, Servat Loup, les auteurs profanes ; parfois, il copie littéralement Jean Scot, il commente l'*Interprétation*, traduite par Boèce, la *Dialectique* et les *Dix Catégories* attribuées à saint Augustin, l'*Isagoge* de Porphyre, le *Syllogisme catégorique* d'Apulée. Il a pour disciples Hucbald, que l'on retrouve à Saint-Amand, et Remi, qui est, après lui, maître à Auxerre. Remi reproduit encore Heiric et Jean Scot ; il fait penser à saint Anselme et il est cité par Abélard. Il enseigne à Reims et à Paris, où il a pour élèves Abbon, plus tard abbé de Fleury-sur-Loire et Odon, qui, après avoir gouverné Saint-Géraud d'Aurillac, deviendra abbé de Cluny. C'est à Reims que Gerbert, en 972, apprendra la logique. Mais s'il n'y eut pas interruption, il s'en fallut de peu, comme le montre fort bien Olleris dans la *Vie de Gerbert* [1].

Avec la maison de Saxe, l'Allemagne se présente comme l'héritière et la continuatrice de Charlemagne. Henri Ier bat les Hongrois en 933. Otton Ier (936-973), sacré à Aix-la-Chapelle, soumet les rebelles, intervient en France, en Normandie, dans le royaume d'Arles ; il est vainqueur des Hongrois, des Slaves, et constitue des marches sur toute la frontière. Les ambassadeurs de Byzance, d'Angleterre, d'Italie, viennent à Aix-la-Chapelle. Roi d'Italie en 961, il est « couronné empereur auguste et successeur de Charlemagne en 962 ». Une princesse de Constantinople, Théophano, épouse son fils, et il est en relations avec les Arabes d'Espagne. Comme Charlemagne, il réunit autour de lui des savants étrangers et encourage les études. C'est pendant son règne et celui de ses deux successeurs, Otton II et Otton III, que se place la vie de Gerbert, d'autant plus remarquable qu'il dépasse, à tous points de vue, ses contemporains, comme ses prédécesseurs du xe siècle et ses successeurs du xie.

1. P. xxv, sqq. Voir spécialement ce qu'il dit de Cluny, où Odon veut « purifier les mœurs, inspirer le goût de la pénitence, l'amour de Dieu, ne cultiver l'esprit, que dans la mesure nécessaire pour lire et méditer les livres saints ».

# CHAPITRE II

## LA VIE DE GERBERT : SON ÉDUCATION

I. — Les grandes lignes de la vie de Gerbert; les documents, *Lettres de Gerbert*, éditées par Julien Havet, l'*Histoire* de Richer et la confiance que nous pouvons lui accorder.
II. — Sa famille : elle était pauvre et obscure, d'après Richer, Raoul Glaber et Gerbert lui-même. — Son lieu d'origine : il est Aquitain. — Séjour à Saint-Géraud d'Aurillac : Gerbert y est élevé et instruit avec soin ; ses relations ultérieures avec Géraud, avec Raimond, son ancien maître, avec les moines.
III. — Gerbert en Espagne (967-970) : mélange de la civilisation gothique et de la civilisation carolingienne dans le nord de l'Espagne ; Gerbert peut y étudier Boèce et Isidore de Séville ; il y a des amis et il est sur le point d'y chercher fortune après son départ de Bobbio ; il n'a pas séjourné chez les Arabes ; raisons multiples qui font considérer ce voyage comme légendaire ; il a pu, en Espagne ou plus tard, utiliser certaines traductions des ouvrages arabes.
IV. — Gerbert en Italie et à Reims : le pape Jean XIII retient Gerbert, par ordre d'Otton ; Gerbert professe les mathématiques ; il va étudier la logique à Reims ; Adalbéron le nomme scolastique.

De toutes les légendes qui nous ont été transmises sur les hommes du moyen âge, aucune, pas même celle de Charlemagne, ne fait une place plus grande au merveilleux que celle dont Gerbert fut le héros, un demi-siècle après sa mort[1]. Elle nous apprendra combien l'imagination des contemporains avait été frappée par le savoir et la prodigieuse fortune de cet homme qui, de nos jours encore, a donné lieu aux discussions les plus passionnées. Mais, pour en comprendre

---

1. Cf. le chapitre spécial où elle est exposée.

l'origine et la portée, il faut d'abord résumer sa vie, en indiquant soigneusement ce qui est certain, ce qui est vraisemblable, comme aussi ce qui est obscur et ce que nous ignorons.

I

Rappelons d'abord les grandes lignes. Gerbert, moine à Aurillac, séjourne en Espagne de 967 à 970 ; puis il entre en relations avec le pape Jean XIII et l'empereur Otton Ier, qu'il voit en Italie. En 972, il étudie la philosophie à Reims, où Adalbéron le nomme scolastique. Abbé de Bobbio en 983, il est de nouveau à Reims en 984, et il contribue, avec Adalbéron, à faire élire Hugues Capet roi de France (987). Archevêque de Reims (991), son élection est attaquée auprès du pape. Quand son adversaire est protégé par Robert, devenu roi (996), Gerbert se retire en Italie. Il est archevêque de Ravenne en 998, souverain pontife en 999. Avec Otton III, il essaye d'organiser une monarchie universelle, que dirigeraient de concert le pape et l'empereur. Il meurt en 1003.

Or, pour savoir ce que fut, à ces différentes périodes, la vie de Gerbert, nous avons aujourd'hui deux documents d'une importance capitale. D'abord, les *Lettres,* dont M. Julien Havet nous a donné une édition plus correcte, dont il a lu les caractères tachygraphiques et déterminé la plupart des dates [1]. Puis les quatre livres d'*Histoire* de Richer. Les *Lettres* nous conduisent de 983 à 997 ; l'*Histoire* nous renseigne sur Gerbert, depuis sa naissance jusqu'en 998.

C'est en 1833 que Pertz découvrait à Bamberg l'*Histoire* du moine Richer, dont on ne connaissait guère que le nom,

---

[1]. *Lettres de Gerbert* (983-997), publiées avec une introduction et des notes par Julien Havet (Collection pour servir à l'étude et à l'enseignement de l'histoire), Paris, Picard, 1889. — D'autres textes de moindre importance, utilisés ou non par Olleris (*Œuvres de Gerbert*, Clermont et Paris, 1867), par J. Havet, etc., seront rappelés et examinés.

mentionné par Trithème à la fin du xv⁰ siècle. Il l'a publiée dans les *Monumenta Germaniæ*. De nouvelles éditions, avec traduction, commentaire et notes, ont été données par Guadet en 1845, par Poinsignon en 1855. Elle a été réimprimée par Waitz à Hanovre en 1877.

Richer était le fils d'un homme d'armes, dévoué aux Carolingiens et conseiller du roi Louis IV d'Outremer [1]. Moine à Saint-Remi de Reims, il suivit sans doute les leçons de Gerbert, dont il nous fait connaître l'enseignement d'une manière parfois précise et assez détaillée [2]. Toute sa vie, il s'occupa avec ardeur « d'études libérales ». Nous le voyons même entreprendre un voyage à Chartres [3], pour lire les *Aphorismes* d'Hippocrate avec le moine Héribrand [4], auquel il demande ensuite de lui expliquer la *Concorde d'Hippocrate, de Galien et de Suranus*. Suivit-il Gerbert à Ravenne, comme l'a conjecturé Lenormant ? A-t-il, comme le croit Pertz, fait

---

1. Richer, II, LXXXVII. « Confert itaque (Ludovicus) cum patre meo consilium, eo quod ejus esset miles, consiliis commodus, facundia simul et audatia plurimus. Unde et rex admodum ei consuescebat, et apud eum sepissime consultabat.... » — LXXXVIII. « Rodulfus — sic enim pater meus dicebatur.... » Au § LXXXIX figure un discours de Raoul, qui indique au roi Louis le moyen de s'emparer de Laon. III, § VII sqq. Richer rapporte comment son père aida la reine Gerberge à rentrer en possession des domaines qui lui avaient été enlevés en Belgique par Rainier, comte de Hainaut.
2. Cf. ch. IV, § 1.
3. Richer, IV, L. « Ante horum captationem (il s'agit de la prise de Charles de Lorraine et d'Arnoul, par Hugues Capet, en 991, à la suite de la trahison d'Adalbéron, évêque de Laon) diebus ferme quatuordecim, cum aviditate discendi logicam Yppocratis Choi, de studiis liberalibus sæpe et multum cogitarem, quadam die equitem Carnotinum in urbe Remorum positus offendi. Qui a me interrogatus, quis et cujus esset, cur et unde venisset, Heribrandi clerici Carnotensis legatum sese, et Richero sancti Remigii monacho se velle loqui respondit. Ergo mox amici nomen et legationis causam advertens, me quem querebat indicavi.... Ille mox epistolam protulit, hortatoriam ad aphorismorum lectionem. Unde et ego admodum lætatus.... iter Carnotum arripere disposui (suit le récit fort pittoresque de son voyage accidenté).... in aphorismis Yppocratis vigilanter studui, apud domnum Heribrandum magnæ liberalitatis atque scientiæ virum. In quibus cum tantum prognostica morborum accepissem et simplex ægritudinum cognitio cupienti non sufficeret, petii etiam ab eo lectionem ejus libri, qui inscribitur de concordia Yppocratis, Galieni et Surani. Quod et obtinui, cum in arte peritissimum, dinamidia, farmaceutica, butanica, atque cirurgica non laterent. »
4. Sur Héribrand, voyez Clerval, *Les écoles de Chartres au moyen âge*, Paris, Picard, 1895.

apporter, à la bibliothèque de Saint-Remi, le manuscrit de la loi salique, qui est maintenant à Paris (Bibliothèque nationale, 4789)? C'est ce qu'il est difficile d'affirmer et ce qui importe peu, d'ailleurs, à ceux qui se bornent à lui demander des renseignements exacts sur Gerbert.

Or, c'est à la demande de Gerbert que Richer se charge d'écrire l'histoire de son temps [1] : il continue Hincmar et interroge Flodoard, dont il rédige, à sa façon, les assertions. De Gerbert, il a appris les événements auxquels avait été mêlé le conseiller et l'ami d'Adalbéron. Son histoire tout entière témoigne qu'il a voulu être impartial dans le récit, sinon dans l'appréciation des faits. Peut-être, à ce dernier point de vue, sera-t-il nécessaire parfois de reviser ou du moins d'examiner ses jugements. Mais nous pouvons affirmer, d'après l'ensemble de son œuvre et d'après la manière même dont il a été traité par les historiens [2], qu'il est compétent sur tous les sujets dont il parle, qu'il sait voir, lire et comprendre.

## II

Que savons-nous de la famille de Gerbert? Son père s'appelait peut-être Agilbertus [3]. Ni Richer, ni Gerbert ne le

---

1. *Richeri Historiarum libri quatuor.* — Prologus : « Domino ac beatissimo Patri Gerberto, Remorum archiepiscopo, Richerus Monachus. Gallorum congressibus in volumine regerendis, imperii tui, pater sanctissime Gerberte, auctoritas seminarium dedit. Quam, quia summam utilitatem affert, et rerum materia sese multiplex præbet, eo animi nisu complector, qua jubentis mira benivolentia pertrahor. Cujus rei initium a vicino ducendum existimavi, cum res multo ante gestas, divæ memoriæ Hincmarus ante te in pontificatu octavus, suis annalibus copiosissime annexuit, tantoque superiora lector ea inveniet, quando a nostri opusculi exordio, per ejus regesta sese attollet...... Si ignotæ antiquitatis ignorantiæ arguar, ex quodam Flodoardi, presbyteri Remensis libello, me aliqua sumpsisse non abnuo..... satisque lectori fieri arbitror, si probabiliter atque dilucide breviterque omnia digesserim. »
2. Voir la notice critique de Guadet, qui précède sa traduction.
3. Watterich Paul, *Pontificum Romanorum qui fuerunt inde ab exeunte sæculo* IX *Vitæ ab æqualibus conscriptæ*, I, Leipzig, 1862, in-8°, p. 68.

citent, non plus que sa mère. Si, comme l'ont affirmé Bzovius et bien d'autres, plus soucieux de légendes que d'histoire [1], sa famille eût été illustre, si elle eût remonté jusqu'à Bituitus, le roi des Arvernes, et à la *gens Cæsia* de Rome, ou si Gerbert eût été parent de l'empereur Otton, il est certain que Richer l'eût rappelé, puisqu'il a soin de nous dire que son propre père fut un homme brave, éloquent, habile et fort considéré du roi. Au contraire, la chronique d'Aurillac parle de sa naissance obscure (*obscuro loco natum*). Si l'on a pu croire que l'abbé de Tours, Ébrard, était un de ses parents [2], le fait est loin d'être établi. Le fût-il, qu'on n'aurait rien à en conclure pour la famille de Gerbert, puisqu'on ne sait rien de celle d'Ébrard. Il y a plus, les termes mêmes dont se sert ailleurs Gerbert, nous inclinent à penser que ses parents étaient pauvres et d'humble condition : « Les Italiens, qui traitent d'âne l'empereur, écrit-il en 983, disent à voix basse que je suis un cheval émissaire, que j'ai femme et fils, parce que j'ai recueilli une partie de ma famille de France [3]. »

Et douze ans plus tard, dans une lettre à l'abbé et aux moines de Saint-Géraud, où il se recommande aux prières de tous et rappelle spécialement ceux qu'il a connus ou qui sont ses parents, il s'excuse d'avoir oublié leurs noms, sinon leurs figures : ce n'est pas par orgueil, dit-il, c'est en raison

---

1. Cf. Olleris, p. xvii.
2. Ep. 44. « Cum mei memoriam frequentem habeatis inter honesta, ut e plurimis accepi legatis, magnamque affinitatis jure amicitiam efferatis, existimatione vestra beatum me fore puto, si modo is sum qui juditio tanti viri inveniar dignus amari. » Le *jure affinitatis*, que relève Julien Havet, pour supposer qu'ils étaient parents, ne s'explique-t-il pas par ce qui suit : *At nobis in re publica occupatis?* N'est-il pas question d'un rapport de situation et non de parenté ? Les lettres 80, 88, adressées à Ébrard, la lettre 95 où il est cité, semblent confirmer cette interprétation.
3. Ep. 11. « Taceo de me quem novo locutionis genere equum emissarium susurrant, uxorem et filios habentem, propter partem familiæ meæ de Frantia recollectam. » Le jeu de mots porte sur *emissarium*; de même que le bouc, chassé dans le désert, emportait les péchés d'Israël, le cheval de Gerbert aurait porté toute sa famille en Italie.

de la férocité des barbares [1]. Une telle excuse serait-elle nécessaire, s'il s'agissait d'hommes illustres par leur naissance ? Enfin Gerbert, dans un texte qu'on a souvent négligé de relever, affirme expressément qu'il est d'une famille pauvre et obscure [2].

Et le fait vaut la peine d'être établi : de race illustre, Gerbert aurait eu besoin d'un mérite moindre pour devenir archevêque et pape ; il aurait paru moins admirable ou moins prodigieux.

Nous sommes mal renseignés sur le lieu de sa naissance. Richer [3] se borne à dire qu'il appartenait à la nation aquitaine, c'est-à-dire qu'il était né entre la Loire et les Pyrénées. Les historiens de l'Auvergne, qui ont voulu le faire naître à Belliac, près d'Aurillac, ont invoqué, comme l'a bien vu M. Julien Havet, des légendes qui n'ont aucun

---

1. Ep. 194. « Valeant quondam michi noti vel affinitate conjuncti, si qui supersunt, quorum tantum speciem, nec nomina satis novi, non eorum aliquo fastu oblitus, sed barbarorum feritate maceratus, etc. »

2. Ep. 217, à Wilderod, évêque de Strasbourg. « Cur ita factum sit (sa nomination à l'archevêché de Reims) si forte requiras, nescire me fateor, fateor, inquam, me nescire, cur egenus, et exul, *nec genere, nec divitiis adjutus, multis locupletibus et nobilitate parentum conspicuis prælatus* sit, etc. » — Raoul Glaber dit aussi I, ch. iv, édit. Prou, p. 15, « minorum gerens prosapiam virorum ».

3. Nous donnons ici tout le texte qui nous guide jusqu'au moment où Gerbert arrive à Rome. Richer, III, xliii. « Adventus Gerberti in Galliam. Cui (Adalberoni) etiam cum apud sese super hoc aliqua deliberaret, ab ipsa Divinitate directus est Gerbertus, magni ingenii ac miri eloquii vir, quo postmodum tota Gallia, acsi lucerna ardente, vibrabunda refulsit. Qui Aquitanus genere, in cœnobio sancti confessoris Geroldi a puero alitus, et grammatica edoctus est. In quo utpote adolescens cum adhuc intentus moraretur, Borellum, citerioris Hispaniæ ducem, orandi gratia ad idem cœnobium contigit devenisse. Qui a loci abbate humanissime exceptus, post sermones quotlibet, an in artibus perfecti in Hispaniis habeantur, sciscitatur. Quod cum promptissime assereret, ei mox ab abbate persuasum est ut suorum aliquem susciperet, secumque in artibus docendum duceret. Dux itaque non abnuens, petenti liberaliter favit, ac fratrum consensu Gerbertum assumptum duxit, atque Hattoni episcopo instruendum commisit. Apud quem etiam in mathesi plurimum et efficaciter studuit. Sed cum Divinitas Galliam jam caligantem magno lumine relucere voluit, prædictis duci et episcopo mentem dedit, ut Romam oraturi peterent. Paratisque necessariis, iter carpunt, ac adolescentem commissum secum deducunt. Inde Urbem ingressi, post præces ante sanctos apostolos effusas, beatæ recordationis papam... adeunt, ac sese ei indicant, quodque visum est de suo jocundissime impertiunt. »

fondement historique. Si Gerbert, dans une lettre à Géraud, semble se distinguer des gens d'Auvergne, il n'y a rien à en tirer pour son origine, car il est alors à Reims et peut fort bien opposer la langue de son pays d'adoption à celle de celui où il est né [1]. Par contre, une lettre à Ébrard [2] ne permet guère de conclure en faveur de l'Auvergne. Car d'abord Gerbert a pu employer le mot « *comprovincialium* », au sens large de « Gaulois [3] » et en opposition avec Rome et l'Italie, la Germanie et la Belgique. Ensuite, si nous considérons les deux hommes qui ont vécu à Aurillac et auxquels Gerbert demande des livres, nous ne savons où est né Airard (Ep. 7); mais l'abbé Géraud, de Saint-Céré (Ep. 17), est du Quercy qui, avec le Rouergue, fournissait, selon Mabillon, de nombreuses recrues au monastère d'Aurillac [4]. Il faut donc nous en tenir à Richer et dire simplement que Gerbert était Aquitain.

Gerbert est entré au monastère bénédictin de Saint-Géraud fort jeune, — dès son enfance (*a puero*), dit Richer —. Et les expressions dont se sert Gerbert concordent avec cette assertion [5]. Raimond, qui fut abbé après Géraud, lui enseigna, selon Richer, la grammaire. Si l'on se reporte au sens de ce mot au moyen âge [6], il faut entendre par là le latin, y com-

1. Ep. 17. « An Hugo quem *vestra lingua* abbicomitem dicitis. » Qu'il se soit alors attaché à Reims, c'est ce que montre la lettre 163 : « Ego cum statuissem non discedere a clientela et consilio patris mei (Adalberonis). »
2. Ep. 44. « Sicut Romæ dudum ac in aliis partibus Italiæ, in Germania quoque et Belgica, scriptores auctorumque exemplaria multitudine nummorum redemi, adjutus benivolentia ac studio amicorum comprovincialium. »
3. Glaber dit, dans le texte précédemment rappelé « e Gallis oriundus ».
4. Mabillon (*Vet. anal.*, II, p. 237), rapporte la chronique d'Aurillac. Le nom de Girbertus ou Gerbertus figure sur les cartulaires de Conques en Rouergue, comme sur ceux de Brioude et de Sauxillanges en Auvergne, de Beaulieu, en Limousin (J. Havet, p. 1).
5. Ep. 45. « Valeat sanctissimus ordo, meus *altor, informator.* » Ep. 194. « Vestroque *alumno*.... in commune quidem omnibus vobis pro mei *institutione* grates rependo. » Quant à ce que Gerbert fait dire à ceux qui l'élisent archevêque de Reims (Havet, 179) « Hujus vitam ac mores *a puero* novimus », le mot *novimus* peut indiquer tout aussi bien des renseignements venus d'Aurillac, qu'une connaissance directe et personnelle.
6. Voyez surtout *Conradi Hirsaugiensis dialogus super auctores sive Didas-*

pris ce que comportait alors l'étude de la rhétorique. Car, s'il apprit la mathématique en Espagne et la logique à Reims, il expliqua, comme scolastique, les auteurs latins qu'il n'avait pu connaître qu'à Aurillac.

Même Gerbert va jusqu'à dire, lorsqu'il est archevêque de Reims, que tout ce qu'il sait, c'est surtout à Raimond qu'il le doit [1]. Sans doute, il faut se souvenir de son séjour en Espagne, puis à Reims, et surtout de ses recherches personnelles. Mais il n'en reste pas moins, qu'au monastère autrefois dirigé par Odon l'ancien élève de Remi d'Auxerre, Gerbert prit le goût de l'étude et ce qui lui était nécessaire pour aller plus loin que ses maîtres. Et ceux-ci voulurent compléter l'œuvre, en fournissant, à leur élève de prédilection, les moyens d'acquérir des connaissances qu'ils ne possédaient pas eux-mêmes. De sorte que si Gerbert n'est pas né à Aurillac, il y fut certes instruit, et mieux qu'il n'eût pu l'être dans bon nombre de couvents à cette époque.

Au reste, Gerbert conserva les meilleures relations avec ceux qui l'avaient alors dirigé. Au début de 984, il demande à Géraud s'il doit retourner à Bobbio et lui apprend qu'il se remet à ses études, auxquelles il désire intéresser son ancien maître Raimond (Ep. 16). Adalbéron, dit-il (Ep. 17), lui envoie une « couverture de lit » (*sagum lineum operosum*), comme il lui en avait déjà fait porter une autrefois par Airard. Six mois plus tard, Gerbert, au nom d'Adalbéron (Ep. 35), annonce à Géraud « une robe neuve avec une étole brodée d'or », pour remplacer la « vieille », qui lui avait été auparavant adressée. Ses élèves « latins et barbares », qui savent tous combien il aime Raimond, son ancien maître, désirent ardemment le voir (Ep. 45). Et Gerbert n'oublie ni l'abbé, ni Airard, ni l'ordre qui l'a nourri et formé. « Heureux le jour, heureuse l'heure, écrit-il encore

*cation*, eine Literaturgeschichte aus dem XII Jahrhundert erstmals hgg. von Dr. C. Schepss, Würzburg, Stuber, 1889.

1. Ep. 194. « Cui, si quid scientiæ in me est, post Deum, inter omnes mortales gratias rependo. »

à Géraud, où il m'a été donné de connaître un homme, dont le souvenir éloigne toutes mes peines » (Ep. 46)! Et, pour la seconde fois, il prie l'abbé de venir à Reims, puisqu'il ne peut se rendre lui-même à Aurillac (Ep. 70).

Géraud meurt en 986. Gerbert s'adresse à Raimond : « Privé de mon illustre père, il m'a semblé que je n'étais plus vivant tout entier. Mais la vie m'est revenue, en apprenant que toi même, dont Adalbéron estime « la religion et la science », tu as été choisi, comme je le souhaitais, pour le remplacer » (Ep. 91). En son nom, au nom de son archevêque, il salue Raimond, Airard et tous ses frères d'Aurillac. Au moine Bernard, plus tard abbé de Saint-Martin de Tulle, il offre un tableau de rhétorique composé pour ses élèves (Ep. 92), et tout ce qui pourra leur agréer, sauf à se faire suppléer, pour ce qu'il ne peut faire, par son ami Constantin — si telle est la volonté de Raimond — « à qui il doit tout ». « Adieu, lui dit-il en terminant, mon très doux frère (*dulcissime frater*), considérez comme vôtre tout ce qui m'appartient (*nostra bona putato esse communia*). »

A la mort d'Adalbéron, « avec qui il ne faisait qu'un seul cœur et une seule âme » (Ep. 163), c'est à Raimond, son père très aimé et très doux (*dulcissime, amantissime*), qu'il expose ses inquiétudes. Archevêque de Reims, il réclame, de l'abbé et de tous les frères, des prières pour leur nourrisson (Ep. 194). Il les remercie tous, mais surtout Raimond, de l'éducation qu'ils lui ont donnée. Devenu pape, il envoie encore des livres à Raimond [1].

D'après ces indications, fort incomplètes, mais probantes, on ne saurait mettre en doute la reconnaissance et l'affection profonde de Gerbert pour ses maîtres et ses frères d'Aurillac.

---

1. Mabillon, *Anal.* II, p. 241 (Brev. Chron. Auril.).

## III

C'est en 967 que Borel, nouveau duc de la marche d'Espagne et comte de Barcelone, fait un pèlerinage à Aurillac : « Gerbert, dit Richer dans le texte précédemment cité, était parvenu à l'adolescence, quand Borel, duc de l'Espagne citérieure, vint pour prier au monastère. L'abbé le reçut très honnêtement et, après s'être entretenu quelque temps avec lui, demanda s'il y avait en Espagne des hommes fort habiles dans les arts. Borel ayant répondu affirmativement, l'abbé le pria de prendre avec lui un des siens pour le faire instruire. Le duc accepta, et du consentement des frères, emmena Gerbert, qu'il confia à l'évêque de Vich, Hatton. Auprès de celui-ci, Gerbert étudia surtout et avec succès la mathématique. »

L'histoire de la marche d'Espagne et du comté de Barcelone, où se rendait Gerbert, est assez obscure. Appelé en Espagne par le wâli de Saragosse, Charlemagne avait perdu au retour, à Roncevaux, une partie de son armée et un certain nombre de chefs, parmi lesquels figurait Roland, le commandant de la marche de Bretagne (778). Vingt ans plus tard, son fils Louis constituait, au sud des Pyrénées, la marche ou marquisat de Gothie, qu'il confiait au comte franc Borel. On relevait les murs de Vich, de Girone et de quelques autres villes; on y attirait des habitants. En 802, Louis entrait à Barcelone, dont le Goth Bera devenait gouverneur. Ainsi au nord de la Péninsule, au sud de la France, se rassemblaient les Goths qui voulaient échapper à la domination des envahisseurs : ils y conservaient l'ancienne civilisation, dont Isidore de Séville, le continuateur de Cassiodore et de Boèce, demeure le principal représentant. Et l'influence carolingienne ne pouvait que remettre en honneur Isidore, dont Alcuin[1] avait usé autant que de Cassiodore et de saint Augustin. D'un autre côté, le roi des Asturies, Alonzo, reconstituait, dans sa monarchie naissante, toute l'organisation civile et ecclésiastique de l'ancien empire de Tolède[2].

Mais, de 850 à 852, les Arabes s'emparent de Barcelone. Toutefois les chrétiens la reprennent et, vers 873, la Marche est gouvernée par Wilfred, à qui Charles le Chauve, ne pouvant le secourir contre les Sarrasins, aurait promis d'accorder le comté en toute propriété, s'il réussissait à les en chasser. Un de ses petits-fils, Suniofred, le laissa, en mourant, à Borel, fils de Sunier, comte d'Urgel (967). Et Borel inaugura, par un pèlerinage à Aurillac, son gouvernement, qui devait plus tard être rempli par les luttes avec les Musulmans.

Or le royaume des Asturies n'avait cessé de grandir, la Navarre et la Castille s'étaient rendues indépendantes. Les divisions des Maures, surtout la rébellion de Mouza et des Hafsoun contre les khalifes de Cordoue, permirent aux chrétiens du Nord de l'Espagne, de conserver plus aisément leur civilisation avec leur autonomie. Même l'Espagne soumise aux Musulmans, avait, grâce à leur tolérance, des couvents qui « jouissaient d'une réputation de science, égale à leur réputation de sainteté ».

Gerbert put donc, auprès de l'évêque de Vich, apprendre ce qu'avaient gardé des sciences antiques, Boèce, Cassiodore et Isidore de Séville. De fait, ses ouvrages et ses lettres dénotent la connaissance du quadrivium, tel que le concevaient ses prédécesseurs. Et il l'enseigne à Reims, comme nous le verrons par Richer. Rappelons seulement les lettres à Adalbéron[3], à Rainard[4], celle de l'empereur Otton III, qui

---

1. Ch. 1, § 2.
2. « Omnem Gothorum ordinem sicuti Toledo fuerat, tam in Ecclesia quam in palatio, in Oveto statuit. » — Voyez surtout Rosseeuw Saint-Hilaire, *Histoire d'Espagne*, vol. II et III (Paris, 1844).
3. Ep. 8 (à Adalbéron). « Quos post repperimus speretis, id est *VIII volumina Boetii de astrologia*, præclarissima quoque figurarum geometriæ, aliaque non minus admiranda. »
4. Ep. 130. « Ex tuis sumptibus fac ut michi scribantur *M. Manlius de astrologia*. » — Un manuscrit donne *Manilius* au lieu de *Manlius*, mais il semble

demande à être instruit par Gerbert [1], la *Regula de abaco computi* et la *Géométrie* [2].

D'un autre côté, la place que tiennent les résolutions du concile de Tolède, dans la relation donnée par Gerbert de ce qui se passa à Saint-Basle, ou même dans la lettre à l'évêque de Strasbourg, Wilderod, surtout la discussion avec Otric, semblent bien montrer que Gerbert acquit, dans l'Espagne chrétienne, une bonne partie du savoir théologique ou philosophique qui s'y était conservé [3].

Bien plus, il s'y fit des amis et y conserva des relations. Au début de 984, il écrit à Lupito de Barcelone et à Bonifilius, évêque de Girone. A l'un, en raison de sa « noblesse et de son affabilité », il demande sa traduction de *l'Astrologie* [4]. Au second, qu'il désirerait voir et entretenir, il annonce que, par la mort d'Otton, à qui il avait donné sa foi, il est redevenu libre de parler avec ses amis et d'accomplir leurs sou-

bien que Gerbert n'a pas connu l'œuvre de celui que nous appelons Manilius. Cf. Lanson, *de Manilio poeta*, 1887, pp. 5, 6, et Julien Havet, p. 118.

1. Ep. 186. « Deposcimus ut Græcorum vivax ingenium, Deo adjutore, suscitetis, et nos *arithmeticæ librum edoceatis*. » — Probablement, dit Julien Havet, le manuscrit de Bamberg, du x<sup>e</sup> siècle, où se trouvent l'Arithmétique de Boèce et trois pièces de vers, qui paraissent adressées à Otton par Gerbert (Boubnov, pp. 326-328).

2. Olleris, p. 388. « Sed *Boethius* Porphyrio succurit ». — P. 401. « Prologus in geometriam Gerberti. In quatuor matheseos ordine disciplinarum tertium post arithmeticæ musicæque tractatum geometrica speculatio naturaliter obtinet locum. Cujus videlicet ordinis ratio, quia in ipsis arithmeticæ Institutionis principiis a doctissimo et disertissimo liberalium artium tractatore *Boetio* satis luculenta datur, » etc. — P. 403. « De quibus (linea, superficies, soliditas) cum sæpe Boetius aliique tam sæcularis quam divinæ tractatores litteraturæ in plurimis scriptorum suorum locis satis superque disputent. »

3. Voyez Olleris, pp. 219 sqq., et Havet, Ep. 217. — La définition que Gerbert donne à Otric de la philosophie ou de la sagesse, « divinarum et humanarum rerum comprehensio veritatis », rappelle celle d'Alcuin et d'Isidore (Monnier, p. 31). La classification des sciences qui y est tentée nous fait penser aussi à Isidore (Richer, III, LV sqq.). Vitruve et Boèce sont cités.

4. Ep. 24. « Licet apud te nulla mea sint merita, nobilitas tamen ac affabilitas tua me adducit in te confidere, de te præsumere. Itaque librum *de Astrologia* translatum a te michi petenti dirige, et si quid mei voles in recompensationem indubitate reposce. » Le mot *affabilitas* indique des relations antérieures; *de te præsumere, nulla mea sint merita*, semblent montrer que Gerbert n'a eu encore aucune occasion de rendre service à Lupito. Sur ce Lupito, inconnu des historiens, voyez la conjecture exposée p. 38, à propos des relations entre Arabes et Espagnols.

haits[1]. Il semble que, dépossédé de Bobbio, il ait eu l'idée de chercher un établissement en Espagne : « Tantôt, écrit-il à la fin de 984 ou au début de 985, je songe à me rendre auprès des princes espagnols, comme m'y engage l'abbé Guarin, tantôt j'en suis détourné par les lettres de l'impératrice Théophano. Je m'en remets, pour la décision à prendre, à l'abbé Géraud [2]. » Pendant plus d'une année, il reste hésitant. En mars 986, il est sur le point de se décider : « Bientôt, écrit-il à l'abbé Nithard [3], je me rendrai à la cour impériale ou en Espagne. » Si, à la mort de Lothaire (2 mars 986), l'archevêque de Reims fut rappelé à la cour, et Gerbert nommé secrétaire de la reine Hemma ; s'il renonça, par suite, à l'Espagne, il n'avait pas moins pensé, pendant un temps assez long, qu'il pourrait y réussir : il avait donc bien employé les années qu'il y avait autrefois passées et laissé d'excellents souvenirs à ceux qui y tenaient le premier rang.

En outre, l'invitation à venir en Espagne lui est adressée par Guarin, abbé de Saint-Michel de Cuxa, dans les Pyrénées-Orientales [4], qui avait peut-être porté à Aurillac le livre de

---

1. Ep. 25. « Multa quidem auctoritas vestri nominis me movet, cum ad videndum et *alloquendum*, tum etiam ad *optemperandum*, et hoc diu negatum, distulit negata libertas. Ea cum dolore concessa, domino meo Ottone Cæsare jam non superstite, fas et *amicis loqui*, et eorum imperiis obsequi. Si qua nobis significare voletis, usque ad kl. novemb. Remis, vIII kl. janr. Romæ dicetis, si pace uti poterimus. De multiplicatione et divisione numerorum, Joseph sapiens sententias quasdam edidit, eas pater meus Adalbero Remorum archiepiscopus vestro studio habere cupit. » Remarquer les expressions *fas et amicis loqui*, qui, rapprochées de *alloquendum*, semblent indiquer des relations déjà anciennes, comme *ad optemperandum et eorum imperiis obsequi*.
2. Ep. 45. « Nunc Hispaniæ principes adimus, familiaris nostri abbatis Guarini adhortatione commoti. Hinc sacris litteris dominæ nostræ Teuphanu imperatricis semper augustæ, semper amandæ, semper colendæ, prioribus divellimur ceptis. In tanta rerum inconstantia, doloris, metus, gaudii, appetitus, fidissimi patris Geraldi, quem hæc non tangunt, specialiter filius Gerbertus sequendorum deposcit sententiam. »
3. Ep. 72. « Aut imperialis cito me recolliget aula, aut quantocius omissa diu repetet Iliberia. »
4. Sur Guarin, on peut voir Büdinger, *Ueber Gerbert's wissenschaftliche und politische Stellung*, I, Kassel, 1851, in-8°, p. 22; Riant, *Donation de Hugues*, p. 179, et Julien Havet, passim (Index).

Joseph d'Espagne[1]. Et Géraud, qui l'avait confié autrefois à Borel, est fort désireux de savoir si Louis V viendra, contre les Arabes, au secours du comte[2]. Le sud de la France et le nord de l'Espagne étaient donc en relations incessantes et étroites ; les Pyrénées, beaucoup moins que la Loire ou l'Èbre, séparaient les nations différentes.

Il nous est possible maintenant de poser une question, presque toujours résolue affirmativement, mais sans discussion ni preuves. Gerbert a-t-il été à Cordoue, a-t-il étudié les mathématiques chez les Arabes ? Remarquons, d'abord, que ce serait à ceux qui le prétendent, de justifier leur assertion, et qu'aucun d'eux ne l'a tenté. Mais nous pouvons faire plus, nous pouvons montrer qu'il n'y a pas même une raison sérieuse de supposer ce voyage de Gerbert chez les Arabes, et que tout ce que nous savons concorde à le faire considérer comme une pure légende.

En premier lieu, comment Gerbert, confié par un abbé bénédictin à un comte chrétien, qui le remet à un évêque, aurait-il pensé à vivre chez ces Infidèles qui, trois ans auparavant, avaient battu les rois de Léon, de Castille, et démantelé les villes qui pouvaient arrêter les invasions futures ? Ce que nous connaissons de l'ambassade de Jean de Gorze[3], auprès d'Abderrhaman, nous oblige à affirmer qu'un moine bénédictin se serait considéré comme un traître, s'il avait mis cette pensée à exécution. Et la lettre célèbre sur le Saint-Sépulcre — qu'elle ait ou non contribué à l'organisation des Croisades[4] — témoigne que Gerbert ne pensait pas autrement que les moines de son ordre.

---

1. Comme nous l'avons indiqué plus haut, la lettre 17 donne la variante : *Guarnerius*, voisin de *Guarinus*, dans le passage : « De multiplicatione et divisione numerorum libellum a Joseph Ispano editum abbas Warnerius penes vos reliquit. »

2. Ep. 70. « De rege Ludov., quis habeatur consulitis, et an exercitus Francorum auxilium Borello laturus sit. » — Cf. la lettre 112, écrite par Gerbert au nom de Hugues Capet, où il indique à quelles conditions le roi portera secours à Borel.

3. Rosseeuw Saint-Hilaire, livre VI, ch. II, pp. 438 sqq.; cf. pp. 31 sqq.

4. Ep. 28. Cf. l'examen de cette question, dans le chapitre où il est traité de Gerbert, théologien et chrétien.

Puis, en supposant que Gerbert l'eût voulu, il fallait, pour ce voyage, le consentement du comte et de l'évêque, nécessaire plus tard même pour laisser, sur la demande du pape, le jeune Gerbert à la disposition de l'empereur Otton. Comment auraient-ils exposé ainsi la vie ou la foi du moine, dont ils étaient responsables auprès de Géraud?

En outre, il n'est question de ce voyage ni chez Gerbert, ni chez Richer, ni chez Helgaud ou Ditmar, ni chez Raoul Glaber, qui aime tant le merveilleux, ni même chez « le vieux traître » Ascelin, qui essaie cependant de faire passer Gerbert pour un magicien. Seul Adhémar de Chabanais affirme que, par goût de la sagesse (*causa sophiæ*), Gerbert visita Cordoue. Mais comme il commence par le faire voyager en France, nous sommes immédiatement renseignés sur la valeur de ses informations.

D'ailleurs, Gerbert eût-il pu, même s'il l'eût voulu et si Borel et Hatton y eussent consenti, s'instruire aux écoles arabes? L'ambassade de Jean nous apprend de quelle nature étaient les relations, même amicales, des Arabes d'Espagne et des chrétiens. Abderrahman envoie à Otton, en 952, une ambassade chargée de lui remettre une lettre, où le Christ n'est pas ménagé. Otton irrité retient trois ans les envoyés; puis il expédie Jean de Gorze à Abderrahman, avec de riches présents, mais aussi avec une lettre où Mahomet était fort attaqué. Jean, arrêté d'abord à Tortose, arrive enfin à Cordoue. Le khalife, connaissant, par ses ambassadeurs, qui étaient revenus avec Jean, le contenu de la lettre, craignait d'être obligé, si elle lui était remise, de violer ou le droit des gens en condamnant l'abbé, ou la loi qui punissait de mort les blasphémateurs du Prophète. Jean refusa de donner les présents sans la lettre et reprocha même à l'évêque mozarabe, qui l'y exhortait, d'être « circoncis », et d'adorer le Christ des lèvres, non du cœur. Un prêtre fut renvoyé à Otton, qui écrivit une autre lettre, destinée à remplacer la première. Et Jean ne voulut même pas quitter sa robe de bure, pour paraître devant le khalife! Ainsi musulmans et chrétiens sont beaucoup plus soucieux d'étaler leur puissance, de défendre leur religion et d'attaquer celle de leur adversaire, que de chercher à s'instruire ou à se connaître réciproquement.

Et s'il fût allé à Cordoue, Gerbert en eût-il tiré quelque profit pour son instruction? Il lui eût été impossible d'entrer dans les écoles placées à côté des mosquées[1], où l'on n'enseignait d'ailleurs que la grammaire et le Coran. Quant aux collèges, où l'on étudiait en outre la jurisprudence et les sciences, ils étaient loin d'avoir l'importance qu'ils prendront au $xi^e$ et au $xii^e$ siècles, avec Avicebron et surtout avec Averroès. On cite, au temps d'Alhakem II (961-976), des historiens et des poètes; on rappelle son immense bibliothèque, sa favorite Lobna, versée dans la grammaire, la poésie, l'arithmétique; Aischa, qui collectionne des manuscrits sur les arts et sur les sciences; les Académies de Cordoue et de Tolède. Mais on signale, en 967, le legs, par le docte Aboul Faradji de Bagdad, de tous ses livres au khalife Alhakem comme une chose importante; on sait enfin qu'Almansour, gouvernant l'Espagne au nom de Hischem (976-1002), fait venir d'Orient El-Begani, pour élever son second fils. Et d'une façon générale, on ne nomme aucun savant ou même aucun maître comparable à ceux de l'Orient[2].

Pour que Gerbert apprît, des Arabes d'Espagne, ce qu'ils pouvaient connaître alors de géométrie et d'arithmétique, de musique et d'astronomie, il eût fallu qu'il sût leur langue, puisque l'émir Hischem (787-822), en forçant les peuples conquis à s'instruire dans les écoles musulmanes, avait proscrit l'usage de leur propre idiome. Mais à apprendre l'arabe, de manière à écouter utilement les maîtres et à lire les manuscrits, Gerbert eût employé une bonne partie des trois années, pendant lesquelles il a vécu en Espagne. Et non seu-

---

[1]. Sandoval, *Historia de Idacio*, p. 88 (chez R. Saint-Hilaire, II, p. 477). « Si Christianus fuerit ad mesquidam (mosquée).., flat Maurus, sin malent eum. »
[2]. On ne tient pas, en général, un compte suffisant de la chronologie, dans les travaux qui traitent de l'influence des Arabes sur l'Occident chrétien.

lement rien n'indique, dans ses lettres ou ses ouvrages, qu'il sache l'arabe, mais encore nous pouvons, de la lettre à Lupito, conclure qu'il ne l'a jamais su ; car pourquoi aurait-il cherché à se procurer une traduction d'un traité qui ne pouvait être qu'arabe, au lieu de demander le texte lui-même [1] ?

Enfin s'il trouva, dans l'Espagne chrétienne, des maîtres « parfaits dans les arts », comme le dit Richer, et aussi les livres propres à compléter leur enseignement, n'a-t-il pas dû passer tout son temps à l'étude de ce qui ne lui avait pas été appris à Aurillac ? Pourquoi aurait-il réclamé à d'autres, ce que lui fournissait Hatton ?

Donc, de quelque point de vue qu'on examine la question, on aboutit toujours à la même conclusion : Gerbert n'a été, ni à Cordoue, ni dans une autre ville d'Espagne, l'élève des Arabes.

En résulte-t-il qu'il n'ait rien pu en apprendre, soit pendant son séjour à Vich, soit quand, devenu lui-même un maître, il entreprit d'augmenter ses connaissances par des recherches personnelles ? Il serait téméraire de l'affirmer. Il est presque aussi difficile de déterminer, d'une façon exacte, comment la science des Arabes d'Espagne a passé aux chrétiens occidentaux, que de montrer comment les premiers en sont venus graduellement à égaler, puis à surpasser leurs coreligionnaires d'Orient. Toutefois, nous savons que le roi des Asturies, Alonzo, mort en 910, confia l'éducation de son fils Ordoño à des savants arabes, qui résidaient à la cour du wâli de Saragosse. Abdallah Mahomat ibn Lupi [2], dont parle une chronique, est peut-être un parent du *Lupito* [3] de Barcelone, auquel Gerbert demande son *Liber translatus de Astrologia*. Et il y aurait lieu peut-être aussi de comparer ce *Joseph sapiens* ou *Hispanus*, dont il réclame à deux reprises l'ou-

---

1. Ep. 24 « ... librum de astrologia *translatum*...... dirige. »
2. Chron. Abeld. (chez Ross. Saint-Hilaire). « Qui semper noster fuerat amicus sicut et pater ejus, cui rex filium suum Ordinium ad creandum dederat. »
3. Ep. 24.

vrage sur la multiplication et la division, à ces Juifs convertis, comme Jean d'Espagne [1], qui contribuèrent tant, par la suite, à mettre en latin les livres venus de l'Orient. Il ne sera donc pas superflu de voir si Gerbert n'a pas fait aux Arabes quelques emprunts, pour augmenter ses connaissances puisées aux écoles chrétiennes.

## IV

« Dieu qui voulait, dit Richer [2], rendre à la Gaule envahie déjà par les ténèbres, une vive lumière, donna au duc Borel et à l'évêque Hatton, l'idée d'aller à Rome pour y prier. Ils y conduisirent Gerbert... dont le talent et le désir d'apprendre n'échappèrent point au pape. Comme la musique et l'astronomie étaient alors profondément ignorées en Italie, le pape fit dire à Otton, roi de Germanie et d'Italie, qu'un

---

1. Voyez Jourdain, *Recherches critiques sur l'âge et l'origine des traductions latines d'Aristote*, Paris, 1843, pp. 115 sqq.; Hauréau, *Histoire de la philosophie scolastique*, II, 1. ch. III; Paul Correns, *Die dem Boethius fälschlich zugeschriebene Abhandlung des Dominicus Gundisalvi de Unitate*, Münster, 1894, p. 32.

2. Richer, III, XLIII. « Cum Divinitas Galliam jam caligantem magno lumine relucere voluit, prædictis duci et episcopo mentem dedit, ut Romam oraturi peterent. Paratisque necessariis, iter carpunt, ac adolescentem commissum secum deducunt. Inde Urbem ingressi, post præces ante sanctos apostolos effusas, beatæ recordationis papam..... adeunt, ac sese ei indicant, quodque visum est de suo jocundissimo impertiunt. » — XLIV. « Nec latuit papam adolescentis industria, simulque et discendi voluntas. Et quia musica et astronomia in Italia tunc penitus ignorabantur, mox papa Ottoni regi Germaniæ et Italiæ per legatum indicavit, illuc hujusmodi advenisse juvenem, qui mathesim optime nosset, suosque strenue docere valeret. Mox etiam ab rege papæ suggestum est, ut juvenem retineret, nullumque regrediendi aditum ei ullo modo præberet. Sed et duci atque episcopo qui ab Hispaniis convenerant, a papa modestissime indicitur, regem velle sibi juvenem ad tempus retinere, ac non multo post cum sese cum honore remissurum; insuper etiam gratias inde recompensaturum. Itaque duci ac episcopo id persuasum est, ut hoc pacto juvene dimisso, ipsi in Hispanias iter retorquerent, juvenis igitur apud papam relictus, ab eo regi oblatus est. Qui de arte sua interrogatus, in mathesi se satis posse, logicæ vero scientiam se addiscere velle respondit. Ad quam quia pervenire moliebatur, non adeo in docendo ibi moratus est. »

jeune homme était arrivé, qui, connaissant parfaitement la mathématique, pouvait l'enseigner fort bien aux siens. Le roi lui suggéra de retenir ce jeune homme, en ne lui fournissant aucun moyen de repartir. Le pape exposa, avec ménagement, au duc et à l'évêque, qu'Otton voulait garder Gerbert quelque temps; qu'il le renverrait ensuite avec honneur et le récompenserait. Le duc et l'évêque laissèrent Gerbert à Rome et retournèrent en Espagne... Le pape le présenta au roi, à qui Gerbert dit qu'il connaissait assez la mathématique, mais qu'il voulait étudier la logique. Et comme il désirait vivement apprendre la logique, il ne s'attarda pas longtemps à enseigner. »

Nous avons peu de choses à ajouter au récit de Richer. Borel et Hatton venaient demander à Jean XIII d'ériger Vich en archevêché [1], et le soin qu'ils prirent, d'emmener avec eux leur protégé, témoigne qu'ils en étaient fiers et qu'ils n'entendaient pas s'en séparer. C'est ce que montrent encore les termes mêmes dont use le pape, pour les décider à lui laisser Gerbert. Comme eux, d'ailleurs, le pape admira l'habileté du jeune homme et son ardent amour pour l'étude. Mais c'était grâce à l'empereur qu'il avait pu mettre fin à une sédition redoutable, dont le chef était le préfet de Rome. Il était donc doublement son obligé. Or il savait qu'Otton, désireux d'être en tout le successeur de Charlemagne, réunissait à sa cour tous ceux qui cultivaient les lettres et pouvaient y constituer, en quelque sorte, une École analogue à celle dont Alcuin avait été le chef. Il crut s'acquitter, en lui signalant quelqu'un qui pourrait enseigner la mathématique, ignorée de tous ses maîtres. Et l'empereur, sensible à cette attention, pria le pape d'achever son œuvre en retenant le jeune homme.

Gerbert plut à Otton, comme au pape, mais il lui marqua

[1]. Jaffé, nos 2871, 2872, Loewenfeld, nos 3746, 3747, 3748, 3749. Le titre du § xliv, chez Richer, *Quod Atto Romæ moratus decessit*, est en opposition avec le texte, où il est dit que le comte et l'évêque retournèrent en Espagne. Hatton fut tué à Rome, le 22 août 971 (Havet, VII).

un désir plus vif d'apprendre la logique que d'enseigner la mathématique. Toutefois, il professa pendant quelque temps. Quels furent ses auditeurs? Nous n'en savons absolument rien. Otton II, nous dit-on, d'après Richer [1], l'aurait fréquemment écouté et aurait conçu, pour lui, cette admiration qui l'empêcha plus tard de croire aux accusations d'Otric. Sans doute Otton II, « César et Auguste » dès 967, n'avait guère que quinze ans et ne devait, que deux ans plus tard, épouser la porphyrogénète Théophano. Mais Richer parle de *discussions*, c'est-à-dire de logique. Si donc Otton II vit Gerbert, il ne dut pas l'entendre parler d'une science encore pour lui inconnue, et nous ne pouvons savoir s'il fut son élève en mathématique. Peut-être Gerbert apprit-il alors à employer ces caractères tachygraphiques, dont usaient les notaires de la péninsule et qui nous ont, pendant longtemps, empêchés de déchiffrer ses lettres [2].

Un archidiacre de Reims, habile en logique, vint en ambassade auprès d'Otton, de la part de Lothaire, roi des Français. Gerbert pria l'empereur de le laisser partir pour Reims, avec Garannus. Non seulement Otton y consentit, mais encore il pourvut, à ce qu'il semble, aux frais du voyage et à l'entretien de Gerbert [3]. Ils arrivèrent à Reims

---

1. III, LVI. « Augustus vero cum et ipse talium studiosissimus haberetur, an Gerbertus erraverit admirabatur. Viderat etenim illum, et non semel *disputantem* audierat. » Il faut remarquer, d'ailleurs, que ce texte est placé avant la discussion avec Otric, non à l'endroit où il est question du premier enseignement de Gerbert.

2. Julien Havet, p. LVII, renvoie aux deux Mémoires qu'il a lus sur cette question à l'Académie des Inscriptions et Belles-Lettres en 1887, et au livre de Boubnov qui, imprimé à cette époque, n'a paru que plus tard.

3. Richer, III, XLV. « *Quod ab Ottone rege logico commissus sit.* Quo tempore G., Remensium archidiaconus, in logica clarissimus habebatur. Qui etiam a Lothario Francorum rege, eadem tempestate, Ottoni regi Italiæ legatus directus est. Cujus adventu juvenis exhilaratus, regem adiit, atque ut G... o committeretur optinuit. Ei G... o per aliquot tempora hæsit, Remosque ab eo deductus est. A quo etiam logicæ scientiam accipiens, in brevi admodum profecit; G...s vero cum mathesi operam daret, artis difficultate victus, a musica rejectus est. Gerbertus interea studiorum nobilitate prædicto metropolitano commendatus, ejus gratiam præ omnibus promeruit. Unde et ab eo rogatus, discipulorum turmas artibus instruendas ei adhibuit. » — Le nom, incomplet dans Richer, est donné par Büdinger et Olleris, accepté par Werner et Julien

en 972 [1]. Gerbert enseigna la mathématique à Garannus, mais celui-ci renonça à la musique, qui lui parut trop difficile. Quant à Gerbert, il fit en peu de temps de grands progrès dans la logique. Quels ouvrages étudia-t-il avec Garannus? Il dut voir quelques-uns de ceux qu'il expliqua par la suite à ses propres élèves; mais, en raison même des recherches par lesquelles il ne cesse d'augmenter son savoir, il nous est impossible de dire s'il les connut tous par Garannus, d'autant plus qu'ils n'étaient pas tous expliqués par Heiric et Remi [2].

L'archevêque Adalbéron, élevé au monastère de Gorze, voulait rétablir l'ordre dans son diocèse et peut-être aussi y remettre l'instruction en honneur, comme elle l'avait été au temps d'Hincmar. Après Otton et Jean XIII, il fut frappé du talent et des connaissances de Gerbert et, trouvant en lui un précieux auxiliaire, le choisit pour scolastique, avec charge d'enseigner les arts, dont il avait achevé de prendre connaissance.

L'éducation de Gerbert est terminée. Sans doute il continuera à s'instruire et, parfois même, l'amour de l'étude sera près de l'emporter sur ses occupations pratiques. Mais il va aussi instruire les autres et employer, au maniement des affaires ecclésiastiques ou politiques, cette « *industria* », qu'avait signalée Jean XIII, et dont il devait plus d'une fois donner la preuve à ses contemporains.

Havet, d'après d'Achery (*Spicilegium*, in-fol. II, 571). Prantl (*Gesch. d. Logik*, II², p. 54), parle de Giselbert. — Gerbert écrit, Epist. 185 : « Tribus, ut ita dicam, seculi œtatibus, vobis, patri, avo, inter hostes et tela, fidem purissimam exhibui. » — Ep. 187. « Si quo enim tenui scientiæ igniculo accendimur, totum hoc gloria vestra peperit, patris virtus aluit, *avi magnificentia comparavit*. » Ces deux derniers mots s'appliquent tout à la fois au séjour de Gerbert en Italie et à son voyage à Reims. Otton I*er* meurt le 7 mai 973 (R. III, 67).

1. Richer place l'arrivée de Gerbert entre le concile du Mont-Notre-Dame en Tardenois, mai 972, et la mort d'Otton I*er*, 7 mai 973.
2. Cf. ch. I, § IV.

# CHAPITRE III

## LA VIE DE GERBERT, SCOLASTIQUE ET ABBÉ, ARCHEVÊQUE ET PAPE

Gerbert se partage entre la spéculation et la pratique.
I. — Gerbert scolastique à Reims : l'organisation de son enseignement ; sa renommée ; discussion avec Otric ; recherche de manuscrits.
II. — Gerbert abbé de Bobbio ; les difficultés ; les deux maximes qui dirigent sa vie publique ; ses lettres à l'empereur et à l'impératrice Adélaïde, à l'évêque de Tortone, à Boson et à Pierre, évêque de Pavie, à ses amis ; mort d'Otton II ; raisons pour lesquelles Gerbert quitte Bobbio et revient à Reims.
III. — Gerbert à Reims : il augmente sa bibliothèque, continue à enseigner et à s'instruire ; il ne renonce jamais à faire valoir ses droits sur Bobbio, auprès des moines, du pape, des impératrices et d'Otton III. — Gerbert se tourne vers l'Espagne, mais s'attache surtout à Adalbéron ; il l'aide à défendre l'héritage d'Otton III ; il est secrétaire d'Hemma, puis de Hugues Capet ; Adalbéron cherche à le faire évêque, puis meurt le 23 janvier 989.
IV. — Situation de Gerbert ; les propositions qui lui sont faites ; Arnoul, archevêque de Reims ; Gerbert demande vainement qu'Otton lui assure une situation indépendante ; il reste le secrétaire d'Arnoul, perd tout ce qu'il possède, au pillage de Reims, par les soldats de Charles de Lorraine ; il est quelque temps le partisan de Charles, puis reprend son influence auprès de Hugues Capet. — Gerbert, archevêque de Reims (juin 991) ; luttes contre les partisans d'Arnoul ; Grégoire V, le parent d'Otton, remplace Jean XV, le défenseur d'Arnoul ; mort de Hugues Capet (24 octobre 996) ; Gerbert cherche un asile en Germanie ; Otton lui donne Sasbach et lui demande des leçons. — Gerbert, archevêque de Ravenne, puis pape ; sa mort, 12 mai 1003.

La vie de Gerbert, à partir du moment où Adalbéron le nomme scolastique, pourrait se diviser en trois parties. Il instruit les autres, mais il conserve lui-même le goût de l'étude : il reste ou il entre en relations avec tous ceux qui peuvent lui fournir, lui copier ou lui corriger des manuscrits, avec tous ceux qui ont besoin de ses conseils pour augmenter, comme lui, leurs connaissances. D'un autre côté, en raison même de cette « industrie », dont il avait déjà fait preuve auprès de Jean XIII, il se trouve de bonne heure appelé, par des hommes éminents, à donner son avis sur les affaires politiques et ecclésiastiques. Enfin, ceux qui ont pu ainsi constater son intelligence et sa sagesse, son habileté et son énergie, le chargent de surveiller, de conduire ou de gouverner les laïques et les civils, d'administrer ce qui relève « de César », comme ce qui relève « de Dieu ».

Souvent il accomplit simultanément toutes ces tâches différentes : il professe, étudie et cherche des manuscrits ; il suggère ou exécute d'importantes résolutions. Avec une égale facilité, il passe de la spéculation à la pratique et revient de l'une à l'autre, comme s'il voulait, avant d'arriver aux demeures souhaitées, avant d'habiter la Jérusalem céleste, travailler de toutes ses forces, et par toutes ses facultés, à faire œuvre d'homme et de chrétien.

I

Pendant dix années environ, Gerbert est tout entier à l'étude. Il justifie la confiance d'Adalbéron par l'étendue, l'éclat et le succès de son enseignement [1]. Il débute par la logique et explique plus de livres qu'on n'en connaissait jusqu'alors. Avant de passer à la rhétorique, il familiarise ses élèves avec les poètes. La rhétorique finie, il les conduit

---

[1]. Nous reviendrons sur cette question, pour déterminer exactement ce que Gerbert savait, et quel progrès il réalisait, comme professeur, sur ses prédécesseurs. Les textes de Richer III, 46 sqq. seront alors cités.

chez un sophiste, où ils sont exercés aux controverses et apprennent à argumenter, de façon à ce que l'art disparaisse et qu'ils atteignent ainsi le but suprême proposé à l'orateur [1].

En mathématique, il débute par l'arithmétique, continue par la musique et donne beaucoup de soins à l'astronomie. Il fait observer, pendant la nuit, le lever et le coucher des étoiles ; il fabrique des sphères de toute espèce, qui permettent aux élèves de s'instruire seuls. Comme introduction à la géométrie, il leur apprend l'usage de l'abaque. Un ouvrier ciseleur lui prépara une planche propre à recevoir vingt-sept compartiments, puis mille caractères en corne, qui servaient à faire des multiplications et des divisions. Un livre adressé à Constantin [2], en expliquait le maniement.

Les élèves de Gerbert devenaient de plus en plus nombreux. Sa renommée se répandait dans les Gaules, en Italie, surtout en Germanie. Le roi Otton II l'entendit plusieurs fois, en des circonstances que nous ignorons et prit même part à la discussion [3].

---

1. Il est singulier qu'un maître envoie ses disciples chez un autre, pour compléter en quelque sorte ses leçons, surtout quand ce maître, comme Gerbert, donnera lui même, par sa discussion avec Otric, des preuves de son habileté dans l'argumentation. Olleris dit (p. xxxii) « qu'il leur lut un sophiste ». Mais le texte de Richer, III, xlviii — *Cur eis sophistam adhibuerit. Qua instructis sophistam adhibuit; apud quem in controversiis exercerentur* — implique, non une lecture, mais des controverses chez un maître (*apud quem*) autre que Gerbert. Peut-être celui-ci, au début de son enseignement, se crut-il obligé de recourir à un sophiste, pour les discussions, comme il l'avait été d'apprendre la logique avec le chanoine Garannus. Par la suite, il se serait réservé cette partie de l'enseignement, puisqu'il mentionne « les *Socraticæ disputationes* » (Ep. 34), dont le nom d'Otton éveille en lui le souvenir.

2. Richer se sert, pour désigner Constantin, du terme *grammaticus*, ce qui semble indiquer (chap. ii, § 2) que Constantin n'avait guère jusque là abordé l'étude du quadrivium et qu'il fut, en cela tout au moins, l'élève de Gerbert.

3. Richer, III, lvi. « Augustus vero cum et ipse talium studiosissimus haberetur, an Gerbertus erraverit admirabatur. Viderat etenim illum, et non semel disputantem audierat. » On a vu, chap. ii, § 4, p. 40, que le *non semel disputantem* ne peut s'appliquer qu'à une époque où Gerbert a reçu les leçons de Garannus. Peut-être même faudrait-il dire « l'époque où il apprit d'un sophiste à conduire une argumentation ». Cf. p. 40, n. 1. — Gerbert écrit

Otric, qui avait d'abord enseigné à Magdebourg, était alors auprès d'Otton, et il espérait devenir un jour archevêque de la ville où il avait été un maître écouté et redouté. Vit-il un rival dangereux en Gerbert, qui était avant lui à la cour et qu'Otton Ier avait promis de récompenser (*insuper etiam gratias inde recompensaturum*)? Craignait-il que la renommée, sans cesse grandissante du maître, ne rappelât au fils les promesses du père? Y eût-il simplement jalousie du scolastique, auquel Gerbert enlevait des admirateurs et des élèves? Toujours est-il qu'Otric envoya à Reims un Saxon, qui assista aux leçons, notamment à celles où Gerbert donnait de la philosophie une division générale. Notre Saxon se trompa, en subordonnant la physique aux mathématiques, au lieu de les coordonner, comme le faisait Gerbert. Otric s'en rapporta aux notes de son envoyé, crut prendre Gerbert en faute et courut avertir Otton. Celui-ci, surpris que Gerbert eût pu commettre une semblable erreur, résolut de s'en éclaircir à l'occasion. Un an plus tard (980), Otton fit la paix avec le roi de France Lothaire, et avant d'attaquer les provinces grecques de l'Italie méridionale, il vint à Pavie, pour réconcilier sa femme Théophano avec sa mère Adélaïde. Adalbéron se rendit, la même année, à Rome avec Gerbert. S'il était, comme archevêque de Reims, chancelier du royaume de France, il appartenait à une famille lorraine, dévouée aux empereurs saxons; élevé à Gorze, dans le diocèse de Metz, il avait reçu le comté de Hainaut, de Brunon, archevêque de Cologne et frère d'Otton Ier. Il fut fort bien reçu par Otton II, à Pavie, et descendit avec lui le Pô jusqu'à Ravenne. C'est là, qu'en présence de la cour et sous la direction de l'empereur, Gerbert eut, avec Otric, une discussion qui dura tout un jour. Il sortit triomphant de cette épreuve, justifia ainsi, auprès de tous, sa

en 984 à l'archevêque de Mayence, Ep. 34. « dum redit Otto, dumque herent infixi pectore vultus, dum *Socraticæ disputationes ipsius* frequenter occurunt ».

réputation d'habileté et d'éloquence et remporta à Reims les présents d'Otton.

Quant à Otric, sa défaite semble lui avoir porté malheur. L'archevêque de Magdebourg mourait, le 20 juin 981, « disant que Dieu ne laisserait pas occuper son siège à Otric ». Cependant le clergé et les fidèles voulurent l'ancien scolastique pour archevêque, mais leurs délégués chargèrent l'évêque Gisiler de présenter leur requête. Celui-ci demanda et obtint, pour lui-même, l'archevêché. Otric mourut bientôt à Bénévent, regrettant d'avoir quitté son monastère.

La vie de Gerbert, pendant cette période, ne nous est guère connue que par son enseignement et ses études. Il profite de la réputation qu'il s'est faite, des relations qu'il a conservées ou acquises, pour rassembler des manuscrits, s'instruire lui-même et devenir ainsi, chaque jour, plus capable d'instruire les autres. « *Naguère* », écrit-il à Ebrard, vers la fin de 984 ou le début de 985, « aidé par la bienveillance et le zèle de mes compatriotes, j'ai, à grand prix, payé des copistes ou acheté des manuscrits à Rome et dans les autres parties de l'Italie, en Germanie et en Belgique. » Et trois ans plus tard, dans une lettre à Rainard, il parle de cette recherche incessante de manuscrits, comme d'une chose passée chez lui en habitude et que personne n'ignore : « Tu sais, dit-il, avec quelle ardeur je cherche partout des livres [1]. »

II

C'est vraisemblablement au début de 983 [2] qu'Otton II

---

[1]. Ep. 44..... « Romæ *dudum* ac in aliis partibus Italiæ, in Germania quoque et Belgica, scriptores auctorumque exemplaria multitudine nummorum redemi, adjutus benivolentia, ac studio amicorum comprovincialium... » Le mot *dudum* indique que l'exécution du projet avait commencé avant la nomination de Gerbert à Bobbio. Il en est de même de *nosti*, dans la lettre 130, à Rainard : « *Nosti* quanto studio librorum exemplaria undique conquiram. »

[2]. Julien Havet, p. 1. n. 1.

nomma Gerbert abbé des bénédictins de Saint-Colomban [1], à Bobbio, dans la province de Pavie. C'était un riche monastère, dont « les possessions étaient dispersées dans toute l'Italie » et dont l'abbé, comte depuis 940, devait, à toute réquisition, conduire ou envoyer ses vassaux armés auprès du suzerain [2]. Gerbert n'avait aucune raison de refuser, il en avait d'excellentes pour accepter cette nomination. Autant que le comportait la société féodale, et plus que n'eût jamais osé l'espérer un obscur moine d'Aurillac, il devenait son maître ; il trouvait ce « port tranquille » qu'il souhaita toute sa vie, pour y attendre d'être appelé aux « éternelles demeures [3] ». Il pourrait aussi venir en aide à sa famille [4] et recevoir parfois ceux qui avaient élevé son enfance [5]. Puis Bobbio possédait une belle bibliothèque, que les revenus de l'abbé permettraient d'augmenter. Enfin Gerbert ne répugnait nullement à l'accomplissement des fonctions militaires ou féodales qui incombaient à sa charge [6], et il avait appris, à Aurillac et à Reims, comment on rétablit ou l'on maintient l'ordre et la règle parmi des bénédictins. Il semblait donc devoir travailler tout à la fois pour Dieu [7] et pour

---

1. Cf. ch. I, § 1.
2. Ep. 12 « ... amplissimis honoribus ditavit me dominus meus. Nam quæ pars Italiæ possessiones beati Columbani non continet ? » Ep. 159. « Spoliatus amplissimis rebus imperiali dono collatis. » Que l'abbé de Bobbio fût comte, cf. Margarinus II, p. 48, 60; Stumpf, nos 510, 1202. — Julien Havet, p. 13, n. 1. — Cf. n. 6.
3. Ep. 163, citée p. 59, n. 2. — Cf. aussi Ep. 72. « Michique ut nostis, incerto certa queratur sedes ». — Cf. Ep. 166.
4. Ep. 11, citée p. 51, n. 3. — Cf. aussi p. 44, n. 2.
5. Ep. 46. « Quod ut fleret (il s'agit de Géraud, son ancien abbé, dont la présence le rendrait heureux) sedes michi non ignobiles in Italia collocaveram. » Il veut donc recevoir ses amis, non retourner en France pour les voir, comme le dit Havet (p. 44, n. 5 et p. 16, n. 5).
6. Ep. 16 et 45. Il parle de ses soldats et explique pourquoi il a cédé à la fortune (cf. p. 54). Ep. 194. « Estque *tolerabilior armorum colluctatio* quam legum disceptatio. » — Ep. 91. « Domina mea Th. imperatrix... proficisci me secum in Saxoniam jubet, eoque quosdam ex meis monachis ac militibus ab Italia convenire jussi. »
7. Ep. 23. « Alioquin ne miremini si his castris me applico, ubi maxima portio legis humanæ, nulla divinæ. Humanitas quippe prima, in activis, divinitas secunda, in speculativis. Fiet hoc mea pusillanimitate, vestra cessante magnanimitate. » — Ce texte, qui paraît obscur à Olleris, à Ed. de Barthé-

l'empereur, pour ses amis et sa famille, pour ses administrés et pour lui-même.

La résidence à Bobbio lui était imposée [1]. Il partit immédiatement, laissant ses livres à Reims [2]. Non qu'il comptât y revenir [3], mais il voulait répondre à l'appel de celui dont le père l'avait aidé à s'instruire et qui le traitait avec une bienveillance, à laquelle il n'avait pas été habitué en France, malgré ses services et sa renommée. Il prêta serment de fidélité à Otton II [4], ne renonçant pas toutefois sans regrets à la France et surtout à sa liberté [5] !

Les difficultés étaient grandes et bientôt elles allaient être insurmontables : l'ancien abbé Pétroald, redevenu simple moine, les vassaux de l'abbaye et, d'une façon plus générale, les Italiens, considérant le nouveau maître comme un intrus [6], n'avaient aucune intention de le laisser organiser Bobbio, comme l'entendaient les réformateurs de France. Les évêques et les papes, en un siècle où Théodora et Marozia avaient pris à Rome une place si grande, où les uns et les autres étaient plus occupés à combattre ou à soutenir les Allemands, qu'à maintenir la discipline et à

---

lemy, à M. Julien Havet, s'éclaircit si on le rapproche de la lettre 16 à Géraud, où Gerbert annonce qu'il revient à ses études — comme des vers qui précèdent le *Libellus de rationali et ratione uti* (Organa doctorum quo sua *castra* comuni). Gerbert veut dire qu'en quittant le gouvernement de l'abbaye, pour l'enseignement des arts libéraux, il passe de ce qui est divin à ce qui est humain. Car, dit-il, l'humanité est au premier plan, pour les choses actives, et dans la spéculation qui porte sur les sciences, la divinité ne vient elle-même qu'au second plan. Gerbert travaillait donc plus pour Dieu à Bobbio.

1. Ep. 2, cf. p. 50, n. 3.
2. Ep. 8.
3. Ep. 16, p. 48, n. 3.
4. Ep. 159. « Nulli mortalium aliquando jusjurandum præbui, nisi divæ memoriæ O. Cæsari. » — Voir les expressions dont se sert Gerbert, dans ses lettres à Otton (dominus, servus, etc.).
5. Gerbert écrit, Ep. 2 : « Satius esset me solum apud Gallos egere. » — Ep. 11 : « Si patriam sequor — in palatio exulare. » Relever les mots « quondam liber » (Ep. 1), surtout Ep. 25, « ea cum dolore concessa (libertas) ».
6. Ep. 91. « Sine præsentia dominæ meæ Th. credere me non ausim fidei meorum militum, quia Itali sunt. » — Ep. 5. « Quod abbatiam sancti Columbani habere videmur, Italorum nulli gratias agimus... » — Ep. 16 « ... cum fidem, mores, animos quorumdam Italorum pernoscamus. » Cf. Ep. 219 et la préface du *Libellus de rationali et ratione uti*, où il n'accorde à l'Italie que les *fruges*, non les *viri* (Virgile, Georg. II, 172, 173).

défendre le dogme, devaient lui être hostiles ou tout au moins demeurer indifférents. Les deux impératrices, Adélaïde et Théophano, croyaient par lui récompenser leurs créatures. L'empereur était obligé de compter avec elles et aussi avec tous ses vassaux, dont il avait besoin pour réparer les échecs de la campagne contre les Grecs et les Sarrasins. Il lui fallait ménager les Italiens, dont une révolte eût ruiné tous ses plans, écouter les jaloux ou les envieux et les mécontents, qui, à la cour même, s'attaquaient à Gerbert.

Dans ces circonstances difficiles, Gerbert fait preuve d'énergie, de ténacité et d'intelligence, pour défendre ses droits. Deux maximes lui servent à diriger toute sa vie publique : *il faut*, dit-il, *vouloir ce que l'on peut, si l'on ne peut pas ce que l'on veut ; il faut employer toutes ses forces à ne rien laisser, sans être fait, qui doit l'être* [1]. C'est la seconde qu'il met surtout en pratique à Bobbio. Ses lettres caractérisent l'homme, aussi bien que l'époque.

A l'empereur, il s'adresse avec respect, mais aussi avec une grande liberté. « Autant qu'il est en moi, dit-il, je ferai ce que vous voudrez. Mais il faut que je le connaisse clairement et que cela soit possible. Que ceux qui sont auprès de vous vous renseignent sur mes actes. Mais qu'on ne m'accuse pas de manquer à la majesté impériale, moi, pour qui ce fut toujours une gloire de défendre César, une ignominie de le combattre [2]. » Puis Gerbert se plaint de la situation qui lui est faite, surtout de celle qui est faite aux moines dont il est le chef : « J'aimerais mieux [3], dit-il, vous annoncer des

---

1. Ep. 173. « Sepius quoque illud Terentianum recepistis : Si non potest fieri quod vis, id velis quod possit » (même formule dans la lettre 55). — Ep. 163. « Dabo operam pro viribus, nec quicquam eorum quæ fieri oporteat intermittam, donec optatis perfruar sedibus, reddamque vota mea in Sion. »

2. Ep. 1. « Tollatur ambiguitas epistolarum... Quantum... in nobis est, quod possibile est esse, consequens est nos perficere, si vestrum cognoverimus velle. Dicat dominus Gerbertus episcopus sententiam nostræ innocentiæ super Broningo..... Non dicatur majestatis reus, cui pro Cæsare stare semper fuit gloria, contra Cæsarem ignominia. »

3. Ep. 2 «... Cum videam monachos meos attenuari fame, premi nuditate, tacere quomodo potero ? Tolerabile quidem hoc malum, si non etiam simul

choses gaies que des choses tristes; mais quand je vois mes moines exténués par la faim, privés de vêtements, comment garder le silence? Encore ce mal serait-il supportable, si on ne nous eût enlevé jusqu'à l'espérance d'un meilleur avenir. Par je ne sais quels codicilles, qu'ils nomment libelles [1], tout le sanctuaire du Seigneur est vendu. Nulle part, on ne trouve l'argent de ces ventes; les caves, les greniers sont épuisés et la bourse est vide... Que fais-je donc ici, pauvre pécheur? Mieux vaudrait vivre seul, dans l'indigence, parmi les Gaulois, que de mendier avec tant de nécessiteux [2] en Italie. » Ailleurs, il se plaint énergiquement de ceux qui flattent le maître ou qui parlent aussi mal de l'empereur, que de l'abbé dont il a approuvé les actes : « Pourquoi, dit-il [3], ces langues et ces queues de renards flattent-elles mon maître? Qu'ils sortent du palais, ou qu'ils y conduisent ces satellites qui méprisent les ordres de César, cherchent à faire périr ses envoyés, et le nomment lui-même un âne. Je me tais sur moi; par une injure d'un genre nouveau, ils m'appellent à voix basse un cheval émissaire, ayant femme et fils, parce que j'ai recueilli une partie de ma famille de France. La pudeur manque aux vaincus. O temps! ô mœurs, au milieu de quelles gens je vis! Si je m'attache à ma patrie, je viole mes serments; si j'en

melior spes foret ablata..... Quid ergo peccator hic facio? si cum gratia domini mei fieri posset, satius esset me solum apud Nalos egere, quam cum tot egentibus apud Italos mendicare... »

1. Il s'agissait de baux par lesquels les domaines étaient affermés, avec les serfs et les bestiaux, pour 10, 20, 27 ou 99 ans. Cf. Du Cange, art. *Libellus*; Olleris, p. LVIII.

2. Gerbert parle-t-il uniquement de ses moines ou entend-il aussi les parents qu'il avait amenés de France (Ep. 11)?

3. Ep. 11. « Quid ora caudæque vulpium blandiuntur hic domino meo? Aut exeant de palatio, aut suos repræsentent satellites qui edicta Cæsaris contempnunt, qui legatos ejus interficere moliuntur, qui ipsum asino coæquant. Taceo de me quem novo loculionis genere equum emissarium susurrant, uxorem et filios habentem, propter partem familiæ meæ de Frantia recollectam. *Victis* abest pudor. O tempora, o mores, ubinam gentium vivo? Si patriam sequor, sanctissimam fidem relinquo, si non sequor, exulo. Sed potius liceat cum fide in palatio exulare, quam sine fide in Lutio regnare. » Le *victis* semble bien s'appliquer à ceux auxquels Otton avait donné tort. Sur l'expression *equum emissarium*, cf. ch. II, § 2, p. 25, n. 3.

reste éloigné, je vis en exil. Mais plutôt vivre exilé dans le Palais, en conservant ma foi, que de régner, sans la garder, dans mon propre pays. »

A l'impératrice Adélaïde, qui « devait lui demander plus qu'il ne pourrait faire », il dit fort justement qu'il n'a exécuté, qu'en partie, ses ordres. « Comment, ajoute-t-il, pourrais-je enlever demain à mes fidèles, ce que je leur ai accordé hier? Et si je fais tout ce que tous commandent, pourquoi suis-je ici¹? »

Aussi implore-t-il assistance et conseil de Gerbert, évêque de Tortone et autrefois chancelier d'Otton. « S'il est permis à l'abbé de tout aliéner par des libelles, à quoi bon lui nommer un successeur? Si tout était à Pétroald, non à l'abbé, il ne nous reste rien que les toits et l'usage, qui appartient à tous, des simples éléments. Mon maître m'ordonne d'honorer Pétroald et de ne rien changer à ce qu'il a fait... Voyez ce que j'ai perdu, ce que j'ai acquis, et... conseillez-moi en ami². »

Par les lettres à Boson et à Pierre, l'évêque de Pavie, bientôt pape, Gerbert nous montre comment il entendait faire respecter, de tous, les droits qui lui avaient été conférés. « Assez de paroles, écrit-il au premier, venez aux actes. Ni pour de l'argent, ni par amitié, nous ne vous donnons le sanctuaire du Seigneur. Et si quelqu'un vous l'a donné, nous ne ratifions pas cette donation. Restituez au bienheureux Colomban le foin que vos gens ont emporté, si vous ne voulez éprouver ce qui nous est possible, avec la faveur de

---

1. Ep. 6. « De beneficiis et libellariis *ex parte* vestrum velle, *ex toto* domini nostri C. exsecuti sumus. Recordetur domina mea quid innuerit servo suo, se oraturam pro pluribus aliter quam fieri possit... Terram quam nostris fidelibus heri concessimus, cras quomodo auferemus? At si omnia quæ omnes jubent fiunt, quid hic facimus? » — La seconde phrase nous paraît fort claire, comme le dit Julien Havet, contrairement à Olleris et à Ed. de Barthélemy, si on la rapproche de la précédente, en tenant compte de l'opposition entre *ex toto* (pour Otton) et *ex parte* (Adélaïde). — Quant au Gryphon dont il est question dans cette lettre, il n'est pas possible de savoir s'il avait été recommandé par Adélaïde.

2. Ep. 3.

César, avec l'aide et le secours de nos amis. A ces conditions, nous ne refusons pas d'être votre ami ¹. » Avec le second, il est encore plus dur : « Si nous paraissons posséder, écrit-il, l'abbaye de Saint-Colomban, nous n'en rendons grâce à aucun Italien. Si vous avez fait notre éloge devant notre maître, nous avons souvent agi de même pour vous. Vous demandez un entretien et vous ne cessez de dépouiller notre église (*a rapinis nostræ ecclesiæ non cessatis*); vous partagez nos biens entre vos soldats, comme s'ils vous appartenaient, vous qui auriez dû nous faire restituer ce qui nous a été enlevé. Ravissez, volez, excitez contre nous les forces de l'Italie, le moment est favorable. Notre maître est occupé par la guerre... Puisqu'il n'y a plus de bonne foi, puisque l'on imagine ce qui n'a été ni vu ni entendu, nous ne vous ferons connaître notre volonté que par écrit, et nous ne recevrons pas autrement la vôtre ². »

A ses amis, il demande des livres, tout occupé de compléter la riche bibliothèque qu'il a trouvée à Bobbio ³. Même il écrit à Adalbéron, auquel il annonce l'envoi de manuscrits qui ne sont pas à Reims, qu'une seule chose manque à son bonheur, la présence de celui qu'il regrette nuit et jour ⁴. Mais la lettre à Hugues témoigne déjà d'un grand désenchantement, car la réalité ne ressemble guère à l'apparence : « Quelle est la partie de l'Italie, dit-il, qui ne contienne pas des domaines de Saint-Colomban? mais quelle est celle qui ne contienne pas aussi mes ennemis? Et mes forces sont inférieures à celles de l'Italie. Si je n'accepte pas d'être dépouillé, on m'attaque par les armes, ou, si l'on ne peut employer les armes, par la calomnie (*jaculis verborum*). Si je refuse de ratifier les conventions établies par les libelles, on me traite de perfide, de cruel, de tyran. On méprise et

1. Ep. 4. Nous suivons, pour les renvois aux lettres, l'ordre indiqué par Julien Havet.
2. Ep. 5.
3. Ep. 7 et 9.
4. Ep. 8.

on insulte l'empereur lui-même [1]. » Et à l'archevêque de Trèves, qui se propose de lui envoyer des écoliers, il se borne à répondre qu'il appuiera, auprès de l'empereur, l'avis auquel Ecbert se sera lui-même arrêté [2].

Otton II meurt le 7 décembre 983, et son fils n'a que trois ans. Gerbert ne pouvait plus compter désormais sur le pouvoir civil. Restait le pape auquel, fort de son droit [3], il adresse un suprême appel : « De quel côté me tournerai-je ? Si j'en appelle au siège apostolique, on se rit de moi. Mes ennemis ne me laissent la liberté ni d'aller vers vous, ni de sortir de l'Italie... Dans le monastère et au dehors, il ne me reste que le bâton pastoral et la bénédiction apostolique [4]. » Mais le pape ne veut ou ne peut intervenir. Gerbert n'entend pas se rallier aux ennemis d'Otton, se soumettre aux tyrans qui prennent la place du maître. Il a des soldats et pourrait défendre, par la force, ce qui lui appartient en droit. Mais il faudrait autoriser les vols, les incendies, les meurtres, qui en sont une suite nécessaire. Et puis le résultat serait encore incertain, car les mœurs, l'esprit, la foi des Italiens ne sauraient inspirer aucune confiance [5]. Il vaut donc mieux, conclut Gerbert, après cette curieuse délibération, dont il nous a laissé tous les éléments [6], revenir aux études qui

---

1. Ep. 12.
2. Ep. 13.
3. Faut-il supposer une réconciliation opérée, par Otton, entre Gerbert et l'ancien évêque de Pavie, comme le fait Havet (p. 11, n. 1)? Il ne le semble pas. Car Gerbert qui, plus tard, oublia, comme pape, ses griefs contre son compétiteur Arnoul, pouvait fort bien supposer que Pierre, pour un différend moins important, ne méconnaîtrait pas ses devoirs de Souverain Pontife.
4. Ep. 14.
5. Cf. p. 43, n. 1.
6. Ep. 16. « Milites mei quidem arma sumere, castra munire parati. Sed quæ spes sine rectore patriæ, cum fidem, mores, animos quorumdam Italorum pernoscamus? cessimus ergo fortunæ, studiaque nostra tempore intermissa, animo retenta repetimus. » — Ep. 45. « Etenim, cum is status rei publicæ in Italia esset, uti sub jugo *tyrannorum* turpiter esset eundum si profiteremur innocentiam, vel si niti viribus temptaremus, clientelæ undique forent procurandæ, castra munienda, rapinæ, incendia, homicidia exercenda, delegimus certum otium studiorum, quam incertum negotium bellorum. » —

donnent la paix, sinon un « port assuré contre toutes les tempêtes ». Gerbert regagna Reims, où il retrouvait ses élèves et ses livres, où surtout il rencontrait Adalbéron, dont l'affection et l'influence lui permettaient d'espérer, pour l'avenir, ou sa réintégration à Bobbio, ou une dignité d'égale importance. Jamais Gerbert n'a songé à renoncer à l'étude, à se tenir à l'écart des affaires politiques ou ecclésiastiques, pour se vouer à la vie purement contemplative, pour n'être qu'un ermite ou un moine.

III

De retour à Reims, après avoir passé à peine une année à Bobbio [1], Gerbert partage son temps, jusqu'au moment où il devient archevêque, entre ses livres ou ses élèves et ceux dont il est le conseiller ou le secrétaire.

Il est d'autant plus empressé de compléter sa bibliothèque, qu'occupé de la « chose publique », il lui est aussi nécessaire de bien dire que de bien faire [2]. Il demande des livres à Rome et en Italie, en Espagne, en Belgique et en Germanie, comme il en réclame en France, à tous ceux qui peuvent lui en procurer. Ainsi il s'adresse à Lupito de Barcelone et à Bonifilius, évêque de Girone [3], à Étienne, diacre de l'église de Rome, et

---

Ep. 92 «... quod Italia excessi, ne cum hostibus Dei ac filii senioris mei divæ memoriæ O. quolibet modo cogerer pacisci... »

1. Avec Julien Havet nous interprétons en ce sens la lettre 19 à Rainard : « Unius anni tria diversa imperia super te, docent quæ vides fallatia et inconstantia. »

2. Ep. 44. « At nobis in re publica occupatis utraque necessaria (bene vivere et bene dicere). Nam et apposite dicere ad persuadendum et animos furentium suavi oratione ab impetu retinere, summa utilitas. Cui rei præparendæ, bibliothecam assidue comparo. Et sicut Romæ dudum ac in aliis partibus Italiæ, in Germania quoque et Belgica, scriptores auctorumque exemplaria... redemi..... sic itentidem, apud vos fieri ac per vos sinite ut exorem. »

3. Ep. 24 et 25.

à Rainard, moine de Bobbio [1], à Remi de Trèves, et aux moines de Saint-Pierre de Gand [2], à l'abbé Ramnulfe et à Romulfe, abbé de Sens, à Adson, abbé de Montiérender et à Géraud d'Aurillac, à Ébrard, abbé de Tours et au scolastique Constantin, de Saint-Benoît-sur-Loire [3].

Il continue à remplir ses fonctions de scolastique [4] et s'exerce à rendre les études plus aisées et plus fructueuses, même à faciliter la tâche de ceux de ses élèves qui sont à leur tour des maîtres [5]. La théologie et le droit canon, la philosophie et la physique, l'arithmétique et l'astronomie, la géométrie et la poésie, la rhétorique et la médecine, sont les objets multiples de ses réflexions et de ses recherches [6].

Pour cultiver son intelligence et celle d'autrui, Gerbert n'était nullement embarrassé. Il en était de même pour les règles générales à suivre dans la vie pratique [7], mais non pour le but qu'il convenait, en ce sens, de proposer à son activité [8].

---

1. Ep. 40 et 130.
2. Ep. 134, 148, 96.
3. Ep. 118, 167, 81, 17, 86.
4. Une de ses lettres porte la mention « G. abbas scolaris ». Ep. 142.
5. Ep. 92. « Nobilissimis scolasticis disciplinarum liberalium suaves fructus ad vescendum offero. Quorum ob amorem.... quandam figuram edidi artis rethoricæ.... opus sane experlibus mirabile, studiosis utile. » Et il appelle, dans la même lettre, son ami Constantin « nobilis scolasticus, adprime cruditus. » Sur la sphère qu'il prépare pour Remi, cf. Ep. 148, 152.
6. Electio Ger. Remorum archiepiscopi. « Studium in divinis ac humanis rebus experti sumus » — Ep. 92 (n. 4) « disciplinarum liberalium... fructus... offero. » — Ep. 194. « Emulis meis dicendi arte legumque prolixa interpretatione quantum mea interest satisfecerim. » — Sur l'astronomie, cf. Ep. 153; sur la physique, Ep. 109. « Spes melioris auræ a physicis sublata »; sur la rhétorique, Ep. 92; sur la médecine Ep. 67-69, 120-151, 169; sur l'arithmétique, Ep. 134; etc. D'une façon générale, voir ce que nous disons plus loin de Gerbert, érudit et savant, philosophe et théologien.
7. Cf. ch. III, § 2, p. 50.
8. Ep. 34. « Me quidem doloris immanitas michi consulere non patitur. Nunc fertur animus præceps in hostes Italos, qui mea funditus diripiunt. Nunc quasi meliora deliberans, terrarum longinqua petit. Sed dum redit Otto, dumque herent infixi pectore vultus, dum Socraticæ disputationes ipsius frequenter occurrunt, refringitur impetus et peregrinationis meæ tedium apud Gallos utcumque relevatur. Consule pater.... » — Ep. 45. « Nunc Hispaniæ principes adimus, familiaris nostri abbatis Guarini adhortatione commoti. Hinc sacris litteris dominæ nostræ Teuphanu imperatricis semper augustæ.... prioribus divellimur ceptis.. Geraldi filius Gerbertus sequendorum deposcit sententiam.... » — Ep. 46. « Involvit mundum cæca fortuna, quæ premit caligine,

Certes, il n'était pas homme à se contenter du titre (*solo nomine*) d'abbé de Bobbio. Pas un instant, il ne cessa de revendiquer les possessions et les droits qui y étaient attachés, non plus que de faire tout ce qui lui paraissait nécessaire pour y arriver. Avant de quitter l'Italie, il s'était concilié son prédécesseur Pétroald, qui semble lui être resté fidèle, puisqu'il le chargea de gouverner l'abbaye, quand lui-même fut devenu pape [1]. A ses moines, qui ont accepté de se soumettre à des « tyrans », il rappelle qu'il a le droit d'excommunier ceux qui portent atteinte à ses prérogatives [2]. Mais il en est qui lui sont restés fidèles [3]; il les encourage à ne pas désespérer de la miséricorde divine [4]. Deux ans plus tard, quelques-uns de ceux-ci viennent le visiter à Reims : il les renvoie porteurs de lettres pour les moines [5], auxquels il annonce son arrivée prochaine et qu'il loue de leur fidélité, de leur affection ; pour le marquis Hugues, qui lui avait fait savoir qu'il ne l'oublierait pas [6]; pour le marquis Conon, qu'il s'efforce d'intéresser à sa cause [7]. En 988, il écrit au moine Rainard, qu'il a défendu, de toutes ses forces, la cause de Saint-Colomban et qu'il attend patiemment la récompense de ses peines [8]. Et l'année suivante, il ne considère encore

an præcipitet, an dirigat me, *modo tendentem hac, modo illac.* At herent vultus amici infixi pectore. Eum dico qui est dominus et pater meus Geraldus, cujus deliberatio nostra fiet executio. »

1. La lettre à Pétroald est d'ailleurs, fort affectueuse et fort habile. — Ep. 15. « Magnam intelligentiam tuam, frater, ne turbent fluitantia. Qui te quondam florentem, dominum clamabant et patrem, nunc conservum habere dedignantur, et parem. Sors omnia versat. In dandis et accipiendis, uti monachum decet et nosti, nostra licentia utere. Ne neglegas quod *condiximus*, ut tui memoriam frequentiorem habeamus. » — L'expression « *condiximus* » semble indiquer un accord entre Gerbert et Pétroald.
2. Ep. 18.
3. Ep. 18. « Colla tyrannis sponte subdidistis, non de *omnibus* dico. »
4. Ep. 19 au moine Rainard. — Début de 984.
5. Ep. 82 « G. gratia Dei, si quid est, plurimam salutem dicit dilectissimis sibi filiis Bobiensibus utriusque ordinis.
6. Ep. 83.
7. Ep. 84 «.... honori vestro studia nostra non deerunt, in loco et tempore, consultando, bona verba suggerendo, ut dum vobis fortuna riserit, sub vestris alis nostra mediocritas requiescere possit. »
8. Ep. 130 «.... crebris itineribus causam patris mei Columbani pro viribus exsecutus sum. »

son successeur que comme « un tyran » et un abbé non légitime [1].

Aussi s'adresse-t-il au pape, bien moins en suppliant qu'en homme dont tous les droits sont méconnus : « Je suis attristé et indigné de voir envahir et piller le sanctuaire de Dieu, qui m'a été confié par la sainte Église apostolique et romaine. Qu'y aura-t-il donc de stable, si l'on détruit ce qui a été fait du consentement du prince, avec élection des évêques, par la volonté du clergé et du peuple, enfin par la consécration du pape, le plus excellent des hommes? Si les chartes (*præcepta*) sont violées, les privilèges méprisés, il n'y a plus ni lois divines, ni lois humaines [2]. »

En même temps, il écrit, à l'impératrice Adélaïde, qu'il n'a jamais manqué à la foi promise; à Ecemann, son confesseur ou son directeur; à Imiza, l'amie du pape et de Théophano; à la jeune impératrice elle-même; à tous ceux qui l'approchent, pour protester de sa fidélité à Otton III [3]. Pour accompagner Théophano en Saxe, il fait venir d'Italie, en 986, ses moines et ses soldats, auxquels il n'oserait se mêler, s'il n'était en compagnie d'Otton et de sa mère [4]. Trois ans plus tard, quand Arnoul est archevêque de Reims, quand Gerbert ne peut plus compter sur la France, il réclame, à un prélat d'Allemagne, qu'on tienne compte de sa longue fidélité, qu'on lui assure la possession de Bobbio ou qu'on lui donne une situation analogue [5]. Enfin, devenu archevêque de Ravenne, il se fait restituer, par un diplôme d'Otton III, les biens usurpés pendant son absence [6], en attendant que, nommé Souverain Pontife, il rende à Pétroald le gouvernement de l'abbaye [7].

Gerbert ne se contente pas de revendiquer Bobbio, qui

---

[1]. Ep. 161.
[2]. Ep. 23.
[3]. Ep. 20, 21, 22, 34, 37, etc. etc.
[4]. Ep. 91 — Cf. § 2 p. 49, n. 6, ce qu'il pense des Italiens.
[5]. Ep. 158-159.
[6]. Diplôme impérial du 1er octobre 998 (Margarinus, II, p. 58; Stumpf, n° 1168).
[7]. Diplôme impérial du 3 novembre 999 (Margarinus, II, p. 60; Stumpf, n° 1202).

ne rentrera que fort tard et pour bien peu de temps, en sa possession. Il déploie une activité dévorante et rend, à tous, des services qui puissent lui mériter enfin ce « port tranquille », après lequel il soupire.

D'abord, il se tourne vers l'Espagne, où il avait séjourné, comme en témoignent ses lettres à Lupito de Barcelone, à Bonifilius, évêque de Girone, et celles où il annonce le projet de se rendre auprès de ceux qui y tiennent le premier rang (*principes*). La mort de Lothaire (2 mars 986), puis l'élection de Hugues Capet, surtout les victoires des Sarrasins le firent renoncer à ce projet [1].

Mais c'est spécialement à Adalbéron qu'il s'attache. Du début de 984 au 23 janvier 989, il est son secrétaire, son coadjuteur, son conseiller et son ami. « Nous ne faisions, dit-il lui-même, qu'un seul cœur et une seule âme » (Ep. 163). L'absence de Gerbert, écrit de son côté Adalbéron, serait pour nous dure à supporter (Ep. 117). Les contemporains attribuaient, à Gerbert, ce qui se faisait au nom de l'archevêque : « Ses ennemis, dit celui-ci, me désignaient à la haine de Charles, comme celui qui défaisait et faisait les rois. » Enfin il nous arrive de ne pouvoir décider aujourd'hui, si certaines lettres ont été écrites par Gerbert, en son nom, ou au nom d'Adalbéron, comme de rencontrer, dans les lettres de l'archevêque, des formules qui appartiennent en propre à son scolastique [2].

---

1. Ch. II, § 3, pp. 32 sqq.
2. Ep. 31 (septembre 986). « Cujus (Adalberonis) ob meritum amorem fere continuum triennium in Francia consumpsi. Ubi dum iras regum, tumultus populorum, regnorumque dissidentium æstus perfero, tanto tedio affectus sum, ut curam pastoralis officii suscepisse pene me peniteret. » — Ep. 117. « Cujus (Gerberti) absentia etsi nimium gravamur, tamen ob communia, beneficia privata posthabemus » (printemps ou été de 988). — Ep. 152 (février 989). « Id momentum ac ea vis erat divæ memoriæ pater meus Ad. in causis pendentibus ex æterno, ut eo in rerum principia resoluto, in primordiale chaos putaretur mundum relabi.... Taceo de me, cui mille mortes intendebantur, et quod pater A. me successorem sibi designaverat, cum totius cleri et omnium episcoporum, ac quorundam militum favore, et quod omnium rerum quæ displicerent, me auctorem fuisse contenderent...... meliora tempora expecta, quibus valeant resuscitari studia, jampridem in nobis emortua. » — Ep. 153. « Patre meo Ad. inter

Henri de Bavière s'était emparé du jeune Otton III, dont il voulait prendre la tutelle. Gerbert et Adalbéron encouragent les princes et les évêques allemands à rester fidèles au roi ; ils excitent Lothaire, dont la femme Hemma est la tante d'Otton III, à réclamer sa tutelle. Henri est forcé de signer la paix de Worms (octobre 984). Quand Lothaire veut s'entendre avec Henri, ils assurent à Otton la neutralité, sinon l'alliance de Hugues, le duc de France. Après que Lothaire s'est emparé, à Verdun, de Godefroy, le frère d'Adalbéron, et de plusieurs autres seigneurs de Lorraine, Gerbert les visite (mars 985) dans leur prison ; puis, en leur nom, recommande, à la femme de Godefroy, à ses fils, à ses amis, à Théophano, de lutter sans relâche. Ce qu'Adalbéron, chancelier de France, en même temps que vassal de l'Allemagne pour certaines de ses possessions, ne peut faire ouvertement, c'est Gerbert qui l'exécute. C'est lui encore qui explique, aux divers correspondants, quel compte il faut tenir des lettres que Lothaire force Adalbéron de leur envoyer ; c'est lui enfin qui écrit, pour le roi, la justification d'Adalbéron.

Lothaire meurt le 2 mars 986. Sa veuve Hemma appelle l'archevêque à la cour et prend Gerbert pour secrétaire. Mais Louis V, son fils, rompt bientôt avec elle, et du même coup avec ses amis. Adalbéron, menacé par lui et accusé de trahison, envoyait Gerbert auprès de Théophano pour l'informer de tout ce qui passait en France (avril 987).

Le 21 ou le 22 mai, Louis V mourait. Le 1er juin 987, Hugues Capet était couronné à Noyon, et Gerbert, tout en

---

intelligibilia disposito, tanto curarum pondere affectus sum ut pene omnium obliviscerer studiorum. » — Ep. 163 (dernier mois de 989). « Ego cum statuissem non discedere a clientela et consilio patris mei beati Ad., repente sic co privatus sum, ut me superesse expavescerem, quippe cum esset nobis cor unum et anima una, nec hostes ejus cum putarent translatum, cum me superesse viderent. Me ad invidiam K, nostram patriam tunc et nunc vexantis, digito notabant, qui reges deponerem, regesque ordinarem... nec Divinitas declaravit adhuc, quonam in portu me sistere velit...... Dabo operam pro viribus... donec optatis perfruar sedibus. » — Pour les formules, voyez le *nusquam tuta fides* — et le *Si non potest fieri quod vis, id velis quod possit* — dans les lettres 5 et 122, 55 et 173.

conservant la même position auprès d'Adalbéron, devenait le secrétaire du nouveau roi, dont le fils Robert avait été son élève. Quand Charles de Lorraine, l'oncle du dernier roi carolingien, revendiqua le trône et se fut emparé de Laon, Gerbert assista à l'un des sièges que Hugues et Robert firent subir à la ville.

C'est vraisemblablement à cette époque qu'Adalbéron prépara, pour faire de Gerbert un évêque, les lettres qui devaient être expédiées, si une vacance se produisait en pays germanique et dans le voisinage de la France, à l'impératrice Théophano, au clergé et au peuple [1]. Mais Gerbert s'était décidé, ce semble, à rester le client et le conseiller de son vieil archevêque [2]. Et Adalbéron disparaissait le 23 janvier 989, après avoir désigné Gerbert comme son successeur [3].

## IV

La mort d'Adalbéron fut, pour Gerbert, un coup terrible. « J'ai cru, écrit-il, que le monde retournait au chaos. — J'en ai presque perdu le goût de l'étude [4]. » Non seulement il pleurait l'homme avec qui il en était venu à confondre sa pensée et sa vie, mais encore il craignait pour lui-même et sentait que tous ceux auxquels il avait consacré son temps et sa peine, ne se souciaient guère de lui en témoigner leur reconnaissance. « Mille morts me menacent, écrit-il, parce que mon père Adalbéron m'a désigné comme successeur, que tous les évêques et certains chefs me favorisent, parce qu'on m'accuse d'avoir fait tout ce qui actuellement déplaît. — Je crains, ajoute-t-il, de lui survivre, parce que ses enne-

---

1. Ep. 117-118.
2. Ep. 163 citée p. 59, n. 2.
3. Ep. 152 citée p. 59, n. 2.
4. Ep. 152, 153, 163, p. 59. n. 2.

mis ne le croient pas mort, tant qu'ils me voient vivant[1]. »

Cependant ceux qui avaient profité de l'intelligence et de l'énergie de Gerbert, commettraient-ils la faute de ne pas chercher à s'assurer un auxiliaire aussi précieux? Des offres lui vinrent, mais qui ne semblent pas lui avoir paru assez précises ou assez sûres. Le roi Hugues, les évêques voisins et qui sont autour du siège de Reims, « même les ennemis de la Germanie », lui ont fait des propositions séduisantes. A la cour d'Otton, on ne prenait pas d'engagement ferme [2]; il pouvait croire, malgré son désir de rester attaché à ses anciens maîtres, qu'on ne lui donnait que des paroles de consolation, en l'engageant à abandonner tout ce qu'il possédait.

Pour l'archevêché de Reims, Hugues Capet oublia celui qui l'avait fait roi, et en voulant être habile politique, il se prépara deux adversaires redoutables. Il accepta, pour archevêque et pour chancelier de son royaume, un fils naturel de Lothaire, Arnoul, excommunié comme complice de son oncle Charles, qui s'était emparé de Laon et de son évêque Ascelin. Vainement l'évêque de Verdun, neveu d'Adalbéron de Reims, lui écrivit-il une lettre fort sage, où il l'invitait à ne pas s'imaginer qu'il diviserait ses ennemis, en mettant l'un d'eux à la tête de l'archevêché le

---

1. Ep. 152, 153, p. 52, n. 1.
2. Ep. 150. « Dico quod inter gravissimos hostes vestros positus, nullis corum beneficiis quamvis ingentibus oblatis inflexus sum. » — Ep. 150. « Gratuitæ benivolentiæ vestræ nullis respondemus meritis. Quid enim contulimus aliquando dignum legatione Roderici? Hoc solum superest, ut intelligamus quomodo dictum sit, ne cujuspiam regis vel episcopi commoda vestris ac senioris vestri commodis anteferamus. Non satis quippe patet, utrum *relictis omnibus quæ possidemus*, jubeatis sequi vos ac vestra, an quodam genere loquendi spe consolatoria tantum nos relevare velitis ab impetu sevientis fortunæ. Rex Hu. ac vicini episcopi, et qui sedem Remorum ambiunt, plurima offerunt, sed nulla a nobis adhuc recepta sunt, nec sine vestro consultu quicquam agere molimur. Ea gratia regem adire distulimus, ne forte ab eo rapti, vestra imperia refugisse videremur ob dulcissimum affectum cari patris mei Adalb. omnibus mortalibus anteponenda. » — Ep. 151. « Si de meo statu queris, bona sententia, quicumque familiaritatem prætendis, liceat respondere tua pace, me positum in adversis virum forte sequi, non consequi. » — Les deux lettres sont probablement de février 989.

plus important du royaume¹. Arnoul fut élu et Gerbert rédigea l'acte d'élection.

Gerbert se tourna alors vers la Germanie, à laquelle il n'avait cessé d'être fidèle, et, dans deux lettres admirables, qui rappellent les plus éloquentes et les plus dignes qu'il avait autrefois écrites au sujet de Bobbio, il parla hautement de ses services : « Que je ne sois pas forcé, dit-il, d'oublier ceux que j'ai toujours aimés, au détriment de mes intérêts... Que je ne sois pas forcé de devenir partisan de Catilina, après avoir été fidèle disciple de Cicéron.... Je n'ai prêté qu'un serment, c'est à Otton, et je l'ai gardé à Théophano et à son fils. Dépouillé des riches possessions qui me venaient de l'empereur et qui m'avaient été confirmées par le pape, je n'ai pas même reçu une villa... Jusques à quand exercerai-je donc ce genre d'amitié²? »

Aucune réponse ne vint vers Gerbert. Il dut rester auprès de Catilina, c'est-à-dire d'Arnoul, dont il fut le secrétaire. Bientôt un prêtre de Reims, Adalger, ouvrit, par l'ordre

---

1. Ep. 154. « *Nec putetis vile, infidum vobis vel dolosum, vel idiotam inibi præficere, cum omnia membra caput sequantur.* » Toute la lettre est à lire.

2. Ep. 158. « Plurimum intelligo vos intelligere motus animi mei, eoque amplius vos ac vestra diligo et amplector. Recordor quippe honestissimæ ammonitionis... Oro ergo per venerabile nomen patris mei A., per inviolatam fidem, qua se suosque semper colui, ne cogar eorum hominum oblivisci, quos ob ejus amorem, meis commodis neglectis, præcipue semper dilexi. Veniat in memoriam dominæ meæ Th. servata fides, circa se suumque filium..... Facite vestra liberalitate, ne absentia honestatis, fuga obtimarum artium, efficiar sectator Catilinæ, qui in otio et negotio præceptorum M. Tullii diligens fui executor. » — Ep. 159. « Nulli mortalium aliquando jusjurandum præbui, nisi divæ memoriæ O. Cæsari. Id ad dominam meam Th. ac filium ejus O. augustum permanasse ratus sum... Quousque ergo hanc fidem servandam censetis ? Dico equidem quod spoliatus amplissimis rebus imperiali dono collatis, apostolica benedictione confirmatis, nec una saltim villula ob fidem retentam vel retinendam donatus sum. Dico quod inter gravissimos hostes vestros positus, nullis eorum beneficiis quamvis ingentibus oblatis inflexus sum. Quousque ergo id genus amicitiæ exercebo ? » — Il faut se rappeler les termes du contrat féodal. En échange de Bobbio, Gerbert avait engagé sa foi (fides). Dépouillé de Bobbio, Gerbert redevenait libre. On ne lui avait ensuite, en Germanie, fait aucun don pour l'engager à la conserver (*retinendam*), ou pour le récompenser de l'avoir tenue (*retentam*), tandis qu'il avait continué à considérer comme siens les ennemis d'Otton.

d'Arnoul, les portes à Charles de Lorraine. La ville fut pillée et Arnoul emmené à Laon.

Malade depuis le siège de Laon, cruellement éprouvé par la mort d'Adalbéron, abandonné par ceux auxquels il n'avait cessé de rendre des services, Gerbert perdit, du fait de ce pillage, tout ce qu'il possédait. Bien plus, on le désigna à Charles comme celui qui, au profit de Hugues Capet, l'avait privé de son héritage légitime. Gerbert, qui songeait à s'enfuir, fut, ce semble, retenu à Reims [1].

Peut-être crut-il qu'il était puni d'avoir contribué à dépouiller le descendant de Charlemagne [2], alors qu'il revendiquait lui-même ce qui lui appartenait en vertu « des lois divines et humaines ». Peut-être crut-il trouver, avec Charles, ce port qui le fuyait sans cesse [3]. Peut-être enfin suivit-il la règle qu'il avait déjà empruntée à Térence : « Contente-toi de vouloir ce que tu peux, si tu ne peux faire ce que tu veux [4]. » Il fut, pour quelque temps, partisan de Charles. Ses amis, encouragés sans doute par Hugues et Robert, qui comprenaient enfin quelle faute ils avaient commise, réussirent à l'en détacher et il se rendit à Senlis, après avoir rompu avec Arnoul [5]. Il redevint le secrétaire

---

1. Ep. 123. « Labore obsidionis in Kar. defatigatus ac vi febrium graviter exagitatus. » — Ep. 162 (fin de 989). « Gravissimis quippe laboribus æstivis et continuis, eos contraximus morbos, quibus pestilens autumnus pene vitam extorsit. Accessit ad hoc violenta fortuna, cuncta quæ dederat repetens, per eos prædones qui urbem Remorum depopulati sunt... An sedes nobis sint permutandæ, pervigili cura deliberamus. » — Ep. 163. « Me... digito notabant, qui reges deponerem, regesque ordinarem. Et qui rei publicæ permixtus eram, cum re publica periclitabar, velut in proditione nostræ urbis pars prædæ maxima fui. Eaque res iter meum in Italiam penitus distulit. »

2. Ep. 164. « Quo jure legitimus heres exheredatus est ? Quo jure regno privatus ? »

3. Ep. 163. « Quo in portu agam navim gubernatore amisso. » — Ep. 164. Il écrit à Adalbéron ou Ascelin, qu'il risque d'être dépouillé de son évêché et qu'un successeur lui est trouvé. « *Episcopus esse cessabis. Inventus est qui tuas sortiatur vices.* » Julien Havet croit qu'il s'agit peut-être de Gerbert lui-même. Les termes dont il use — *hæc tibi causa veteris amicitiæ habui dicere* — ne semblent pas justifier cette conjecture. Mais il est vraisemblable que Charles fit toutes les promesses qu'on lui demanda, pour attirer dans son parti « le faiseur de rois ».

4. C'est ce qu'écrit Gerbert dans la lettre 173.

5. Ep. 178. « Libellus repudii Ger. Arnulfo archiepiscopo. »

des rois et reprit auprès d'eux toute son influence, puisqu'il lui est possible, écrit-il à Gausbert, « d'écarter l'armée du voisinage de Reims ». C'est lui qui rédige la sentence d'anathème, au concile provincial de Senlis, contre les complices de Charles et d'Arnoul, qui écrit au pape Jean XV, pour le prier de statuer contre l'archevêque infidèle à ses serments [1].

A la fin de mars 991, Ascelin ou Adalbéron rentrait à Laon, se réconciliait avec Charles, puis livrait la ville aux troupes royales. Arnoul, prisonnier avec le duc et sa famille, fut conduit à Orléans.

Un concile, réuni au monastère de Saint-Basle, à Verzy, près de Reims, fut chargé de le juger. Les évêques parlèrent contre lui ; les abbés de Sens et de Saint-Benoîtsur-Loire, Romulfe et Abbon, soutinrent qu'il appartenait au pape, non aux évêques, de se prononcer. Les rois appuyèrent les évêques. Arnoul fut remplacé par Gerbert (juin 991).

Celui-ci semblait avoir trouvé l'asile tant souhaité. Mais le pape, mécontent de voir son autorité méconnue et surtout de savoir, en quels termes, l'évêque d'Orléans avait parlé du Saint-Siège, se déclara le défenseur d'Arnoul. Il cita, à la cour de Rome, les rois de France et les évêques ; son légat, Léon, fit condamner, par des prélats allemands, le concile de Verzy. Puis Jean XV excommunia Gerbert et les évêques qui y avaient siégé. Le concile de Chelles, présidé par le roi Robert, décida qu'on n'obéirait pas au pape et qu'on maintiendrait la déposition d'Arnoul. Le légat réunit un concile à Mouzon. Hugues interdit aux évêques français d'y assister. Gerbert y présenta sa défense (2 juin 995). Mais toutes ces discussions canoniques lui déplaisaient, plus encore qu'une lutte ouverte [2]. En 996, il se rendit en Italie, accompagnant Otton III, qui allait se faire couronner empereur et dont il fut le secrétaire. Jean XV mourut alors et eut pour successeur Grégoire V, parent d'Otton. Personne ne se

---

1. Olleris, p. 202.
2. Ep. 194. « Estque tolerabilior armorum colluctatio, quam legum disceptatio. »

présenta comme accusateur de Gerbert et un concile fut convoqué à Rome pour 997. Mais Hugues Capet était remplacé, le 24 octobre 996, par son fils Robert. L'ancien élève de Gerbert, ami de son adversaire, Abbon, était fort mécontent de son maître, qui avait formellement déclaré contraire aux lois de l'Église, le mariage auquel il songeait alors avec sa parente, la comtesse Berthe [1].

A Reims, les soldats et les clercs prenaient parti contre Gerbert [2]. Le séjour de la France n'était plus sûr pour l'archevêque : il la quitta, pour n'y plus rentrer, et chercha un refuge en Allemagne. La vieillesse était venue pour lui avec la maladie et, plus que jamais, il souhaitait passer, dans le calme et le repos, les quelques années qui lui restaient peut-être à vivre [3]. Otton l'accueillit fort bien et lui donna le domaine de Sasbach [4]; Gerbert s'attacha définitivement à lui. L'empereur le pria de l'instruire, surtout de lui expliquer le livre d'arithmétique qu'il lui avait envoyé [5]. Gerbert y consentit. Bientôt il partit avec lui pour l'Italie. Crescentius avait expulsé Grégoire V et institué, comme pape, sous le nom de Jean XVI, Philagathos, que Théophano avait appelé à l'évêché de Plaisance et qu'Otton avait envoyé, comme ambassadeur, à Constantinople demander, pour lui, la main d'une princesse grecque.

On apprit alors que Robert, sur le conseil d'Abbon, accédait enfin aux réclamations du pape et remettait Arnoul en liberté (novembre 997) [6]. Mais, en Italie, Jean XVI tombait entre les

---

1. Richer, derniers paragraphes de son Histoire. — Sur toute cette lutte, comme sur le rôle politique et théologique de Gerbert, nous reviendrons dans les chapitres suivants.
2. Ep. 181.
3. Ep. 208. « Transierunt... dies mei... Senectus mea michi diem minatur ultimum. Latera pleuresis occupat, tinniunt aures, distillant oculi, totumque corpus continuis depungitur stimulis. Totus hic annus me in lecto a doloribus decumbentem vidit (vers mars 997). » — Cf. Ep. 185.
4. Ep. 183. « Æternum vale vobis vester G., et quia ut magnificer magnifice magnificum Sasbach contulistis, æterno imperio vestro æternum se dedicat, vester G. »
5. Ep. 186, cf. ch. IV, § 4.
6. Richer, derniers paragraphes.

mains des soldats d'Otton, qui lui coupaient le nez, la langue;
les oreilles; lui crevaient les yeux, le promenaient sur un
âne à travers les rues de Rome et le jetaient ensuite dans
une prison. Crescentius, pris au château Saint-Ange, était
décapité.

En avril 998, Gerbert devenait, grâce à Otton III, archevêque de Ravenne [1]. Il se faisait restituer les biens usurpés à
Bobbio et obtenait, qu'à l'avenir, les évêques ou les abbés ne
pourraient signer, que pour leur vie durant, des baux concernant les propriétés dont ils avaient l'administration. Il
s'occupait de son diocèse et signait, après Grégoire V, la
sentence d'excommunication contre le roi Robert, qui avait
épousé Berthe [2].

Moins d'un an après, Gerbert était consacré pape, sous le
nom de Sylvestre II, le 2 avril 999, en remplacement de
Grégoire V. Il rétablit Arnoul, archevêque de Reims, et
Pétroald, abbé de Bobbio. Avec Otton III, il travaillait à
reconstituer l'ancien empire de Constantin, qu'auraient
administré, en commun, le pape et l'empereur. Mais Otton III
disparaissait le 23 janvier 1002 et Sylvestre II, le 12 mai 1003.

Ainsi le pauvre moine d'Aurillac avait été, grâce à son
amour de l'étude et à son « industrie », maître à la cour
d'Otton et scolastique à Reims. Par son intelligence élevée et
ses connaissances, par son habileté, son éloquence et son
énergie, il était devenu abbé de Bobbio et archevêque de

---

1. Raoul Glaber, *Historiarum*, l. I, ch. IV (édition Maurice Prou, p. 15).
« 13 His denique ita gestis, accersiens imperator Gerbertum, videlicet Ravenne archiepiscopum, constituit illum principalem Romanorum pontificem. Isque Gerbertus e Galliis oriundus *extitit minorum etiam gerens prosapiam virorum*, sed tamen ingenio acerrimus, artiumque liberalium studiis plenissime institutus. Proinde Remorum etiam primitus a rege Francorum Hugone fuerat constitutus pontifex, sed quoniam, ut diximus, valde erat acer ac providus, intelligens Arnulfum ejusdem urbis archiepiscopum, quo vivente ordinatus fuerat, ex consensu ejusdem regi niti in pristinam reformari sedem, caute iter arripiens ad predictum devenit Ottonem. Qui satis honorifice ab eodem susceptus, quem etiam statim Ravenne, inde vero, ut diximus, Romanæ urbis sublimavit pontificem » (Cf. Richer, derniers paragraphes ; Jaffé n° 2971 ; Lœwenfeld, n° 3883).

2. Havet, p. xxix ; Olleris, pp. 251, 261, et passim.

Reims ; mais il avait dû lutter contre ses propres adversaires et contre ceux des princes, dont il fut le serviteur ou le conseiller. Même dans ses dernières années, il ne trouva guère, comme archevêque de Ravenne et comme Souverain Pontife, le repos et le calme après lesquels il avait si longtemps soupiré. Il ne devait pas être plus heureux après sa mort. Ses successeurs allaient transformer, par une légende fameuse, son œuvre et sa vie. Les historiens modernes ne l'ont guère moins discuté que ses contemporains : ils ont écrit des volumes, pour le défendre et le vanter, mais surtout pour l'attaquer [1]. C'est une raison de plus pour que nous étudiions impartialement, avec les documents dont nous disposons, ce qu'il a enseigné et ce qu'il a écrit, ce qu'il a pensé et ce qu'il a accompli ou essayé de réaliser.

1. Voyez surtout Havet et Olleris, qui ont résumé les travaux antérieurs.

## CHAPITRE IV

## L'ENSEIGNEMENT, LES LETTRES ET LES ÉCRITS DE GERBERT

Gerbert comparé à ses prédécesseurs.
I. — Gerbert professeur à la cour d'Otton I<sup>er</sup>. — Gerbert, scolastique à Reims. La dialectique : Gerbert lit et commente plus de livres que ses prédécesseurs, autant que Fulbert et Abélard ; les poètes et la rhétorique, les controverses dirigées par un sophiste, complètent l'étude de la logique ; les discussions socratiques et Otton II ; dispute avec Otric ; usage des divisions, des distinctions pour chercher la vérité. Les mathématiques : 1° l'arithmétique, Richer, la *Regula de abaco computi*, le *Libellus de numerorum divisione*, le *Liber Abaci*, les Lettres. La musique. L'astronomie : sphère pleine en bois, observation des étoiles, demi-cercle, sphères armillaires, qui provoquent l'admiration des contemporains. L'abaque et la géométrie : *Gerberti Geometria*.
II. — Gerbert à Bobbio : Lettres et correspondants, Catalogue et acquisition de livres. — Gerbert à Reims (984-991) : ceux pour qui et à qui il écrit ; enseignement, études, travaux.
III. — Gerbert, archevêque de Reims (991-997) : Lettres et correspondants, écrits et études, *Acta Concilii Remensis ad Sanctum Basolum*. Gerbert, professeur d'Otton III, archevêque de Ravenne et pape (997-1003) ; Lettres et correspondants, écrits et études, le *Libellus de rationali et ratione uti*, le *de Corpore et sanguine Domini*, etc.
IV. — Résumé.

C'est sans doute par ses paroles et ses actes, mais c'est surtout par son enseignement, ses lettres et ses écrits que Gerbert révéla, à ses contemporains, son intelligence vive et alerte, ses connaissances, supérieures à celles des plus savants d'entre eux, son habileté énergique et souple. Alcuin avait timidement montré que les sept arts peuvent servir à la vie pratique et devenir des auxiliaires précieux pour la religion. Raban Maur avait surtout enseigné les lettres sacrées, Servat Loup, les lettres profanes ; Jean Scot Érigène fut un humaniste remarquable et, plus encore, un partisan de la philosophie et de la pensée libre. Heiric et Remi d'Auxerre laissèrent amoindrir, mais cependant conservèrent, en bonne partie, l'héritage qui leur avait été transmis. Gerbert le reprit et l'augmenta. A Reims et à Bobbio, puis de nouveau à Reims, enfin, avec Otton III, en Germanie ou en Italie, il s'instruit sans cesse et instruit les autres ; il utilise, pour la vie individuelle, politique ou religieuse, ses connaissances et son intelligence, de jour en jour plus compréhensive et plus prompte. Les lettres sacrées et profanes, la médecine et le droit canon, les arts qui constituent le trivium et le quadrivium, la philosophie et la théologie, sont l'objet de ses études ou de son enseignement. Il rappelle Hincmar, dépasse Alcuin et ses disciples, prouve, par son exemple, l'utilité de la spéculation, telle qu'ils l'avaient entendue et mêle, comme Jean Scot, la philosophie à toutes ses recherches, entre lesquelles elle établit ainsi une corrélation et une subordination. Mais s'il pense avec liberté et même avec hardiesse, il n'a aucune tendance à l'hérésie et, par là, se distingue profondément du maître, qui pourrait être considéré comme le précurseur ou le père de tous les hérétiques du moyen âge.

I

De l'enseignement que Gerbert donna à la cour d'Otton I[er][1], nous ne savons guère qu'une chose, c'est que le jeune maître excita l'admiration de l'empereur, peut-être de son fils et

1. Cf. ch. II, § 4.

des personnages qui se trouvaient alors auprès de l'un et de l'autre.

Du moment où il est nommé scolastique par Adalbéron, jusqu'à celui où il devient abbé de Bobbio, Gerbert professe la dialectique et la rhétorique, les mathématiques, c'est-à-dire l'arithmétique, la musique, l'astronomie et la géométrie. Seul Richer nous renseigne — et d'une façon incomplète — sur cette partie de la vie de Gerbert; mais ce qu'il en dit suffit à montrer l'originalité et le succès du professeur. En dialectique [1], il commence par l'*Isagoge* de Porphyre, pour laquelle il utilise les traductions de Victorinus et de Boèce. Il continue par les *Catégories* et le traité de l'*Interprétation* d'Aristote, par les *Topiques* de Cicéron, auxquels il joint les commentaires de Boèce en six livres. Enfin il passe aux livres de Boèce sur les *Topiques*, les *Syllogismes catégoriques*, les *Syllogismes hypothétiques*, les *Définitions* et les *Divisions*[2]. Pour tous ces ouvrages, il s'attache à signaler les difficultés et à les résoudre, à faire saisir les pensées essentielles et à en bien pénétrer ses auditeurs [3]. En un mot, il les lit et les

---

1. Richer III, XLVI. « *Quem ordinem librorum in docendo servaverit. Dialecticam ergo ordine librorum percurrens, dilucidis sententiarum verbis enodavit. Inprimis enim Porphyrii ysagogas, id est introductiones, secundum Victorini rhetoris translationem, inde etiam easdem secundum Manlium explanavit; cathegoriarum, id est praedicamentorum librum Aristotelis, consequenter enucleans. Periermenias vero, id est de interpretatione librum, cujus laboris sit, aptissime monstravit. Inde etiam topica, id est argumentorum sedes, a Tullio de Graeco in Latinum translata, et a Manlio consule sex commentariorum libris dilucidata, suis auditoribus intimavit.* » — Nous nous bornons ici à énumérer les matières enseignées, nous examinerons plus tard quelles étaient, pour chacune, les connaissances que possédait Gerbert. — Les mots soulignés sont ceux qui fournissent quelques indications sur la méthode du professeur. — Ces deux observations portent sur les textes suivants.

2. Richer III, XLII. « *Quid provehendis rhetoricis providerit.* — Necnon et quatuor de topicis differentiis libros, de sillogismis cathegoricis duos, de ypotheticis tres, diffinitionumque librum unum; divisionum aeque unum, utiliter legit et expressit. Post quorum laborem, cum ad rhetoricam suos provehere vellet, id sibi suspectum erat, quod sine locutionum modis, qui in poetis discendi sunt, ad oratoriam artem ante perveniri non queat. Poetas igitur adhibuit, quibus assuescendos arbitrabatur. Legit itaque ac docuit Maronem et Statium Terentiumque poetas, Juvenalem quoque ac Persium Horatiumque satiricos, Lucanum etiam historiographum. Quibus assuefactos, locutionumque modis compositos, ad rhetoricam transduxit.* »

3. Voyez les mots soulignés dans les deux textes de Richer.

explique, soit par lui-même, soit en employant les commentaires de Boèce : c'est la méthode dont se serviront Abélard et ses contemporains. Ce sera encore celle avec laquelle Albert le Grand et saint Thomas, au xiii° siècle, feront connaître des livres plus nombreux et plus difficiles, mais dont la lecture et l'interprétation leur seront facilitées par les commentaires grecs et arabes.

Or, nous ne connaissons personne, avant Gerbert, qui ait lu et commenté autant de traités aristotéliciens sur la dialectique [1]. De plus, nous savons qu'à Chartres, au xi° siècle, le *Manuel philosophique* des écoliers, qui suivaient les leçons de Fulbert, l'ancien disciple de Gerbert, comprenait, pour la première fois, dans cette école déjà ancienne, les ouvrages expliqués par Gerbert [2]. Enfin, un siècle plus tard, après Bérenger et Lanfranc, saint Anselme, Roscelin et Guillaume de Champeaux, le maître le plus célèbre du xi° siècle, Abélard, ne connaissait rien de plus, en dialectique, que Gerbert et Fulbert [3]. Par ce côté de son enseignement, le scolastique de Reims fut donc un novateur, et un novateur qu'on mit un long temps à dépasser.

Gerbert joint aux œuvres dialectiques, la lecture des

---

1. Cf Hauréau, *Histoire de la philosophie scolastique*, t. I, pp. 94 sqq; Prantl, *Geschichte der Logik im Abendlande*, Bd. II, pp. 53 sqq. — Voir encore *Revue internationale de l'enseignement*, 15 avril 1893, *la Scolastique* (§ 2, les sources auxquelles ont puisé les scolastiques de la première période).

2. Clerval, p. 117, donne l'analyse du manuscrit de la bibliothèque de Chartres (n° 100) qui, écrit au xi° siècle, contient, outre des vers de Fulbert et les ouvrages expliqués à Reims, le *de rationali et ratione uti*, de Gerbert lui-même. Peut-être les tableaux de logique, attribués par Clerval, à Thémistius et à Cicéron, sont-ils des tableaux préparés par Gerbert pour ses élèves.

3. Cousin l'a bien montré (*Philosophie du moyen âge*, pp. 52-55). Voici le texte le plus concluant d'Abélard : « Sunt tres quorum septem codicibus omnis in hac arte eloquentia latina armatur. Aristoteles enim duos tantum, Prædicamentorum scilicet et Peri ermenias libros usus adhuc latinorum cognovit ; Porphyrii vero unum, qui videlicet de quinque vocibus conscriptus, genere scilicet, sperie, differentia, proprio et accidente, introductionem ad ipsa preparat Prædicamenta. Boethii autem quatuor in consuetudinem duximus libros videlicet Divisionum et Topicorum cum syllogismis tam categoricis quam hypoteticis. » — Il faut cependant rappeler que Guillaume de Champeaux paraît avoir connu, au moins en partie, les premiers Analytiques (*la Scolastique*, § 2. *Revue internationale de l'enseignement*, 15 avril 1893).

poètes et l'enseignement de la rhétorique, qu'il complète encore par des controverses, pour constituer les études logiques : « Il craignait, dit Richer, que, sans la connaissance des formes de style particulières à la poésie, ses élèves ne pussent atteindre à l'art oratoire. C'est pourquoi il se servit des poètes, avec lesquels il croyait bon de les familiariser : il lut et commenta Virgile, Stace et Térence, les satiriques Juvénal, Perse et Horace, l'historiographe Lucain. Quand ils furent accoutumés à ces auteurs et à leur façon de s'exprimer, il les fit passer à la rhétorique. La rhétorique terminée, il les confia à un sophiste, pour que, exercés aux controverses, ils apprissent à manier le raisonnement, avec un art qui ôtât tout soupçon de l'art, ce qui semble être, pour l'orateur, le plus haut degré de perfection. Tel fut son enseignement en logique [1]. »

Gerbert n'hésitait pas à se confier, et à confier ses élèves — au début du moins de sa carrière — à un autre maître [2], pour les rendre plus aptes à raisonner et à discuter, à exposer et à défendre leurs idées. Avec lui se réalise le vœu d'Alcuin : la rhétorique et la dialectique deviennent une véritable préparation à la vie pratique. Et il fait plus : il prouve, par le parti qu'il en tire, l'utilité de l'une et de l'autre; car ce que dit Richer du discours de Gerbert, au concile de Mouzon [3], est vrai de la plupart de ses lettres ou de ses écrits. En toute circonstance, il sait trouver les meilleures raisons pour convaincre ceux auxquels il s'adresse; il sait les revêtir

---

1. Voyez le texte cité p. 71 n. 2. — Richer, XLVIII. « Cur eis sophistam adhibuerit. Qua instructis sophistam adhibuit; apud quem in controversiis exercerentur, ne sic ex arte agerent, ut præter artem agere viderentur, quod oratoris maximum videtur..... Sed hæc de logica. »
2. Cf. ch. III, § 1. — On peut comparer ce qui est dit des « sophistes » au temps de Roscelin, dans l'*Historia francica* (*Roscelin philosophe et théologien, d'après la légende et d'après l'histoire*. Imprimerie nationale, Paris, 1896, pp. 17 sqq.).
3. IV, 101. « *Oratio Gerberti pro se in concilio recitata*... Gerbertus... orationem pro se scriptam in concilio mox recitavit. Satisque apud illos luculenter peroravit. Sed hanc addere hic placuit, quod plena rationibus plurimam lectori utilitatem comparat. »

de la forme la plus propre à les faire accepter ou à les faire valoir.

Aussi la discussion tient-elle alors une place considérable dans son enseignement philosophique. Otton II l'avait souvent entendu, nous dit Richer, et Gerbert rappelle lui-même les « disputes socratiques » auxquelles, pour lui, le nom de l'empereur demeurait lié [1]. Dans la célèbre discussion avec Otric, où nous ne voulons relever, en ce moment, que ce qui se rapporte directement à la méthode, Gerbert procède déjà comme le feront, après Abélard et ses successeurs [2], les scolastiques du xiiie siècle. Il use de divisions, pour les choses et pour les genres. Il les conduit, « pour la science des choses divines et humaines », depuis la substance jusqu'à l'individu. Il lit avec ordre, les auteurs qu'il explique et les textes qu'on lui présente. Il distingue, dans les questions ou dans les objections, ce qui lui semble vrai et ce qui lui paraît faux. Toujours il parle avec une merveilleuse abondance de pensées et d'expressions. Mais toujours aussi il met un soin égal à découvrir la vérité, et ne ressemble en rien à ceux qui soutiennent, avec la même conviction, les thèses les plus opposées [3].

« Il n'est pas inutile, dit Richer, d'indiquer ce que les mathématiques lui ont coûté de peines. Il commença par ensei-

---

1. Cf. ch. III, § 1.
2. *Abélard et Alexandre de Halès*, fondateurs de la méthode scolastique (Bibliothèque des Hautes Études, section des sciences religieuses, VII, 1896).
3. Richer III, LV sqq « ... In omni disputatione, rata rerum divisione uteretur..... divinarum et humanarum scientiam profitetur... *generum* divisiones a Gerberto dispositas... in ea... divisione, quae philosophiam ad plenum dividit... Viderat etenim illum, et non semel disputantem audierat..... qui diligenter eam percurrens, in parte approbat, et in parte vituperat, simulque non sic eam sese ordinasse asseruit... Cum a Gerberto, ut apertius quid vellet ediceret, rogaretur... nunc patet quid proponas..... in hoc... penitus non contradico..... si inquit, secundum Porphyrium atque Boetium, substantiae divisionem usque ad individua idonea partitione perpenderes... cum constet substantiam genus generalissimum, per subalterna posse dividi usque ad individua... Cumque verbis et sententiis nimium flueret..... Cf. ch. III, § 1 et les mots précédemment soulignés dans le texte de Richer. — Voyez plus loin le chapitre sur *Gerbert philosophe*, où Richer sera cité en entier et commenté.

L'ENSEIGNEMENT DE GERBERT : L'ARITHMÉTIQUE ET LA MUSIQUE 75

gner l'arithmétique, qui est la première partie de la mathématique [1]. »

Nous avons, pour compléter les indications de Richer, trois ouvrages essentiels : la *Regula de abaco computi*, le *Libellus de numerorum divisione*, adressé à Constantin, le *Liber abaci* de Bernelinus. Ce dernier a été écrit après l'élévation de Gerbert au pontificat [2], le *Libellus* est certainement postérieur à l'époque où, pour la première fois, Gerbert enseignait à Reims [3]; la *Regula* ne saurait

---

1. Richer, III, XLIX. *Qui labor ei in mathematicis impensus sit.* « Sed haec de logica. In mathesi vero quantus sudor expensus sit, non incongruum dicere videtur. Arithmeticam enim, quae est matheseos prima, inprimis dispositis accommodavit. Inde etiam musicam, multo ante Galliis ignotam, notissimam effecit. Cujus genera in monocordo disponens, eorum consonantias sive simphonias in tonis ac semitoniis, ditonis quoque ac diesibus distinguens, tonosque in sonis rationabiliter distribuens, in plenissimam notitiam redegit. » — La question des connaissances mathématiques de Gerbert est une des plus obscures que soulève l'histoire des sciences. Nous n'avons ni à la traiter dans son ensemble, ni à la résoudre, mais à montrer ce que ces études ajoutèrent à la réputation du scolastique et, en quelle mesure, il est supérieur, de ce côté, à ses contemporains, même à ses successeurs. Sans doute, nous essayerons plus loin de dire brièvement quelles furent, sur ces matières, ses connaissances positives. Et nous utiliserons, pour cela, outre les textes de Richer et les ouvrages de Gerbert, les nombreux travaux des mathématiciens et des érudits qui, presque tous, nous ont fourni de précieuses indications, tant sur ce qui peut être affirmé, que sur ce qui ne saurait l'être. Nous citerons surtout Chasles, *Comptes rendus de l'Académie des sciences*, 1839-1843 ; Büdinger, *Ueber Gerbert's wissenschaftliche und politische Stellung*, Kassel, 1851; Cantor, *Vorlesungen über Geschichte der Mathematik* et *Beiträge zum Culturleben der Völker*; Th.-H. Martin, *Histoire de l'arithmétique*; Maximilian Curtze, *Die Handschrift n° 14836 der Königl. hof-und Staatsbibliothek zu München* (Abhandlungen zur Geschichte der Mathematik, siebentes Heft, Leipzig, Teubner, 1895); Victor Mortet, *La mesure des colonnes à la fin de l'époque romaine* (Bibl. des Chartes, LVII, 1896); Victor Mortet et Paul Tannery, *Un nouveau texte des traités d'arpentage et de géométrie d'Epaphroditus et de Vitruvius Rufus*, Paris, imprimerie nationale, 1896.

2. Olleris, p. 357. « Praefatio... Cogis enim et crebris pulsas precibus ut tibi multiformes abaci rationes persequar diligenter negligentia quidem apud nos jam paene demersus, sed a domino papa Gerberto quasi quaedam seminaria breviter et subtilissime seminatas... ut si domini papae *regula* de his subtilissime scripta tantum sapientissimis non est reservata. » Cette *Regula*, rappelée par Bernelinus, est sans doute celle qu'a publiée Olleris, et aussi le *liber* dont il est question dans le *Libellus* adressé à Constantin (cf. n. 2).

3. Olleris, p. 319. « *Libellus de numerorum divisione*... Itaque cum *aliquot lustra* jam transierint, ex quo *nec librum*, nec exercitium harum rerum habuerimus, quaedam, repetita memoria, *eisdem verbis proferimus*, quaedam eisdem sententiis. » Sur *Aliquot lustra*, voyez § 2.

guère avoir été composée qu'à cette même époque[1].

Elle nous apparaît comme le livre dans lequel le maître avait résumé, aussi exactement, mais aussi brièvement que possible, tout ce qu'il voulait exposer sur la multiplication et la division. Le *Libellus* en est un abrégé[2], fait probablement pour un maître, qui avait autrefois suivi les leçons de Gerbert, mais où il n'est rien dit des fractions. Enfin le *Liber Abaci*, de Bernelinus, est un traité complet, méthodique et divisé en quatre livres, dont l'auteur essaye de présenter, avec toute la clarté désirable, les connaissances qu'il avait réunies, peut-être comme disciple, à coup sûr, comme lecteur de Gerbert, sur la multiplication et la division.

A ces trois ouvrages, se joindront quelques passages des lettres de Gerbert, qui nous aideront à déterminer, sinon ce qu'il enseigna, du moins ce qu'il connut en arithmétique.

Gerbert travailla ensuite, dit Richer, à répandre la connaissance de la musique, longtemps ignorée en Gaule. Il disposa les différents genres sur le monocorde, en distinguant les consonances ou symphonies en tons et demi-tons, en ditons et en dièses, en distribuant méthodiquement les sons dans les différents tons[3].

Richer s'attache surtout à nous apprendre ce que Gerbert enseignait en astronomie : « Il ne sera pas hors de propos, dit-il, de dire quelle peine il prit pour expliquer l'astro-

---

1. Imprimé pour la première fois, par Olleris, d'après deux manuscrits : le manuscrit de la Reine, au Vatican, n° 1661, du xie siècle, et celui de Montpellier (H. 491), du xiie siècle. Il existe au moment où Bernelinus écrit son *Liber Abaci*; c'est vraisemblablement le *liber*, dont parle Gerbert à Constantin, et dont il reproduit tantôt les termes, tantôt les pensées.

2. On le voit en comparant les six premiers paragraphes, pour la multiplication, qui sont les mêmes dans les deux ouvrages. La *Regula* donne : Multiplicatio singularium, deceni, centeni, milleni, deceni milleni, centeni milleni. Le *Libellus* traite : I *de singulare*, II *de deceno*, III *de centeno*, IV *de milleno*, V *de deceno milleno*, VI *de centeno milleno*. Le rapport à la géométrie est marqué, dans le *Libellus*, par le ch. xvi : de protensione quarumdam mensurarum terræ.

3. Ces indications seront commentées et, autant qu'elles peuvent l'être, expliquées, quand nous aurons réuni les renseignements que fournissent les Lettres.

nomie, afin de faire remarquer la sagacité d'un si grand homme, et pour que le lecteur apprécie mieux la puissance de son génie. Cette science à peine intelligible, il en donna la connaissance, à l'étonnement général, au moyen de certains instruments. Il figura d'abord le monde par une sphère pleine en bois qui, dans ses petites proportions, offrait l'image exacte de la nôtre. Il plaça la ligne des pôles dans une direction oblique par rapport à l'horizon et, près du pôle supérieur, il représenta les constellations du nord; près du pôle inférieur, celles du sud. Il régla cette position au moyen du cercle que les Grecs appellent *horizon*, les Latins, *limitant* ou *déterminant*, parce qu'il sépare ou limite les astres qu'on voit, de ceux qu'on ne voit pas. Sa sphère ainsi placée sur l'horizon, de façon qu'il pût montrer, d'une manière pratique et convaincante, le lever et le coucher des astres, il initia ses disciples à la disposition des choses et leur apprit à connaître les constellations. Car il s'appliquait, dans les belles nuits, à étudier les étoiles et les faisait remarquer, tant à leur lever qu'à leur coucher, obliquant sur les diverses parties du monde [1].

« Quant aux cercles purement fictifs, que les Grecs appellent *parallèles* et les Latins *équidistants*, voici par quel moyen il en donna l'intelligence [2]. Il imagina un demi

---

1. Richer, III, t.1. « *Speræ solidæ compositio.* — Ratio vero astronomiæ quanto sudore collecta sit, dicere inutile non est, ut et tanti viri sagacitas advertatur, et artis efficacia lector commodissime capiatur. Quæ cum pene intellectibilis sit, tamen non sine admiratione quibusdam instrumentis ad cognitionem adduxit. Inprimis enim mundi speram ex solido ac rotundo ligno argumentatus, minoris similitudine, majorem expressit. Quam cum duobus polis in orizonte obliquaret, signa septentrionalia polo erectiori dedit, australia vero dejectiori adhibuit. Cujus positionem eo circulo rexit, qui a Græcis orizon, a Latinis limitans sive determinans appellatur, eo quod in eo signa quæ videntur ab his quæ non videntur distinguat ac limitet. Qua in orizonte sic collocata, ut et ortum et occasum signorum utiliter ac probabiliter demonstraret, rerum naturas dispositis insinuavit, instituitque in signorum comprehensione. Nam tempore nocturno ardentibus stellis operam dabat; agebatque ut eas in mundi regionibus diversis obliquatas, tam in ortu quam in occasu notarent. »

2. Richer, III, t.1. « *Intellectilium circulorum comprehensio.* — Circuli quoque qui a Græcis paralleli, a Latinis æquistantes dicuntur, quos etiam incorporales esse dubium non est, hac ab eo arte comprehensi noscuntur. Effecit semicir-

cercle coupé, en ligne droite, par le diamètre et représenta ce diamètre par un *tube* ou une *baguette*, aux extrémités de laquelle il marqua les deux pôles, boréal et austral. Il divisa le demi-cercle, d'un pôle à l'autre, en trente parties; à la sixième division, à partir du pôle (nord), il figura, par un tube, le cercle polaire arctique; à la onzième, il représenta, par un autre tube, le tropique du Cancer, et à la quinzième, un troisième tube servit à désigner le cercle équinoxial. Il partageait de même le reste de l'espace jusqu'au pôle sud. Par cet ingénieux appareil, où le diamètre de la circonférence était dirigé vers le pôle et la convexité du demi-cercle, tournée vers le haut, il donna une connaissance parfaite des cercles que la vue ne peut saisir.

« Il trouva également le moyen de représenter la marche des planètes, bien qu'elles se meuvent en dedans de la sphère céleste et que leurs orbites se croisent. Car il fit une sphère armillaire, composée de cercles seulement. Il y introduisit les deux cercles que les Grecs nomment *colures*, les Latins *incidents*, parce qu'ils se coupent, et il fixa les pôles aux extrémités. Il fit ensuite passer, par les colures, cinq autres cercles, dits parallèles, de sorte que, d'un pôle à l'autre, la moitié de la sphère se trouvait partagée en trente parties, et cela avec une grande précision; car, sur les trente parties de l'hémisphère, il en comprit six du pôle au premier cercle, cinq du premier au second, quatre du deuxième au troisième, quatre également du

---

culum recta diametro divisum. Sed hanc diametrum *fistulam* constituit, in cujus cacuminibus duos polos boreum et austronothum notandos esse instituit. Semicirculum vero a polo ad polum triginta partibus divisit. Quarum sex a polo distinctis, *fistulam* adhibuit, per quam circularis linea arctici signaretur. Post quas etiam quinque diductis, *fistulam* quoque adjecit, quæ æstivalem circulationem indicaret. Abinde quoque quatuor divisis, *fistulam* identidem addidit, unde æquinoctialis rotunditas commendaretur. Reliquum vero spatium usque ad notium polum, eisdem dimensionibus distinxit. Cujus instrumenti ratio in tantum valuit, ut ad polum sua diametro directa, ac semicirculi productione superius versa, circulos visibus inexpertos scientiæ daret, atque alta memoria reconderet. » Remarquer le mot *fistula*, sur le sens duquel nous aurons à revenir. Nous avons donné d'abord les deux expressions par lesquelles il a été traduit.

troisième au quatrième, cinq du quatrième au cinquième et six du cinquième au pôle. Sur les parallèles, il plaça obliquement le cercle que les Grecs appellent *loxos* ou *zoé*, les Latins, *obliquus* ou *vitalis*, parce que les constellations y sont représentées sous la forme d'animaux ; et en dedans de ce cercle oblique, suspendant les planètes avec un art merveilleux, il en démontrait habilement à ses disciples les cours et les hauteurs, ainsi que les distances respectives [1].

« Il imagina encore une autre sphère armillaire, dépourvue de cercles à l'intérieur, mais sur laquelle il représenta les constellations, avec des fils de fer et de cuivre. Elle avait, pour axe, un *tube* ou *baguette* servant à indiquer le pôle céleste, de sorte qu'en voyant celui-ci, on avait, de l'état du ciel, une figure exacte, et qu'on trouvait les étoiles de chaque constellation fidèlement reproduites sur la sphère. Cet appareil avait cela de *divin* que, fût-on étranger à la science, il suffisait de vous y montrer une seule des constellations, pour qu'on apprît, sans maître, à reconnaître toutes les autres [2]. »

---

1. Richer, III, LII. « *Sperae compositio planetis cognoscendis aptissima.* — Errantiumque siderum circuli cum intra mundum ferantur, et contra contendant, quo tamen artificio viderentur scrutanti non defuit. Inprimis enim speram circularem effecit, hoc est ex solis circulis constantem. In qua circulos duos qui a Græcis coluri, a Latinis incidentes dicuntur, eo quod in sese incidant, complicavit ; in quorum extremitatibus polos fixit. Alios vero quinque circulos, qui parallelli dicuntur, coluris transposuit, ita ut a polo ad polum triginta partes, speræ medietatem dividerent ; idque non vulgo neque confuse. Nam de triginta dimidiæ speræ partibus a polo ad primum circulum, sex constituit ; a primo ad secundum quinque ; a secundo ad tertium, quatuor ; a tertio ad quartum, itidem quatuor ; a quarto ad quintum, quinque ; a quinto usque ad polum, sex. Per hos quoque circulos cum circulum obliquavit, qui a Græcis loxos vel zoe, a Latinis obliquus vel vitalis dicitur, eo quod animalium figuras in stellis contineat. Intra hunc obliquum, errantium circulos miro artificio suspendit. Quorum absidas, et altitudines a sese etiam distantias, efficacissime suis demonstravit. Quod quemadmodum fuerit, ob *prolixitatem hic ponere commodum non est, ne nimis a proposito discedere videamur.* » Il est regrettable que Richer ait craint la « prolixité ».

2. Richer, III, LIII. « *Aliæ speræ compositio signis cognoscendis idonea.* — Fecit præter hæc speram alteram circularem, intra quam circulos quidem non collocavit, sed desuper ferreis atque æreis filis signorum figuras complicavit. Axisque loco, *fistulam* trajecit, per quam polus cœlestis notaretur, ut eo per-

Nous donnons, en entier, ces textes naïvement admiratifs, parce qu'ils nous expliquent, mieux que tout commentaire, l'impression profonde que produisit Gerbert sur ses contemporains. Si les princes, laïques ou ecclésiastiques, étaient surtout frappés de sa vigoureuse dialectique, de son éloquence fleurie et capable d'exprimer les sentiments les plus divers, les écoliers et même les hommes les plus ignorants devaient éprouver l'admiration la plus vive, pour celui qui rendait ainsi visibles et intelligibles, les merveilles des cieux. Ils devaient trouver, comme Richer, qu'il y avait en lui quelque chose de « divin », en attendant que ses adversaires en fissent l'allié de celui qui persuada, au premier homme, de manger le « fruit défendu » de l'arbre de la science !

Il en était de même, sans doute, pour l'abaque, dont l'objet était de préparer ses disciples à l'étude de la géométrie. Avec ses vingt-sept colonnes et ses mille caractères en cornes, il permettait « de diviser ou de multiplier toute espèce de nombre, avec une telle rapidité que, eu égard à leur extrême étendue, il était plus facile de s'en faire une idée que de les exprimer [1] ».

Mais, sur la géométrie, Richer est moins explicite, puisqu'il se borne à dire que « Gerbert y donna tous ses soins ». Pez a imprimé une *Géométrie de Gerbert*, reproduite par Olleris.

specto, machina cœlo aptaretur. Unde et factum est, ut singulorum signorum stellæ, singulis hujus speræ signis clauderentur. Illud quoque in hac divinum fuit, quod cum aliquis artem ignoraret, si unum ei signum demonstratum foret, absque magistro cetera per speram cognosceret. Inde etiam suos liberaliter instruxit. Atque hæc actenus de astronomia. » Même remarque sur le mot *fistula*, que pour le § 51 de Richer.

1. Richer III, LIV. — » *Confectio abaci.* — In geometria vero non minor in docendo labor expensus est. Cujus introductioni, abacum id est tabulam dimensionibus aptam, opere scutarii effecit. Cujus longitudini, in septem et viginti partibus diductæ, novem numero notas omnem numerum significantes disposuit. Ad quarum etiam similitudinem, mille corneos effecit caracteres, qui per septem et viginti abaci partes mutuati, cujusque numeri multiplicationem sive divisionem designarent; tanto compendio numerorum multitudinem dividentes vel multiplicantes, ut præ nimia numerositate potius intelligi quam verbis valerent ostendi. Quorum scientiam qui ad plenum scire desiderat, legat ejus librum quem scribit ad C. grammaticum ; ibi enim hæc satis habundanterque tractata inveniet. »

Plus récemment Curtze, dans les *Abhandlungen zur Geschichte der Mathematik* [1], a publié des variantes, pour une portion du texte, et aussi un certain nombre de chapitres, d'après le manuscrit 14836 de la bibliothèque royale de Munich. On a beaucoup discuté pour savoir si l'ouvrage est de Gerbert, et à quel moment il l'a composé. Remarquons, avant tout, que si Hock, après lui, Cantor et Th.-H. Martin, en placent la composition vers 996, quand Gerbert est en Allemagne, il est beaucoup plus vraisemblable de supposer, avec Olleris, qu'il fut écrit, comme la *Regula de abaci computo*, quand Gerbert, pour la première fois, enseignait à Reims.

Mais est-ce bien à Gerbert qu'il faut l'attribuer ? Les manuscrits, consultés par Olleris, lui ont fourni des indications insuffisantes pour l'affirmer. Ou ils ne portent pas le nom de Gerbert, ou ce nom est d'une autre main que le manuscrit [2]. De même, Curtze nous apprend que, sur le manuscrit de Munich, du xı* siècle, la mention « *Geometria Gerberti* », a été ajoutée ultérieurement. Toutefois, la tradition sur laquelle on s'est appuyé, aux diverses époques, pour en considérer Gerbert comme l'auteur, n'est pas sans valeur. Sans doute, il y a des différences considérables de rédaction ou de disposition entre les divers manuscrits; on y trouve même des passages de la *Géométrie* de Boèce. Pour tout dire, on a des copies d'un original, remanié par l'auteur, peut-être même par des disciples, qui s'en sont servis à leur tour pour enseigner, peut-être enfin par les copistes, qui y ont joint des emprunts faits à d'autres traités. Mais l'original, peut-on dire, vient de Gerbert [3]. L'existence de Gerbertistes nous est révélée par le manuscrit 4539 de la Vaticane [4]. Puis la *Géométrie* contient des passages philosophiques, qui rappellent les ouvrages

---

1. Siebentes Heft (Leipzig, Teubner 1895), pp. 77 sqq. — Cf. p. 15, n. 1.
2. Olleris, pp. 592 sqq.
3. Il n'est pas question, en ce moment, de savoir ce qu'il a pu emprunter à Boèce ou à Bède. La méthode des *deflorationes* a été usitée, en géométrie, plus encore peut-être qu'en toute autre matière.
4. Olleris, p. 593 : « *Dic tu, Gerbertista.* »

dont l'authenticité est incontestée. D'abord, il y est question de Boèce, que nous retrouvons dans la discussion avec Otric et dans le *Libellus de rationali et ratione uti*. Surtout il est fait mention de Chalcidius, « exposant le *Timée* de Platon », et du *Timée* de Platon lui-même [1]. Or Gerbert rappelle à Otric que Platon, pour exprimer la cause de la création du monde, emploie trois mots, au lieu d'un seul — *bona Dei voluntas* — et il est clair, ajoute-t-il, que cette cause de la création ne pouvait être autrement exposée. L'abbé Léon, cherchant à réfuter les critiques, adressées par le concile de Saint-Basle à la papauté, reproche indirectement à Gerbert de trop écouter Platon, comme Virgile et Térence : « Et quoi ! parce que les vicaires de Pierre et ses disciples ne veulent pour maîtres ni Platon, ni Virgile, ni Térence, ni personne de ce troupeau de philosophes, qui nous ont donné des descriptions de la nature, en volant orgueilleusement dans les airs, comme les oiseaux, en s'enfonçant dans les profondeurs de la mer, comme les poissons, en marchant sur la terre comme les bêtes, vous dites qu'ils ne méritent pas d'être portiers [2] ! »

D'un autre côté, nous y trouvons des comparaisons, qui nous ramènent aux Lettres et rappellent le goût que Gerbert eut, toute sa vie, pour les poètes et leurs œuvres [3]. Enfin,

---

1. Olleris, p. 405. « Chalcidius Timæum Platonis exponens...... »; p. 425. « Quod Plato in Cosmopœia Timæi de planis figuris proponit. »
2. Richer III, LXIII. « Cum a Platone causa creati mundi non una sed tribus dictionibus, bona Dei voluntas declarata sit, constat hanc creati mundi causam non aliter potuisse proferri. » — Cf. Tim. 29. D. ἀγαθὸς ἦν, ἀγαθῷ δὲ οὐδεὶς περὶ οὐδενὸς οὐδέποτε ἐγγίγνεται φθόνος. — Olleris, p. 237. « Et quia vicarii Petri et ejus discipuli nolunt habere magistrum Platonem, neque Virgilium, neque Terentium, neque ceteros pecudes philosophorum, qui volando superbe, ut avis aerem, et immergentes in profundum, ut pisces mare, et ut pecora gradientes terram descripserunt : dicitis eos nec ostiarios debere esse. »
3. Ch. XL. « Dum geometricis figuris intenti philosophorum jam fatigabundi inventionibus inhæremus, ne omnino fatigati deficiamus militaribus exercitiis animum relevemus. Sicut enim corpus quotidianis sumptibus fastidiens inusitato recreatur cibo, sic mens philosophicis onerata austeritatibus quodam joculari vel militari poetarum relevatur invento. Quapropter ut animum reficiamus, militare inventum intermisceamus. » (Il s'agit de mesurer une hauteur avec des flèches et du fil.) — Cf. Ep. 23. « Alioquin ne miremini si *his*

il y a une grande analogie, entre une lettre de Gerbert à Adalbolde, et un théorème important de la *Géométrie*: Gerbert renvoie lui-même, en termes expressifs, au traité qu'il avait composé sur cette matière [1]. Et l'on signalerait des rapports semblables, entre le chapitre XVI du *Libellus de numerorum divisione*, qui traite de certaines mesures (*digitus, uncia, palmus, pes, passus*, etc.), et le chapitre II de la *Géométrie*, consacré « aux noms et à la quantité des mesures inventées par les anciens ».

Ainsi la *Géométrie*, sans nous faire connaître exactement quels étaient l'enseignement et les connaissances de Gerbert,

---

*castris* me applico ubi maxima portio legis humanæ, nulla divinæ. » — Cf. les vers qui précèdent le *Libellus de rationali et ratione uti*:

> Quisquis opacæ velis Sophiæ scandere regna,
> Istius in pratis pocula carpe libri.
> Potatus citimum flectes per gramina gressum,
> Organa doctorum quo sua *castra* comunt.

Cf. aussi ce que nous avons dit précédemment de la lecture des poètes (Virgile, Stace, Térence, Horace, Perse, Lucain) et ce que nous dirons plus loin de l'humaniste.

1. Epistola Gerberti ad Adalboldum (Olleris p. 477). « In his geometricis figuris, *quas a nobis sumpsisti*, erat trigonus quidam æquilaterus, cujus erat latus XXX pedes, cathetus XXVI, secundum collationem lateris et catheti, area CCCXC. Hunc eumdem trigonum si absque ratione catheti secundum arithmeticam regulam metiaris, scilicet ut latus unum in se multiplicetur eique multiplicationi lateris unius numerus adjiciatur, et ex hac summa medietas sumatur, erit area CCCLXV. Videsne qualiter hæ duæ regulæ dissentiant? Sed et illa geometricalis, quæ per rationem catheti aream in CCCXC pedes metiebatur, *subtilius est a me discussa*, et catheto suo non nisi XXV et VI septimas unius concedo, et areæ CCCLXXXV et quinque septimas. Et sit tibi regula universalis in omni trigono æquilatero cathetum inveniendi; lateri semper septimam demo, et sex reliquas parte catheto concede. »

Ch. XLIX. (Olleris, p. 450).

« Trigoni isopleuri cujus sunt latera XXX pedum, embadi pedes comprehendere si vis cathetum, sic invenies. Latus unum duc in se, fient DCCCC. Quartam diducito, remanebunt DCLXXV. Quibus si addideris I fient DCLXXVI. Ecce cathetum; quo per basim dimidiam multiplicato, id est XV per XXVI, pedes invenies embadi CCCXC. » — Ce chapitre de la *Géométrie* explique les mots — *secundum collationem lateris et catheti* — que suit l'indication de la surface, 390 pieds. — Les opérations sont les suivantes:

1° $30 \times 30 = 900$ (*latus unum duc in se*);

2° $900 - (\frac{900}{4} =) 225 = 675$ (*quartam diducito*);

3° $675 + 1 = 676$ (*si addideris I*);

4° $\sqrt{676} = 26$ (*ecce cathetum*);

5° $26 \times \frac{30}{2} = 390$ (*quo per basim dimidiam multiplicato*).

Cf. ch. VII. « *Isopleuros* id est æquilaterus. »

en fournit du moins une idée telle, que Gerbert nous semble, de ce côté, avoir été un novateur, comme il le fut pour les autres parties du quadrivium. Il nous suffira de dire ici, avec M. Chasles, « qu'au sujet des triangles rectangles, il résout un problème remarquable pour l'époque, parce qu'il dépend d'une équation du second degré, celui où étant données l'aire et l'hypothénuse, on demande les deux côtés [1] ». D'ailleurs, l'essentiel, pour nous, n'est pas de montrer qu'il fut un inventeur en matière scientifique, mais que, par son esprit d'initiative et ses leçons, il contribua à ranimer le goût de l'étude, en même temps qu'il devenait, pour ses contemporains et même pour ses successeurs, le type du professeur accompli, toujours occupé d'augmenter ses connaissances et de les rendre plus accessibles à ceux qui, de près ou de loin, lui demandaient sa direction ou ses conseils. Et c'est peut-être la raison pour laquelle ses ouvrages, peu nombreux, soulèvent tant de difficultés et ne donnent qu'une idée fort incomplète de ce qu'il fut comme professeur et comme penseur [2].

II

De Bobbio ou de l'Italie (983), Gerbert écrit seize lettres, qui nous apprennent comment il entend ses droits et ses devoirs d'abbé, mais aussi comment il travaille sans cesse à son instruction et à celle des autres [3]. Il n'oublie pas

---

1. Olleris, p. 591.
2. Nous essayerons plus loin de montrer ce que Gerbert a été comme philosophe, comme savant et comme théologien.
3. Olleris et Julien Havet sont d'accord sur ce point. — Les lettres à Otton (1, 2, 10, 11), à Adélaïde (6), à Gerbert et à Hugues (3, 12), à Boson et à Pierre (4, 5), au pape et à Pétroald (14, 15), concernent surtout l'abbé et ont été analysées (ch. III, § 2). — Les lettres à Airard (7), à Gisalbert (9), à Adalbéron (8), à Ecbert (13), à Géraud (16), concernent parfois aussi Bobbio, mais surtout les études.

qu'il a été scolastique, et il veut que ses anciens élèves, de Reims, possèdent les ouvrages qu'il trouve à Bobbio. On ne l'oublie pas non plus en Germanie, et l'archevêque de Trèves, Ecbert, demande à lui envoyer des jeunes gens, pour qu'il les instruise [1].

Gerbert examine les livres qui sont à Bobbio. Muratori considère, comme du x° siècle, le catalogue qui nous en a été conservé. Olleris estime qu'il fut peut-être dressé par les soins de Gerbert. Et cette conjecture paraît assez vraisemblable. D'abord, il semble bien, par les termes mêmes dont se sert ce dernier, qu'en échange des livres dont il demande l'envoi à Adalbéron, il se propose de faire passer, à Reims, les copies de ceux qu'il trouvera successivement à la bibliothèque de son abbaye. Puis il en mentionne quelques-uns, « l'*Astrologie* de Boèce, de très belles figures de géométrie, et d'autres choses non moins admirables », qui rappellent le catalogue de Muratori. Et il en a peut-être emporté une copie de Bobbio, puisqu'il demande à Rainard, en homme qui connaît ce qui s'y trouve, de lui faire transcrire l'*Astrologie* de Manlius, la *Rhétorique* de Victor ou Victorinus, l'*Ophthalmicus* de Démosthène. Enfin, quel abbé, en dehors de Gerbert, eût été assez ami des livres, pour en dresser la liste, comme s'ils eussent mérité de tenir la première place, parmi « les possessions du bienheureux Colomban [2] » ?

---

1. En écrivant à Airard (7) il s'intitule « *Gerbertus quondam scolasticus* ». A Adalbéron (8) il dit : « ut quos penes vos habemus habeatis, et *quos post repperimus speretis*. » — A Ecbert (13) : « si deliberatis an *scholasticos in Italiam* ad nos usque dirigatis, consilium nostrum in aperto est. Quod laudabitis laudabimus, quod ferlis feremus. » — Peu importe, d'ailleurs, qu'il s'agisse d'élèves proprement dits ou de maîtres, dont Gerbert aurait à compléter l'instruction. — Cf. Ep. 92.

2. Muratori, *Antiquitates Italiæ medii ævi*, III, col. 898; Olleris, pp. 489 sqq. Ep. 8. « Ut quos penes vos habemus habeatis, et quos post repperimus speretis, id est volumina Boetii de astrologia, præclarissima quoque figurarum geometriæ, aliaque non minus admiranda. » — Le mot *repperimus* indique une recherche; *aliaque non minus admiranda*, montre que beaucoup de manuscrits précieux ont été aperçus; *speretis*, que cette recherche sera continuée. Le mot *repperimus* figure, dans le catalogue (Olleris, p. 496 — *quas non repperimus*). Cette lettre témoigne que Gerbert jouit d'une certaine tranquillité,

Cette bibliothèque, Gerbert cherche à l'enrichir : il prie Airard de faire corriger le *Pline*, qu'il possède, et de lui envoyer *Eugraphius*, le commentateur de Térence, qui lui manque. En échange de ce qu'il promet à Adalbéron, il réclame une copie de l'*Histoire* de Jules César. A Gisalbert, il demande la fin du discours de Cicéron, pour le roi Déjotare, et le début de l'*Ophthalmicus* de Démosthène — ce qui nous apprend, pour la première fois, qu'il s'occupe de médecine [1].

Et quand Gerbert ne peut plus défendre, même par la force, ses droits à Bobbio, il regagne Reims et se remet tout entier à l'étude [2].

Ses *Lettres*, du moment où il rentre à Reims jusqu'à la mort d'Adalbéron, le 23 janvier 989, constituent un ensemble de documents fort importants pour l'histoire générale de la France et des pays voisins, comme pour la connaissance des actes et du but poursuivi par Gerbert. Il a des correspondants en Belgique et en France, en Germanie et en Espagne, en Italie et en Auvergne.

D'abord, il reste en relations avec ses maîtres et ses amis d'Aurillac [3] ; il veut en renouer ou s'en créer avec les chré-

---

puisque rien ne trouble sa fortune, dit-il, que l'absence d'Adalbéron. — Le catalogue porte « *Libros Boetii III de arithmetica et alterum de astronomia.— Et de arithmetica, Macrobii, Dionysii, Anatolii, Victorii, Bedæ, Colmani et epistolæ aliorum sapientium lib. I.* — Nous savons (Blume, *die Schriften der Römischen Feldmesser*, 1848-1852, II, p. 6, 11, 470) que le manuscrit des *agrimensores* latins, l'*Arcerianus* de Wolfenbuttel, fut à Bobbio jusqu'au xve siècle. — Ep. 130. « Fac ut michi scribantur M. Manlius *de astrologia*, Victorius *de rhetorica*, Demosthenis *Ophthalmicus*. » — Le catalogue de Bobbio donne : « *Boetii.. alterum de astronomia*, Librum I Demosthenis, Librum M. Victoris de rhetorica. »

1. Ep. 7, 8, 9. « De morbis ac remediis oculorum, Demosthenes philosophus librum edidit, qui inscribitur *Ophthalmicus*. Ejus principium si habetis habeamus, etc. » Si l'on admettait, pour la lettre à Thibault, la date de 976 (Havet, p. 235), on conviendrait que Gerbert avait déjà, à cette époque, étudié la médecine. Cf. p. 98, n. 1.

2. Ep. 16 et 17.

3. Ep. 17, à Géraud, 984 ; Ep. 35, à Géraud, 984 ; Ep. 45, à Raimond, fin 984 ou début 985 ; Ep. 46, à Géraud, même date ; Ep. 70, à Géraud, 986, début ; Ep. 91, à Raimond et Ep. 95, à Bernard, septembre 986, après la mort de Géraud. Cf. ch. II, § 2 et ch. III, § 3.

tiens espagnols [1]. Abbé de Bobbio, de droit, sinon de fait, il écrit à ses moines et à ceux qui peuvent l'aider à en redevenir le maître [2]. Dignitaire bénédictin, il voudrait que l'ordre restât partout tel que l'a refait son réformateur Odon, tel qu'il l'a connu à Aurillac ou à Reims. Oïlbold, le prédécesseur du célèbre Abbon, avait été, par Lothaire, nommé abbé de Saint-Benoît-sur-Loire (986). Un certain nombre de moines, parmi lesquels le scolastique Constantin, le considéraient comme intrus et refusaient de l'accepter. Gerbert demande à Maïeul, un des successeurs d'Odon à Cluny, de souscrire à ce choix, s'il est bon, ou, s'il est mauvais, de le faire annuler par tous les abbés de l'ordre. Maïeul condamne ce qui a été fait, mais refuse d'agir. Gerbert, qui a déjà écrit, pour la même raison, à Ébrard de Tours et à Constantin, revient à la charge auprès de Maïeul, au nom d'Adalbéron lui-même. Secrétaire des abbés de Reims, il apprend aux moines qu'Ébrard et Maïeul désapprouvent l'élection : il les excite à ne pas reconnaître Oïlbold, repoussé par les chefs bénédictins. Et il félicite Constantin, en 988, de ce que le couvent peut, par la mort d'Oïlbold, procéder à un meilleur choix [3].

Nous avons d'autres lettres de Gerbert, à Ébrard, abbé de Tours ; à Nithard, abbé du monastère de Mittlach ; à l'abbé Gui et aux frères de Gand ; à l'abbé de Montériender, Adson ; aux frères de Saint-Benoît-sur-Loire et à l'abbé Rainard ; à Étienne, diacre de l'église romaine et à l'abbé Ramnulfe ; au moine Rémi de Trèves, et à Tetmar de Mayence, etc. [4].

1. Ep. 24, à Lupito de Barcelone, et Ep. 25, à Bonifilius, évêque de Girone (début de 984). Cf. ch. II, § 3.
2. Ep. 18, aux frères de Bobbio ; Ep. 19, à Rainard ; Ep. 20, à Adélaïde ; Ep. 21, à Ecimann ; Ep. 22, à Imiza ; Ep. 23, au pape Jean (984) ; Ep. 82, aux frères de Bobbio ; Ep. 83, à Hugues, marquis de Toscane ; Ep. 84, à Conon, marquis italien (986) ; Ep. 130 à Rainard (988). Cf. ch. III, § 3.
3. Ep. 69, à Maïeul ; Ep. 80, à Ébrard ; Ep. 86, à Constantin ; Ep. 89, à Maïeul ; Ep. 95, aux moines de Saint-Benoît-sur-Loire ; Ep. 142, au scolastique Constantin ; Ep. 143, réponse de Constantin.
4. Ep. 44, à Ébrard, fin 984 ou début 985 ; Ep. 64, à Nithard, second semestre de 985 ; Ep. 67, à Rainard (même date) ; Ep. 36 à Gui, juin ou juillet 984 ; Ep. 40, fin 984 et Ep. 71, mars 986, à Étienne ; Ep. 72, à Nithard, mars 986 ; Ep. 81,

A côté du bénédictin, soucieux du bon renom et de la dignité de son ordre, il faut rappeler le chrétien qui, « pour Jérusalem dévastée », adresse une admirable lettre à l'Église universelle, et peut-être même songe, comme son ami Guarin, à faire preuve de zèle pour le Saint-Sépulcre [1] ; l'orthodoxe qui veut que l'on résiste aux hérétiques, que l'on travaille à réaliser l'unité de l'Église et du monde chrétien [2].

Mais il est le secrétaire, l'ami et le collaborateur, on pourrait dire le coadjuteur et l'inspirateur de l'archevêque Adalbéron. Avec lui il ne faisait, avons-nous vu, qu'une âme et qu'un cœur ; aussi ne le quitte-t-il guère que pour mieux le servir. Sans doute Adalbéron lui témoigne une vive et profonde affection, s'efforce de lui préparer une situation indépendante, mais il l'aide surtout, de son autorité et de sa puissance, dans la réalisation du plus prochain de ses buts politiques, qui est de garantir, au jeune Otton, la possession d'un héritage fort convoité et fort menacé [3].

En son nom et au nom d'Adalbéron, il écrit à tous ceux qui peuvent contrarier ou servir ses projets. A Echert, l'archevêque de Trèves, qui voulait lui envoyer autrefois des

à l'abbé Adson, juin 986 ; Ep. 96, aux frères de Gand, octobre 986 ; Ep. 105, aux frères de Saint-Benoît-sur-Loire, 987 ; Ep. 116, à Ramnulfe, 988 ; Ep. 134 et 148 (988), à Remi ; Ep. 123, à Tetmar, août 988.

1. Ep. 28 (citée et discutée par la suite). Il faut en rapprocher les mots *Nunc quasi meliora deliberans, terrarum longinqua petit* de l'Ep. 34.
2. Cf. ce que nous dirons du chrétien et du théologien.
3. Nous n'avons que peu de lettres de Gerbert à Adalbéron : Ep. 8 (984), de Bobbio ; Ep. 60, juillet 985, de Reims, à Adalbéron, qui est à Verdun ; Ep. 93, septembre, et Ep. 94, octobre 986, de Reims à Adalbéron, qui s'est enfui de France, par crainte de Louis V ; Ep. 102, avril-juin 987 ; Ep. 149, janvier 989, de Noyon, à Adalbéron, malade sans qu'il le sût. — Sur la douleur qu'il éprouve à la mort d'Adalbéron, cf. Ep. 163, Ep. 152, Ep. 153, de janvier ou février 989. — Que Gerbert ait pu espérer, grâce à Adalbéron, une haute situation, c'est ce que montrent les lettres 117, « Dominæ Theophanu, mittenda pro episcopatu » ; 118, « Clero et populo mittenda (988) » ; 116 (même date) « Gratia et benivolentia principum, uti semper usi sumus, utimur, spem bonam in rem conversum iri suo tempore expectantes ». Nous savons, en outre, qu'Adalbéron l'avait désigné pour son successeur (Ep. 152). La lettre 37, au palatin Robert, nous apprend que, dès 984, Adalbéron est tout dévoué au jeune Otton. « Hoc quoque te nosse velim, quæcumque in eodem palatio tutis auribus commisi, de fide, pietate, stabilitate illius famosi Adalb. archiepiscopi, erga herilem nostri C. suosque, fidenter sic se habere juxta ejus scire et posse. »

écoliers à Bobbio, il adresse plusieurs lettres, pour lui reprocher d'abandonner Otton, au profit de Henri de Bavière ; pour l'entretenir de ce qui se passe en France, l'avertir de ne pas tenir compte d'une lettre que le roi Lothaire a dictée à Adalbéron, et l'assurer de l'amitié de son maître [1]. Williglse, archevêque de Mayence, est l'adversaire de Henri : on l'encourage, en lui apprenant qu'on a essayé de procurer à Otton l'appui des rois Lothaire et Louis V ; on lui envoie l'abbé Airard, parce qu'on ne peut dire, par écrit, tout ce qu'il faudrait [2]. Notger, évêque de Liège, est un ami de Godefroi, le frère d'Adalbéron : il est excité à choisir le meilleur parti, celui d'Otton, à défendre « son Maître et son Christ » [3]. Puis c'est Adalbéron, l'évêque de Verdun, fils de Godefroi et neveu de l'archevêque de Reims, à qui l'on présente, comme excellente pour Otton et ses amis, l'alliance de Hugues, « le roi de fait, sinon de nom » ; à qui l'on recommande, de la part des prisonniers de Verdun, de ne pas faire la paix avec la France [4].

Enfin, parmi les correspondants ecclésiastiques de Gerbert et de son « père spirituel », figurent encore Adalbéron de Laon qui, prisonnier de Charles de Lorraine, doit prendre

---

1. Ep. 26, 984. « Paucine creati sunt reges, quia novum filio domini vestri præponere vultis? » — Ep. 38 (juillet-octobre 984). Il ne peut confier au papier tout ce qu'il a à dire ; Ep. 54 (avril 985), après une lettre que Lothaire fait écrire à Adalbéron ; Ep. 55, mai 985 (craint qu'Ecbert ne se prononce pour Henri) ; Ep. 56, même date (renvoie le moine Gausbert) ; Ep. 68 (second trimestre de 985) ; Ep. 73, mars 986, A. et Gerbert sont en faveur auprès d'Hemma : « Is quem caruisse regali gratia putastis, a nulla familiaritate seclusus est » ; Ep. 104, juin-octobre 987 (envoi d'une croix) ; Ep. 106, juin-octobre 987 ; Ep. 108, juillet-octobre 987 ; Ep. 109, octobre ou novembre 987 (les inondations) ; Ep. 114, avril-juin 988 (annonce l'envoi de remèdes) ; Ep. 121, août 988 (épisode du siège de Laon) ; Ep. 125, août 988 ; Ep. 126, 20 septembre 988 : « Sic sancta societas unum et idem sentiens manet » ; Ep. 135, peut-être 144 et 146.
2. Ep. 27, mars-mai 984 ; Ep. 34, juin 984 : Gerbert écrit en son propre nom et parle plus de lui-même. Il demande conseil à Williglse et le prie de l'appuyer auprès des impératrices.
3. Ep. 30, mars-mai 984 (d'Adalbéron) ; Ep. 39, novembre ou décembre 984 (de Gerbert) ; Ep. 42 et 43, novembre ou décembre 984 (d'Adalbéron) ; Ep. 49, avril 985 (ne pas tenir compte des lettres que fait écrire Lothaire) ; Ep. 65-66, second semestre de 985.
4. Ep. 41, novembre ou décembre 984 ; Ep. 47, à Adalbéron et à son frère Hérimann, avril 985 ; peut-être 48 (même date).

exemple sur le comte Godefroi, sinon sur Job et les évêques anciens ; Adalbéron de Metz, le neveu de Hugues Capet ; Everger, archevêque de Cologne ; les évêques de la province de Reims, l'évêque d'Orléans, Gibuin, et l'archevêque de Cambrai, Rothard [1].

A côté des évêques, les princes, les seigneurs, les rois, les impératrices : Adélaïde et Théophano, la mère et la grand'mère d'Otton III ; le roi Lothaire et Charles de Lorraine, son frère ; Hugues Capet et sa sœur la duchesse Béatrix ; le palatin Robert et le comte Godefroi [2].

Gerbert prête aussi ses pensées et ses formules savantes, riches et expressives, à ceux qui combattent, avec Adalbéron et lui, les ennemis du jeune Otton. Il répond, pour Charles de Lorraine, qui avait refusé de se joindre à ceux qui prétendaient associer au trône Henri de Bavière, à l'évêque de Metz, Thierry, et il ajoute, en son propre nom, une justification si impertinente, dit Julien Havet, ou plutôt si hautaine, qu'on serait tenté de la croire ironique [3]. C'est lui qui, pour les seigneurs lorrains, faits prisonniers par Lothaire, engage leurs parents à n'accorder aucune concession au roi de France [4]. Quand celui-ci disparaît et que sa veuve Hemma, fille d'Adélaïde et tante d'Otton III,

---

1. Ep. 136, septembre 988 ; Ep. 58, à l'évêque de Metz, fin mai ou juin 985 ; Ep. 100 et 101, mars et avril 987, peut-être 137. — On ne sait pourquoi, dit Julien Havet, le nom d'Everger, archevêque de 985 à 1000, est remplacé par celui d'Ébrard. — Ep. 110 « Ad Comprovintiales ; » novembre 987. On y remarquera une expression curieuse : « Multa super statu ecclesiarum Dei, multa super publicis privatisque negotiis *rationaturi*. » — Ep. 133, à Gibuin, août-septembre 988 ; Ep. 113, à Rothard, janvier-juin 988.

2. Ep. 20. 984 ; Ep. 128, août 988, à Adélaïde. — Ep. 52, avril 985 ; Ep. 59, juillet 985 ; Ep. 89, juillet-septembre 986 ; Ep. 103, juin 987 ; Ep. 117, 988 ; Ep. 120, juin-août 988, à Théophano. — Ep. 53, avril 985, à Lothaire (discussion dans Havet, p. 49, n. 2), 54 « Objectio ad Adalberonem et Purgatio », mai 985 ; 75. « Epitaphium Regis Lotharii ». — Ep. 115, avril juin 988 ; Ep. 122, août 988, à Charles de Lorraine ; Ep. 61, 62, 63, à la duchesse Béatrix, 985, etc., etc.

3. Ep. 31. « Controversia Deoderici episcopi Mettensis in Karolum » ; Ep. 32. « Ex persona Karoli G. in D. » ; Ep. 33. « Purgatio G., ob controversiam a se descriptam ».

4. Ep. 50 à la comtesse Mathilde ; Ep. 51, à Sigefrid, fils du comte Godefroi (avril 985) ; Ep. 52, à Théophano (même date) ; Ep. 47, à Adalbéron, évêque de Verdun et à son frère Herimann, avril 985 ; Ep. 48, aux mêmes et même date.

rappelle Adalbéron à la cour et se rapproche de l'Allemagne, Gerbert devient son secrétaire. Il annonce la mort de Lothaire à Adélaïde et lui demande ses conseils. C'est lui qui écrit de nouveau, pour Hemma, à Adélaïde, quand son fils Louis V est devenu son ennemi et celui de l'Allemagne; à Théophano, quand elle est prisonnière de Charles de Lorraine, qui n'a pas voulu écouter les envoyés de l'impératrice [1]. Et il semble même avoir été le secrétaire de l'évêque de Laon, dont Charles s'était emparé en même temps que d'Hemma.

Enfin Gerbert met sa plume au service du fondateur de la nouvelle dynastie. Hugues Capet lui paraît un précieux auxiliaire pour les défenseurs d'Otton III. Dès la fin de 984, il le considère comme le véritable maître de la France. Mis en relations avec celui dont le fils Robert était peut-être en ce moment même son élève, il ne voit que dans son alliance le salut pour Otton [2]. A plusieurs reprises, il revient sur les mêmes idées : « Lothaire, écrit-il en avril 985, n'est roi que de nom, Hugues l'est de fait et en réalité. Si vous devenez ses alliés et ceux de son fils, vous n'aurez jamais à craindre que Lothaire et Louis soient pour vous des ennemis à redouter [3]. » C'est que le duc Hugues est assez disposé à s'unir à la Germanie, pour continuer plus aisément, contre Lothaire, cette lutte depuis si longtemps commencée entre les Robertins et les Carolingiens [4]. De son côté, Adalbéron,

1. Ep. 74, mars 986, à Adélaïde; Ep. 97, fin 986 ou début de 987, à Adélaïde; Ep. 119, à Théophano, juin-août 988; Ep. 147, fin 988 ou début 989, à un évêque (?).
2. Ep. 41 à l'évêque de Verdun Adalbéron. « Eum quem fortuna Francis præfecit actu et opere, rapta occasione ex tempore fidelissimis convenimus legatis pro parte vestrorum Godefridi. Fœdus quod quondam inter se ac inter Ottonem nostrum Cæsarem convenerat, vos velle innovare promisimus, adjuncto in fœdere filio, quo unico gaudet; hoc ipsum Cæsarem morientem expetisse persuasimus per dilectissimum sibi filium Sigefridi. Hæc itaque res in commune visa est salus nobis et filio Cæsaris ».
3. Ep. 48 (peut-être à l'évêque de Verdun et à son frère). « Lotharius rex Franciæ prælatus est solo nomine, Hugo vero non nomine, sed actu et opere. Ejus amicitiam si in commune expetissetis, filiumque ipsius cum filio C. colligassetis, jamdudum reges Francorum hostes non sentiretis. »
4. Ep. 58, 59, 60.

tout en réservant ce qui concerne l'honneur du roi, se lie avec Hugues par des engagements assez forts, sinon très précis [1]. Hugues, en retour, prend le parti d'Adalbéron, attaqué par Louis V [2]. Aussi Gerbert et son maître le font-ils choisir pour roi [3], quand Hugues a fait absoudre l'archevêque de Reims, des accusations portées par Louis. Au nom de Hugues, Gerbert écrit à Siguin, l'archevêque de Sens, pour lui rappeler qu'il doit lui prêter serment de fidélité, s'il ne veut être sévèrement traité [4]; il prépare une lettre, qui ne fut probablement jamais envoyée, aux empereurs Basile et Constantin, frères de Théophano, auxquels il demande, pour le jeune Robert, la main d'une princesse grecque [5]; il annonce, au comte Borel, que le roi lui portera secours contre les Arabes, s'il lui engage la foi qu'il doit au souverain de la France [6]. Il écrit à Théophano que le roi veut conserver son amitié, que sa femme ira la trouver à Stenay et qu'il s'engage à observer ce dont elles conviendront, pour régler ses rapports avec Otton [7].

Mais Gerbert, en revenant de Bobbio, était décidé à se consacrer à l'étude. Sans doute les affaires civiles lui prirent une grande partie de son temps, mais il fit beaucoup encore, au point de vue spéculatif, pour lui et pour ceux qu'il était appelé à diriger.

---

1. Ep. 61 à Béatrix, sœur de Hugues Capet et duchesse de Lorraine. « Ceterum vobis, liberis, amicis ad votum bene prosperari, salvo honore regio, et optamus, et si fit, congratulamur. Nostra negotia vestra putate : apud ducem Hugonem de nostra mente pura, fide constanti absque hæsitatione præsumite. » La lettre est probablement de juillet 985, et il faut en remarquer les termes. Gerbert, écrivant à Siguin, pour lui demander de prêter serment de fidélité, dit : « eam fidem quam cæteri nobis firmaverunt confirmetis ». Ep. 107.
2. Ep. 94.
3. Richer, IV, 6, 7, 8, 9, 10, 12.
4. Ep. 107.
5. Ep. 111.
6. Ep. 112.
7. Ep. 120. « Vestram autem amititiam in perpetuum ad nos confirmare cupientes, sociam ac participem nostri regni A. decrevimus vobis occurrere, ad villam Satanacum XI kl. septemb., ea quæ inter vos de bono et æquo sanxeritis, inter nos ac filium vestrum sine dolo et fraude in perpetuum conservaturi » (juin-août 988).

D'abord, il reprend ses fonctions de scolastique. Si l'on envoie, de Reims à Gand, des jeunes gens pour y être instruits, Gerbert reçoit, à son école, des Français et des étrangers, ou, comme il le dit, des Latins et des Barbares. Il s'intitule encore, en 988, « abbé et scolastique ». Il travaille, tout à la fois, pour les élèves qui viennent le trouver à Reims et pour ceux qui sont déjà des maîtres. Ainsi, en 985, dans l'automne, il prépare un tableau de la rhétorique, qui occupe vingt-six feuilles de parchemin cousues ensemble, en deux rangs de treize feuilles chacune, de manière à former un rectangle fort allongé. C'est, dit-il, un ouvrage admirable, selon ceux qui en ont fait usage, utile aux gens studieux, pour comprendre et retenir les préceptes des rhéteurs, prompts à échapper et parfois obscurs. Et, l'année suivante, il offre à Bernard de fournir à ses frères d'Aurillac, si Raimond le désire, un pareil tableau, comme tout ce qui peut servir à l'enseignement de la musique ou au maniement des orgues. Il compose une épitaphe de quatre vers, pour le scolastique belge Adalbert, comme pour le roi Lothaire et l'empereur Otton. En faveur du scolastique Constantin, avec lequel il est étroitement uni, il intervient pour amener l'expulsion de « l'intrus », installé comme abbé à Saint-Benoît-sur-Loire, et il écrit le *Libellus de numerorum divisione* [1].

---

1. Ep. 36, à Gui, abbé de Gand, juillet 984. « Vel si qui nostrorum puerorum penes vos institui possint, et is est, quando id fieri debeat. » Ep. 45, à Raimond, décembre 984 ou janvier-mars 985. « Quanto amore vestri teneamur, noverunt Latini ac barbari, *qui sunt participes* fructus nostri laboris. Eorum votum vestram expetit præsentiam.. » Ep. 77.« Epitaphium Adalberti scolastici. »

« Edite nobilibus, studium rationis adepto,
« Dixit Adalbertum te Belgica, flore juventute
« Stare diu non passa tulit fortuna, recursus
« Bissenos februi cum produxisset Apollon. »

Ep. 86, juillet ou août 986, au *scolastique* Constantin. Ep. 92, au moine Bernard, fin septembre 986. « *Interdum* nobilissimis scolasticis disciplinarum liberalium suaves fructus ad vescendum offero. Quorum ob amorem etiam exacto autumno quamdam figuram edidi artis rhetoricæ, dispositam in vi et xx membranis sibi invicem connexis et concatenatis in modum antelongioris numeri, qui fit ex bis xiii. Opus sane expertibus mirabile, studiosis utile, ad res rhetorum fugaces et caliginosissimas comprehendendas atque in

Dans ses études, Gerbert donne alors la première place à la philosophie [1], dont on ne saurait séparer la morale et la rhétorique, qui intervient dans les affaires ecclésiastiques, publiques et privées, qui seule peut apporter quelque soulagement aux soucis et aux peines.

Il cherche aussi à augmenter le nombre des ouvrages qui lui servent à enseigner la rhétorique, pour laquelle il usait d'ailleurs, comme nous l'a appris Richer, des poètes aussi bien que des prosateurs. Étienne, le diacre de l'église romaine, Ébrard, abbé de Tours et Adson, abbé de Montériender, Constantin le scolastique et les moines de Saint-Pierre à Gand, l'abbé Ramnulfe et Tetmar de Mayence, Rainard, moine à Bobbio, et Remi de Trèves, sont excités par lui, parfois dans les termes les plus pressants, à envoyer, à corriger ou à compléter des manuscrits [2]. Nous sommes loin

---

animo collocandas. » Ep. 134, à Remi de Trèves, septembre 988 « ... Speram tibi nullam misimus..... nec est res parvi laboris *tam occupatis in civilibus causis.* » Ep. 142 « G. scolaris abbas » à Constantin, derniers mois de 988.

1. Ep. 44, fin 984 ou début 985. « Cumque ratio morum, dicendique ratio a philosophia non separentur...... » Ep. 45, même date «... Ilis curis sola philosophia unicum repertum est remedium... » Ep. 110, novembre 987. « Multa super statu ecclesiarum Dei, multa super publicis privatisque negotiis *rationaturi...* » Ep. 123, à Tetmar, août 988. « Et quia inter graves estus curarum sola philosophia quoddam remedium esse potest. »

2. Ep. 40, à Étienne, diacre de Rome, 984. « Michi quidem ac nostro Adalberoni archiepiscopo Suetonios Tranquillos, Quintusque Aurelios, *cum cæteris quos nosti,* per Guidonem Suessonicum comitem, discrete ac sine lite quis cujus sit remittes, et quæ nomini tuo convenientia parcunus edices. » — Ep. 44 à Ébrard, abbé de Tours, fin 984 ou début 985. « Et sicut Romæ dudum...... scriptores auctorumque exemplaria... redemi... sic apud vos fieri ac per vos, sinite ut exorem. Quos scribi velimus, in fine epistolæ designabimus. Scribentibus membranas sumptusque necessarios ad vestrum imperium dirigemus, vestri insuper beneficii non immemores... » Ep. 71, à Étienne, 2 mars 986. « Per hunc legatum libros tua industria nobis rescriptos consummata karitate remitte. » Ep. 81, à l'abbé Adson, juin 986. « Carissima vobis ac nobis librorum volumina vestrum iter sint comitantia. Hoc tantum dixisse sufficiat. » Ep. 86, juillet ou août 986, au scolastique Constantin. « Comitentur iter tuum Tulliana opuscula, vel de Republica, vel in Verrem, vel quæ pro defensione multorum plurima Romanæ eloquentiæ parcuus conscripsit. » Ep. 90, aux moines de Saint-Pierre à Gand, octobre 986. « Libros nostros festinantius remittite. Et si is qui per Claudianum rescribi debuit, insuper mittetur, erit res dignissima vobis ac vestra karitate. » — Ep. 105, id., juin-octobre 987. « Quosdam codices nobis vestra sponte obtulistis, sed nostri juris, nostræque ecclesiæ, contra divinas humanasque

de savoir exactement quels auteurs il chercha à faire entrer dans sa bibliothèque ; mais il mentionne spécialement Suétone, souvent Cicéron, Boëce, Symmaque et l'*Achilléide* de Stace.

Le quadrivium l'occupe comme le trivium. A Aurillac et à Girone, il demande, en 984, le traité de Joseph sur la multiplication et la division [1]. En 984 et en 989, il réclame,

---

leges retinetis. Aut *librorum restitutione* cum adjuncto caritas redintegrabitur.» Ep. 116, à l'abbé Raumulfe, 988 avant août. « Operi nostro quod non parvæ quantitatis fore scripsistis, quia mensuram voluminis ignoravimus, sol ti per clericum quem misistis misimus, idemque si jubetis faciemus, donec completo opere dicatis « sufficit ». » Ep. 123, à Telmar de Mayence, août 988... « Rescribite... quod deest nobis, in primo volumine secundæ æditionis Boetii in libro Peri Hermenias..... » Ep. 130, à Rainard, août-septembre 988. « Unum a te interim plurimum exposco, quod et sine periculo ac detrimento tui fiat, et me tibi quam maxime in amicitia constringat..... Ago... et te solo conscio ex tuis sumptibus fac ut michi scribantur M. Manlius *de Astrologia*, Victorius *de rhetorica*, Demosthenis *Ophthalmicus*. Spondeo tibi, frater, et certum teneto, quia obsequium hoc fidele, et hanc laudabilem obœdientiam sub sancto silentio habebo, et quicquid erogaveris cumulatum remittam secundum tua scripta, et quo tempore jusseris. » Ep. 134 à Remi de Trèves, septembre 988. «... volumen Achilleidos Statii diligenter compositum nobis dirige...» Ep. 148, à Remi de Trèves, janvier 989. « Pregravat affectus tuus... opus Achilleidos quod bene quidem incœpisti, sed defecisti dum exemplar defecit. »

1. Ep. 17, à Géraud, 984. « *De multiplicatione et divisione numerorum libellum* a Joseph Ispano editum abbas Warnerius penes vos reliquit, ejus exemplar in commune rogamus. » Ep. 25, à Bonifilius de Girone, 984. « *De multiplicatione et divisione numerorum* Joseph sapiens sententias quasdam edidit, eas pater meus Adalbero Remorum archiepiscopus vestro studio habere cupit. » Ep. 134, à Remi de Trèves, septembre 988. « Bene quidem intellexisti de numero D$^{\text{cuvis}}$ quomodo se ipsum metiatur. Semel namque unus, unus est Sed non idcirco omnis numerus se ipsum metitur, ut scripsisti, quia sibi æquus est. Nam cum semel III$^{\text{or}}$ sint III$^{\text{or}}$, non ideo III$^{\text{or}}$ metiuntur III$^{\text{or}}$, sed potius II°. Bis enim bini, III$^{\text{or}}$ sunt. Porro ı littera, quam sub figura x$^{\text{es}}$ adnotatam repperisti, x$^{\text{cem}}$ significat unitates, quæ in sex et III$^{\text{or}}$ distributæ, sesqualteram efficiunt proportionem. Idem quoque et in III et II perspici licet, ubi unitas est differentia. Speram tibi nullam misimus, nec ad præsens ullam habemus, nec est res parvi laboris tam occupatis in civilibus causis. Si ergo te cura tantarum detinet rerum, volumen Achilleidos Statii diligenter compositum nobis dirige, ut speram gratis propter difficultatem sui non pote[u]s habere, tuo munere valeas extorquere. » Ep. 148 *id.*, janvier 989. « ... difficillimi operis incœpimus speram, quæ et torno jam sit expolita, et artificiose equino corio obvoluta. Sed si nimia cura fatigaris habendi, simplici fuco interstinctam, circa marcias kl. eam expecta. Ne si forte cum orizonte, ac diversorum colorum pulchritudine insignitam præstoleris, annum perhorrescas laborem. »

Ep. 24, à Lupito de Barcelone, 984. « Librum de astrologia translatum a te michi petenti dirige. » 75. « Epitaphium regis Lotharii, mars 986, luce secunda terrificis martis ». 76. « Epitaphium ducis Frederici, mari de Béatrix, la sœur de

à Barcelone et à Bobbio, des ouvrages d'astronomie. Les épitaphes de Lothaire, du duc Frédéric et d'Adalbert, d'Otton et d'Adalbéron, composées de 984 à 990, sont d'un homme qui, pour indiquer les dates précises, préfère le langage des astronomes à celui du vulgaire. Avec Remi de Trèves, il explique, en 988, une question d'arithmétique et il lui promet, en échange de l'*Achilléide*, une sphère qu'il n'a pas eu encore le temps de terminer, quand meurt Adalbéron.

Enfin, c'est aussi à cette époque, ce semble, qu'on peut le plus vraisemblablement rapporter la composition du *Libellus de numerorum divisione*. En échange des livres qu'il reçoit, Gerbert a coutume de donner libéralement d'autres livres, de l'argent ou un ouvrage qu'il a lui-même composé. Or, la lettre [1], qui précède le *Libellus*, témoigne tout

---

Hugues Capet, sopor ultimus hausit, *Mercurii cum celsa domus tibi, Phœbe, pateret.* » 77. « Epitaphium Adalberti scolastici... recursus *Bissenos* februi cum produxisset Apollo » (année bissextile, 24 février 984). « Epitaphium Adalberonis. Cum te... abstulit orbi *Quinta dies fundentis aquas cum pondere rerum* » (24 janvier 989, 5ᵉ jour après l'entrée du soleil dans le signe du Verseau). 78. « Epitaphium Ottonis Cæsaris, nobis immeritis rapuit te lux septena decembris. » Ep. 130, à Rainard, août, septembre 988. « Fac ut michi scribantur, M. Manlius *de Astrologia.* »

1. « Vis amicitiæ pœne *inpossibilia* redigit ad *possibilia*. Nam quomodo rationes numerorum abaci explicare contenderemus, nisi te adhortante, o *mi dulce solamen laborum,* Cons.? Itaque cum *aliquot lustra* jam transierint ex quo nec librum, nec *exercitium harum rerum* habuerimus, quædam repetita memoria eisdem verbis proferimus, quædam eisdem sententiis. Ne putet phylosophus sine litteris huic alicui arti vel sibi esse contraria. Quid enim dicet esse digitos, articulos, minuta, qui auditor majorum fore dedignatur, vult tamen videri solus scire quod mecum ignorat, ut ait Flaccus? Quid cum idem numerus, modo simplex, modo compositus, nunc ut digitus, nunc constituatur ut articulus? Habes ergo, talium diligens investigator, viam rationis, brevem quidem verbis, sed prolixam sententiis et ad collectionem intervallorum et distributionem in actualibus geometrici radii secundum inclinationem et erectionem, et in speculationibus et in actualibus simul dimensionis cœli ac terræ plena fide comparatam. » — Voyez la lettre 86 où Gerbert demande à Constantin, « Tulliana opuscula, vel *de Republica* (retrouvé par Maï et publié pour la première fois en 1822), vel in Verrem, vel quæ pro defensione multorum plurima Romanæ eloquentiæ parens conscripsit ». — Voyez aussi Ep. 92. « Est (Constantinus) nobilis scolasticus, adprime eruditus, michique *in amicitia conjunctissimus.* » — Il faut renoncer à prendre à la lettre les mots *aliquot lustra,* etc. Car si l'on peut admettre qu'il y a, en 986 par exemple, plus de dix ans qu'il n'a revu le *liber,* composé vers 972 ou 973, pour enseigner la multiplication et la division à ses disciples, on trouverait difficilement dans toute sa vie, après son retour d'Espagne, dix années

à la fois que l'œuvre n'a pas été facile à mener à bonne fin et qu'il éprouve, pour Constantin, une affection très vive. Mais nous avons vu que Gerbert demande beaucoup, en 986, au scolastique Constantin, — même des ouvrages que peut-être celui-ci ne possède pas — et aussi qu'il en parle en termes très affectueux. Il y a donc lieu de supposer que le *Libellus* est à peu près contemporain des lettres 86 et 92, c'est-à-dire de 986 ou de 987, ce qui s'accorde fort bien d'ailleurs avec le passage (Ep. 86) où Gerbert parle des travaux, par lesquels il s'efforce de faciliter aux élèves, l'étude et aux maîtres, l'enseignement des arts libéraux.

Gerbert ne néglige pas plus la musique que les autres parties des mathématiques [1].

Une de ses lettres même est d'un physicien capable d'expliquer, comme de décrire, par des causes naturelles, les phénomènes qui, pour ses contemporains, devenaient des signes de l'intervention extraordinaire de Dieu ou du démon, notre ennemi infatigable [2]. Il y a enfin une place

---

où il ne se soit pas occupé de recherches de ce genre (*exercitium harum rerum*). De 972 à 983, il enseigne à Reims, et Richer nous parle de la peine qu'il prit pour faire comprendre les mathématiques, surtout pour effectuer des multiplications et des divisions. En 984, il demande un traité sur la multiplication et la division ; en 988, il traite d'arithmétique. En 997, il offre, à Otton, l'arithmétique de Boèce (Ep. 186), parle de l'abacus (extremus numerorum abaci vestrum definiat. Ep. 183), et le jeune Otton lui demande de devenir son maître, surtout de lui expliquer le traité d'arithmétique qu'il lui avait envoyé. Six ans plus tard, Gerbert est mort. Donc *aliquot lustra* est possible pour la *Regula*, il ne l'est pas pour les exercices dont elle explique l'usage.

1. Ep. 70 à Géraud, janvier ou février 986. « Organa porro et quæ vobis dirigi præcepistis, in Italia conservantur, pace regnorum facta, vestris optatibus repræsentanda. » Ep. 92, au moine Bernard, septembre 986. «... in musica perdiscenda, vel in his quæ fiunt ex organis, quod per me adimplere nequeo... per Constantinum Floriacensem supplere curabo. »

2. Ep. 109 à l'archevêque de Trèves, octobre ou novembre 987. « Omni difficultate rerum accepto itinere, interclusi expectendum censuimus portum salutis. Nam declivia montium torrentes continui intercipiunt. Campestria sic juges aquæ vestiunt, ut villis cum habitatoribus sublatis, armentis enectis, terrorem ingerant diluvii renovandi. Spes melioris auræ a phisicis sublata. Refugimus itaque ad vos tanquam ad arcam Noe. » — Pour voir combien Gerbert est différent de ses contemporains, on peut lire Raoul Glaber (édité par Maurice Prou), et le chapitre que M. Gebhart lui a consacré dans *Moines et Papes*.

assez considérable, pour la médecine, dans ses préoccupations. Peut-être l'avait-il déjà étudiée, de 972 à 982 [1], et en avait-il donné le goût à Richer, qui, ne pouvant plus écouter Gerbert, se rendit à Chartres, auprès d'Héribrand, pour lire Hippocrate. De Bobbio, il réclamait, à Gisalbert, le début de l'*Ophthalmicus,* où Démosthène traitait des maladies des yeux et de leurs remèdes. En 988, il demande le même ouvrage au moine Rainard, qui est resté à Bobbio. Plus d'une fois, il use de termes empruntés à la médecine, et même il lui arrive de s'engager à envoyer des remèdes [2].

De la mort d'Adalbéron à la condamnation d'Arnoul, par le concile de Saint-Basle, les événements se précipitent et frappent successivement Gerbert, dans ses affections et dans ses intérêts, lui laissant peu de liberté pour enseigner ou se livrer à l'étude. Après la disparition de son maître et ami, c'est l'élection d'Arnoul, puis la prise de Reims par Charles de Lorraine (août 989). Au début de 990, Gerbert est partisan de Charles ; avant l'hiver, il revient à Hugues Capet. A la fin de mars 991, Charles et Arnoul tombent entre les mains de Hugues ; trois mois plus tard, Arnoul est condamné et Gerbert le remplace comme archevêque. Des lettres de cette époque, les unes sont adressées, en Germanie ou en France, à des personnages politiques [3] : Gerbert répond aux

---

1. C'est ce qu'on pourrait conjecturer, en rapportant à 976 la lettre à Thibault. (Havet, p. 235, *medici* qui *morbos* tuos optime noverint, ...qui... velut quodam *contagio* te *infecerunt*... etc.)
2. Ep. 9 à Gisalbert, 983 ; Ep., 50 à la comtesse Mathilde, avril 985. « Spiritus tristis exsiccat ossa, consilia turbat. » — Ep. 67 à Rainard, 985. « Erit ergo docti viri, more boni medici mellita præferre, ne primo gustu amaris ingestis antidotis, salutem suam formidabundus incipiat expavescere. » — Ep. 69 à Maïeul, 985. « Etsi vigilanti cura super vestro grege assidue occupati estis, propensioris est tamen caritatis, si alieni gregis contagio interdum medemini. » — Ep. 114 à Ecbert, 988. « Molestia vestra dejecti, relevatione relevati sumus. Addidimus etiam et addemus supplicationes quas poterimus, et si quid ars medicinæ labori nostro suggeret quam proxime dirigemus. »
3. Ep. 150, peut-être à Ecbert ; Ep. 151, à celui qui lui écrit au nom de l'archevêque de Verdun, citée en partie, p. 62, n. 2 ; Ep. 154, Adalbéron de Verdun à Hugues Capet, février 989, citée en partie, p. 63, n. 1 ; Ep. 158 et 159, mars 989, citées p. 63, n. 2 ; Ep. 168 et 172 à Ecbert, 990 ; Ep. 173, à Adalbéron, évêque de Verdun (cf. p. 50, n. 1) ; Ep. 171 à Brunon, évêque de Langres (Gerbert a abandonné Charles) ; Ep. 177, à l'abbé Gausbert.

offres qui lui sont faites, et prie qu'on lui assure la possession de Bobbio, ou un domaine équivalent ; il explique pourquoi il reste avec Arnoul et Charles, comment il est revenu vers Hugues. D'autres sont écrites au nom d'Arnoul ou du roi de France [1].

C'est Gerbert qui rédige l'acte d'élection d'Arnoul, la lettre des évêques de Reims, quand il a rompu avec celui-ci, peut-être aussi les actes de sa propre élection [2]. A Bobbio, il envoie une lettre pour Rainard, où il parle encore en abbé [3] ; il en écrit une à Raimond, abbé d'Aurillac, où il ne nous reste à signaler ici que la mention des orgues, promises depuis longtemps à son ancien couvent [4]. Deux fois il s'adresse à Remi de Trèves, pour lui dire quelle douleur et quelles craintes il a éprouvées ; pour l'entretenir de sa mauvaise santé et de sa situation pénible; pour s'excuser de ne pas lui avoir encore fait parvenir la sphère, qu'il s'était engagé à fabriquer [5]. Dans les circonstances pénibles où il se trouve, il demande à Romulfe, abbé de Sens, des livres, et en particulier, Cicéron qui fera diversion à ses soucis [6].

Pour secouer sa torpeur et pour être agréable à son ami Adam, peut-être moine d'Aurillac [7], il s'occupe d'astrono-

---

1. Ep. 156 ; Ep. 157, à l'archevêque de Trèves, mars 989 ; Ep. 160, à Théophano ; Ep. 164, à Adalbéron de Laon, fin de 989 ou commencement de 990 (Gerbert est partisan de Charles) ; Ep. 165, peut-être à Gibuin, évêque de Châlons-sur-Marne ; Ep. 174, au nom de Hugues Capet, peut-être à Béatrix, duchesse de Lorraine.
2. Le *Libellus Repudii Gir. Arnulfo archiepiscopo*, nous donne des indications intéressantes sur ce que possédait Gerbert ; son *Electio* et sa *Professio fidei*, sur l'homme et ses croyances.
3. Ep. 161, printemps de 989.
4. Ep. 163. « Eaque res iter meum in Italiam penitus distulit, ubi et organa conservantur. » — La lettre a été citée p. 29, p. 50, n. 1, p. 59, n. 2, p. 64, n. 1 et 3, p. 97, n. 1.
5. Ep. 152, citée p. 61, p. 59, n. 2 ; Ep. 162, citée p. 64, n. 1.
6. Ep. 167, à Romulfe, 31 mars 990. « Agite ergo ut cœpistis, et fluenta M. Tullii sicienti præbete. M. Tullius mediis *se ingerat curis*, quibus post urbis nostræ proditionem sic implicamur, ut ante oculos hominum felices, nostro judicio habeamur infelices. »
7. Ep. 153. « *Girbertus salutem dicit fratri Adæ* (février 989). Patre meo Ad. inter intelligibilia disposito, tanto curarum pondere affectus sum ut pene omnium obliviscerer studiorum. Ut vero tui memoriam habere cœpi,

mie, et après avoir cité Martianus Capella, il dresse deux tableaux des heures de nuit et de jour, selon les différents mois de l'année.

Enfin, tout en se refusant à faire office de médecin, il reconnaît qu'il a étudié la science, sur laquelle on s'appuie pour ordonner des remèdes; il discute la manière dont on a examiné un malade et indique, avec soin, les causes qui ont altéré sa propre santé. Il rectifie, d'après Celse et les Grecs, le nom donné, par son correspondant, à une affection qui

ne penitus otio torperem, et amico absenti aliqua in re satisfacerem, litteris mandavi, tibique in pignus amicitiæ misi, quædam ex astronomicis subtilitatibus collecta, scilicet accessus et recessus solis, non secundum eorum opinionem colligens, qui æquales fieri putant singulis mensibus, sed eorum rationem persequens, qui describunt omnino inæquales. Martianus quippe in astrologia incrementa horarum ita fieri putat : « Sciendum, inquit, a « bruma ita dies accrescere, ut primo mense duodecima ejusdem temporis « quod additur æstate accrescat. Secundo mense, sexta. Tertio, quarta, et « quarto mense, alia quarta. Quinto, sexta. Sexto, duodecima. » Itaque secundum hanc rationem duorum climatum horologia certis depinxi mensuris, definitas horas singulis mensibus attribuens. Alterum est Ellesponti, ubi dies maximus horarum æquinoctialium est xv. Alterum eorum qui diem maximum habent horarum equinoctialium xviii. Hoc autem ideo feci, ut sub omni climate ad horum exemplar propria horologia componere possis, cum agnoveris quantitatem solsticialium dierum ex clepsidris. Quod factu quidem facile est, si furtiva aqua nocturni, ac diuturni temporis solsticialis, seorsum excepta, accedat ad dimensionem totius summæ, quæ fit xxiiii partium.

HOROLOGIUM SECUNDUM EOS QUI DIEM MAXIMUM HABENT HORARUM ÆQUINOCTIALIUM XVIII.

| | | | | |
|---|---|---|---|---|
| Junius et Julius........ | Di. | Ho. XVIII | Nox | Ho. VI |
| Maius et Augustus...... | Di. | Ho. XVII | Nox | Ho. VII |
| Aprilis et September... | Di. | Ho. XV | Nox | Ho. VIIII |
| Martius et October...... | Di. | Ho. XII | Nox | Ho. XII |
| Febroarius et November. | Di. | Ho. VIIII | Nox | Ho. XV |
| Januarius et December.. | Di. | Ho. VI | Nox | Ho. XVIII |

ITEM HOROLOGIUM ELLESPONTI, UBI DIES MAXIMUS EST HORARUM ÆQUINOCTIALIUM QUINDECIM.

| | | | | |
|---|---|---|---|---|
| Januarius et December. | Di. | Ho. VIIII | Nox | Ho. XV |
| Febroarius et November. | Di. | Ho. X et Dimid. | Nox | Ho. XIII et Dimid. |
| Martius et October..... | Di. | Ho. XII | Nox | Ho. XII |
| Aprilis et September.... | Di. | Ho. XIII et Dimid. | Nox | Ho. X et Dimid. |
| Maius et Augustus...... | Di. | Ho. XIIII et Dimid. | Nox | Ho. VIIII et Dimid. |
| Junius et Julius........ | Di. | Ho. XV | Nox | Ho. VIIII |

proviont, au dire des plus habiles praticiens, des mauvaises dispositions du foie ¹.

### III

De 991 à 994, des clercs de l'archevêché, dit Julien Havet, furent sans doute chargés d'enregistrer les lettres dont Gerbert n'a, pour cette raison, conservé aucune copie. Mais dès 992, son élection est attaquée ; à partir de 993, peut-être même de 994, ses écrits et ses Lettres nous apprennent de nouveau ce qu'il fait et ce qu'il pense. Comme archevêque, il résout certains cas de conscience, qui lui sont soumis ², il menace d'excommunication ceux qui ont envahi le monastère de Centulle et, peut-être, promet d'envoyer à l'abbé un de ses clercs, pour lui venir en aide ³ ; il rappelle, à Foulques

---

1. Ep. 151. « Specialia tamen fratris morbo calculi laborantis plenius exequerer, si inventa a prioribus intueri liceret. Nunc particula antidoti philoanthropos ac ejus scriptura contentus, tuo vitio imputa, si quod paratum est ad salutem, non servando dicta, verteris in perniciem. Nec me auctore quæ medicorum sunt tractare velis, præsertim cum scientiam eorum tantum affectaverim, officium semper fugerim. » Julien Havet fait remarquer que le *philoanthropos*, mieux *philanthropos*, ou le *gratteron, galium aparine*, est cité par Pline XXIV, 116, 176 ; XXVII, 15, 32 ; Dioscoride, III, 104 ; Galien, éd Kühn, XI, p. 834 ; que d'après Galien, *de antidotis*, éd. Kühn, XIV, p. 1, les antidotes désignaient non seulement des contre-poisons, mais encore des médicaments pour l'usage externe. — Sur cette distinction entre la science et l'art du médecin, se rappeler ce que nous avons dit de Richer, réclamant d'Héribrand les connaissances nécessaires au praticien. — Ep. 162. « Gravissimis quippe laboribus æstivis et continuis, eos contraximus morbos, quibus pestilens autumnus pene vitam extorsit. » — Ep. 169. « Itaque cum tibi desit artifex medendi, nobis remediorum materia, supersedimus describere ea quæ medicorum peritissimi utilia judicaverint vietato jecori. Quem morbum tu corrupte, postuma, nostri, apostema, Cælsus Cornelius, a Græcis, YΠATIKON, dicit appellari. » — Le texte de Celse, édité par Daremberg, porte : « Alterius quoque visceris morbus, id est jecinoris, æque modo longus, modo acutus esse consuevit : ἡπατικόν Græci vocant » (Bibl. Teubneriana, de medicina, VIII, 15, p. 140).
2. Ep. 195, 201 ; Olleris, cxxx-cxxxi.
3. Ep. 199. « Ger. et omnes episcopi diocesoes Remensium pervasoribus ejusdem. » — Ep. 202. « Et quoniam eruditum vobis clericum mitti orastis, qui in his et aliis adjumento esse posset, cum redierit meus D. dabimus operam ut vestris deserviat obsequiis. »

d'Amiens [1], ses devoirs d'évêque ; il conseille aux évêques de Paris et de Tours d'agir avec modération, dans la lutte qu'ils ont à soutenir contre les moines de Saint-Denis ou les chanoines de Saint-Martin [2].

Gerbert défend surtout avec énergie ses droits d'archevêque, comme il avait lutté pour rester ou redevenir maître de Bobbio. D'abord il rédige les actes du Concile de Saint-Basle, qui avait condamné Arnoul. S'il donne à la pensée des évêques une forme qui lui appartient en propre, il a souci, avant tout, de reproduire exactement ce qui s'est passé [3]. Aussi aucun de ses contemporains, pas même le légat Léon, ne l'a accusé d'avoir altéré la vérité. A Mouzon, où ne se trouve aucun évêque de France, et où les débats sont dirigés par l'abbé Léon, qui avait vigoureusement protesté, dans une lettre aux rois Hugues et Robert, contre les doctrines des « *Acta Concilii Remensis* », il vient, en un langage très modéré, très éloquent et très courageux, soutenir la légitimité de son élection. Il procède de même à Chelles et

---

1. Ep. 198, 203, 206 ; Olleris, CXXXII-CXXXIII.
2. Ep. 207. « Gerb. Archembaldo archiepiscopi Turonensi. » — Ep. 209. « Canonicis Sancti M. ex persona Episcoporum. » Olleris, CXXXIV sqq.
3. Olleris, p. 173. « Incipit prologus synodi Remensis.—Licet æmuli mei dentes in me exacuant, dictaque et facta proscindere parent, plus tamen amicorum obsequio quam invidorum odio permoveor. Non enim ubi non erat timor, timere didici, nec amicorum infecta relinquere negotia. Accingor igitur, et summarum quidem genera causarum in Remensi concilio exposita breviter attingam, ut et *gestorum veritas innotescat*, et quæ a summis viris retractata sunt agnoscantur. Peto autem ab hujus sacri conventus prælatis, si quid minus grave vel parum comptum expressero, non suæ injuriæ sed meæ adscribi ignorantiæ : ab auditoribus quoque, ne me aliena vel parum dixisse denotent. Siquidem triplici genere *interpretationis utendum fore censeo, scilicet ut quædam ad verbum ex alia in aliam transferantur linguam; in quibusdam autem sententiarum gravitas et eloquii dignitas dicendi genere conformentur; porro in aliis una dictio occasionem faciat, et abdita investigari, et in lucem ipsos affectus manifeste proferri*. Quæ etsi ad plenum assequi non potuero, his tamen modis doctissimorum hominum sententias conabor interpretari. Sed earum amplificationes, digressiones, etsi quæ ejusmodi sunt, quodam studio refringam, ne odio quarundam personarum potissimumque Arnulfi proditoris moveri videar, quasi ex ejus legitima depositione Remense episcopium legitime sortitus videri appetam. Alterius erit hoc operis aliisque implicitum quæstionibus, cum de propriis, communibus et differentiis episcoporum, archiepiscoporum, vel metropolitanorum, patriarcharum, seu primatum, vel etiam Romani episcopi potestate, ut animo concepi, prolixius disputabo. »

aussi à Reims, partout où l'on entreprend d'examiner, pour le condamner ou le justifier, ce qui a été décidé au concile de Saint-Basle [1].

Aux écrits et aux discours, il joint des lettres. Au pape, il écrit, en son nom et au nom de Hugues Capet, que nulle injustice n'a été commise, que rien n'a été résolu qui pût porter atteinte à son autorité [2]. Il encourage ou il remercie ceux qui l'ont choisi, pour remplacer Arnoul, et qui sont, comme lui, intéressés à ce que leur décision soit maintenue, Siguin de Sens, Hervé de Beauvais et Arnoul d'Orléans [3]. A Notger de Liège et surtout à Wilderod, de Strasbourg [4], il adresse, « confiant en son innocence », des justifications éloquentes et émues. Enfin, quand il a été obligé de quitter Reims, où sa vie n'était plus en sûreté, il rappelle à la reine Adélaïde, mère du roi Robert, qu'Arnoul lui a enlevé, par la ruse et la fraude, la ville qu'il lui a conservée par ses veilles et ses fatigues. Il la conjure, « par le terrible nom du Dieu tout-puissant », de venir au secours de son Église désolée et broyée. Quant à lui, il se refuse de l'abandonner, sans le jugement des évêques [5].

D'un autre côté, Gerbert, menacé de n'être archevêque, comme abbé, que de nom, cherche à se préparer, en Germanie, l'asile qu'il n'a rencontré ni en Italie, ni en France. Théophano était morte en 991, Gerbert implora d'abord la protection d'Adélaïde [6], la grand'mère d'Otton III. Mais

1. Acta Concilii Remensis ad Sanctum Basolum (Olleris, pp. 173-236). — Concilium Mosomense (Olleris, 245-250). — Oratio Episcoporum habita in concilio Causeio in præsentia Leonis abbatis legati Papæ Johannis (Olleris, 251-256). — Il est possible que ce Concile fut, comme le pense Olleris, tenu à Reims. — Sinodus Chelæ habita (Richer IV, LXXXIX). — Voir aussi Olleris, 237-245, Leonis abbatis et legati Epistola ad Hugonem et Robertum Reges.
2. Ep. 197 et 188.
3. Ep. 192, 184, 190, 210.
4. Ep. 193, 217.
5. Ep. 215.
6. Ep. 204. « Ad vos ergo tanquam speciale templum misericordiæ supplex confugio, vestrumque semper salubre consilium et auxilium reposco... In me unum acerba fremunt, vitamque cum sanguine poscunt.... Sevit et ipsa quæ solatio debuit esse Roma... Ego... totus, ubique vester. » Ep. 205 ; Ep. 208 (mars 997).

celui-ci entendait gouverner par lui-même. Gerbert l'accompagna en Italie, où il allait recevoir la couronne impériale. Pour lui, il écrivit au pape Grégoire V, qui avait remplacé Jean XV; à Rainald, comte des Marses et à l'impératrice Adélaïde [1].

Comme son père et son grand-père, le jeune empereur devient un admirateur de Gerbert. Il se déclare son disciple et souhaite que les événements tournent en sa faveur. Il le prévient qu'Arnoul se rend à Rome et qu'il envoie auprès du pape quelqu'un pour le défendre [2]. Il lui fait don du domaine de Sasbach; mais on l'enlève à Gerbert, qui en réclame la restitution [3]. Et comme on ne semble pas faire droit à sa demande, il rappelle à Otton les services qu'il a rendus à toute sa famille : « Ce que vous m'avez donné, dit-il, ou vous pouviez me le donner, ou vous ne le pouviez pas. Dans le dernier cas, pourquoi avez-vous fait croire que vous le pouviez? Dans le premier, quel est l'empereur inconnu et sans nom, qui commande à notre maître?..... Faut-il donc que j'aie une foi plus grande en mes ennemis qu'à mes amis?... Je suis resté fidèle à trois générations d'empereurs, j'ai tout souffert pour vous conserver un royaume qu'on voulait vous ravir... Je m'en réjouis et je désirerais finir en paix mes jours auprès de vous [4]. »

C'est alors qu'Otton [5] pria Gerbert de devenir son maître

1. Ep. 213 et 216, 214 et 215.
2. Ep. 218. « Girberto præ omnibus dilecto magistro, necnon et archiepiscopo amantissimo, Otto discipulorum fidissimus.... Si rerum eventus vestro volo obsecundat, nemo est mortalium qui plus nobis gaudeat... Novimus ergo et cautæ vestræ providentiæ *industriam* (c'est le terme employé, d'après Richer, par Otton Ier et Jean XII, ch. II, § 3) de nostrarum habitu rerum non minimam curam habere.... Vivas, valeas et in æternum felix permaneas. » — Cf. Ep. 219, 182, de Gerbert à Otton.
3. Ep. 183. « Huic a vobis liberaliter collata, sed a quodam nescio cur ablata, restitui sibi petit vester G. »
4. Ep. 185. La lettre est admirable pour le fond et pour la forme, tout entière à lire.
5. Ep. 186 (derniers mois de 997). « Girberto dominorum peritissimo atque tribus philosophiæ partibus laureato, O. quod sibi. — Amantissimæ vestræ dilectionis omnibus venerandam nobis adjungi volumus excellentiam, et tanti patroni sempiternam nobiscum stabilitatem adoptamus, quia vestræ doctrinæ

et son conseiller : « Je suis ignorant, lui écrit-il, et mon instruction a été négligée, venez à mon aide : corrigez ce qui a été mal fait et conseillez-moi, pour bien gouverner l'Empire. Dépouillez-moi de la rusticité saxonne, développez ce que je tiens de mon origine grecque, expliquez-moi le livre d'arithmétique que vous m'avez envoyé. » Et l'empereur joignait à cette lettre, qui témoignait, par sa forme même, combien il avait besoin de refaire ou de compléter ses études, des vers qui marquaient, autant que son admiration pour Gerbert, son incompétence en matière littéraire.

Gerbert accepta la proposition : « Je ne ferai, écrit-il, que vous rendre ce que votre père et votre grand-père m'ont permis d'acquérir et de conserver. Et vous en tirerez grand profit. Car la science des nombres vous donnera le principe des choses ; la philosophie morale, la gravité qui joint aux paroles, la modestie, gardienne de toutes les vertus. Grec de naissance, romain par l'empire, vous revendiquerez, d'un droit, pour ainsi dire héréditaire, les trésors de la sagesse grecque et romaine [1]. »

disciplinata proceritas nostræ simplicitati semper fuit haud fastidiens auctoritas. Attamen ut, omni ambage dimota, ad vos nude veritatis fruamur loquela, judicavimus et firmum disposuimus ut hoc manifestet vobis hæc nostræ voluntatis epistola, quod in hac re summæ nostræ adoptionis et singularitas est petitionis, quatinus *nobis indoctis, et male disciplinatis, vestra sollers providentia in scriptis necnon et dictis non præter solitum adhibeat studium correctionis, et in re publica consilium summæ fidelitatis.* Hujus ergo nostræ voluntatis in non neganda insinuatione, volumus vos Saxonicam rusticitatem abhorrere, sed Grecsicam nostram subtilitatem ad id studii magis vos provocare, quoniam si est qui suscitet illam, apud nos invenietur *Grecorum industriæ aliqua scintilla.* Cujus rei gratia, huic nostro igniculo vestræ scientiæ flamma habundanter apposita, humili prece deposcimus, ut *Grecorum vivax ingenium, Deo adjutore, suscitetis,* et nos arithmeticæ librum edoceatis, ut pleniter ejus instructi documentis, aliquid priorum intelligamus subtilitatis. Quid autem de hac re vobis agendum placeat, quidve displiceat, vestra paternitas litteris nobis nuntiare non differat.
Valete.

        Versus nunquam composui
        Nec in studio habui.
        Dum in usu habuero
        Et in eis viguero
        Quot habet viros Gallia
        Tot vobis mittam carmina.

1. Ep. 187 (977). « Domino et glorioso O. C. semper augusto, Gir. gratia Dei Remorum episcopus, quicquid tanto imperatori dignum. — Supereminenti

Ainsi Gerbert reprit, auprès d'Otton III, l'enseignement des mathématiques, qui l'avait recommandé à Otton I*er*, comme les discussions socratiques, qui lui avaient valu, avec l'estime d'Otton II, la dignité d'abbé de Bobbio. Mais il devenait, par surcroît, le conseiller politique d'Otton III et pouvait, du même coup, montrer ce dont il était capable pour la spéculation et la pratique.

Nous avons, de cette époque, le *Libellus de rationali et ratione uti*, dont le début, les vers qui l'accompagnent et la péroraison, montrent que Gerbert avait, pour le jeune empereur, recommencé à enseigner, comme à Reims, les lettres, la philosophie et la mathématique ; qu'il y employa les mêmes procédés et y obtint le même succès [1]. « Comme

benivolentiæ vestræ qua in sempiternum digni vestro judicamur obsequio, fortasse votis, sed respondere non valemus meritis. Si quo enim tenui scientiæ igniculo accendimur, totum hoc gloria vestra peperit, patris virtus aluit, avi magnificentia comparavit. Quid ergo ? thesauris vestris non inferimus proprios, sed resignamus acceptos, quos partim assecutos, partim vos quam proxime assecuturos, indicio est honesta et utilis ac vestra majestate digna petitio. Nisi enim firmum teneretis ac fixum, vim numerorum vel in se omnium rerum continere primordia vel ex sese profundere, non ad eorum plenam perfectamque noliciam tanto festinaretis studio. Et nisi moralis philosophiæ gravitatem amplecteremini, non ita verbis vestris custos omnium virtutum impressa esset humilitas. Non tamen animi bene sibi conscii tacita est subtilitas, cum ejus, ut ita dicam, oratoriam facultatem, et a se et a Græcorum fonte profluentem, oratorie docuistis. Ubi nescio quid divinum exprimitur, cum homo genere Grecus, imperio Romanus, quasi hereditario jure thesauros sibi Greciæ, ac Romanæ repetit sapientiæ. Parcmus ergo, Cesar, imperialibus edictis cum in hoc, tum in omnibus quæcumque divina majestas vestra decreverit. Non enim deesse possumus obsequio, qui nichil inter humanas res dulcius aspicimus vestro imperio. » — Nous reviendrons plus loin sur ce que dit Gerbert, de la puissance des nombres. Il faut remarquer, dans la lettre d'Otton III, les mots « *in re publica consilium summæ fidelitatis* », qui nous expliquent l'œuvre tentée ultérieurement par le pape et l'empereur.

[1]. Que les vers soient de Gerbert, c'est ce que semble bien indiquer l'emploi de certains mots, qui reviennent souvent dans ses écrits, comme les imitations qui rappellent ses poètes favoris :

> Quisquis opaca velis Sophiæ scandere regna,
> Istius in pratis pocula carpe libri.
> Potatus citimum flectes per gramina gressum,
> Organa doctorum quo sua castra comunt ;
> Adveniensque thronum capies cum laude coruscum,
> Atque Sophia tibi talia fata dabit :
> « Suavis amice, meas properasti semper ad aulas ;
> Jam sine fine simul sceptra regamus ibi.

nous étions en Germanie, écrit-il, pendant l'été,..... votre esprit divin, considérant je ne sais quel mystérieux et secret souvenir, traduisit en paroles les mouvements de votre âme. Ce qu'Aristote et des hommes éminents exposèrent, en formules très difficiles à entendre, il le livra au public.... Vous vous souvenez... et nous pouvons nous souvenir, que beaucoup de nobles scolastiques et d'érudits se présentèrent, parmi lesquels plusieurs évêques d'une sagesse éclatante et d'une éloquence remarquable. Aucun d'eux n'a expliqué, comme il convient, une seule de ces questions. C'est que certaines d'entre elles étaient trop en dehors des discussions usuelles et n'avaient auparavant soulevé aucun doute, tandis que d'autres, bien souvent agitées, n'avaient pu être résolues. C'est pourquoi votre sagesse divine a jugé cette ignorance indigne du palais sacré, et m'a ordonné de discuter les objections diverses, que différents contradicteurs ont soulevées, sur « le rationnel et l'usage de la raison ». Mais la faiblesse de mon corps et des affaires importantes m'en ont empêché. Revenu maintenant à la santé,.... je veux exposer brièvement mes idées sur cette question, afin que l'Italie ne pense pas que le palais impérial est endormi ; afin que la Grèce ne puisse se vanter de posséder seule la philosophie impériale et la puissance romaine. « Il est à nous, bien à nous, l'empire romain !.... Nous dirons donc d'abord quelques mots

Imperium æquemus *fastu* comitante superbum,
Et jugiter mecum nomen in astra feras
Arduus. Ast multi, videos, ut remige lingua
Æquora per nostra lina novella trahunt. »

Le rapprochement de *doctorum* et de *castra* est fait déjà Ep. 23 (citée p. 48, n. 7). — *Fastu* se trouve dans la lettre 194, Non eorum aliquo *fastu* oblitus. — *Suavis amice*, rappelle des expressions analogues dans les Lettres, *Dulcissime, amantissime, o dulce matris nomen*, etc. Les expressions *opaca regna*, sont de Virgile et de Silius Italicus; *nomen in astra feras*, est chez Virgile, En. VII, 99 et 272. Egl. IX, 29 — *talia fata dabit et jam sine fine*, sont aussi de Virgile.

1. Havet, p. 236. « *Domino et glorioso Ottoni Cæsari semper Augusto Romanorum imperatori, Gerbertus episcopus, debitæ servitutis obsequium.*

« *Cum in Germania ferventioris anni tempore demoraremur, imperialibus adstricti obsequiis, ut semper sumus semperque erimus, nescio quid archani divina mens vestra secum tacite retractans, motus animi in verba resolvit, et quæ ab Aristotile summisque viris difficillimis erant descripta sententiis, in*

d'exorde ou plutôt nous discuterons, en sophiste; puis nous exposerons les découvertes des philosophes en cette matière; enfin une dialectique variée et subtile nous amènera à résoudre la question proposée. »

Et Gerbert terminait le *Libellus*, en disant « que cette discussion ne convient peut-être pas à la dignité sacerdotale, mais qu'elle n'est pas étrangère aux études de l'empereur, auquel il veut obéir, en cela comme en toutes choses. Donc, dit-il, lisez ce livre, en vous livrant aux exercices de mathématiques ».

De Gerbert, archevêque de Ravenne, nous avons un certain nombre de pièces, qui ont rapport à Bobbio, à l'administration des abbayes ou de son diocèse [1]. Peut-être faut-il

medium protulit, ut mirum foret inter bellorum discrimina, quæ contra Sarmatas parabantur, aliquem mortalium hos mentis recessus habere potuisse, a quibus tam subtilia, tam præclara, velut quidam rivi a purissimo fonte, profluerent. Meministis enim et meminisse possumus affuisse tum *multos nobiles scolasticos et eruditos*, inter quos *nonnulli* aderant *episcopi* sapientia præclari, et eloquentia insignes. *Eorum* tamen *vidimus neminem, qui earum quæstionum ullam digne explicuerit*, quod quædam nimis ab usu remotæ nec dubitationem ante habuerint, et quædam sæpenumero ventilatæ dissolvi non potuerint. Vestra itaque divina prudentia ignorantiam sacro palatio indignam judicans, ea quæ de rationali et ratione uti diverso modo a diversis objectabantur me discutere imperavit. Quod quidem tunc et languor corporis et graviora distulerunt negotia. Nunc secunda valetudine reddita, inter rei publicæ ac privatæ curas, in hoc ipso itinere Italico positus, comesque individuus, quoad vita superfuerit, in omni obsequio futurus, quæ de hac quæstione concepi, breviter describo, ne sacrum palatium torpuisse putet Italia et ne se solam jactet Grecia in imperiali philosophia et Romana potentia. Nostrum, nostrum est Romanorum imperium. Dant vires ferax frugum Italia, ferax militum Gallia et Germania, nec Scithæ desunt nobis fortissima regna. Noster es, C., Romanorum imperator et Auguste, qui summo Grecorum sanguine ortus, Grecos imperio superas, Romanis hereditario jure imperas, utrosque ingenio et eloquentia prævenis. Dicemus ergo in præsentia tanti judicis primum quædam scolasticorum proludia vel potius sophistica, tunc philosophorum in his inventa persequemur, deinde finem propositæ quæstionis multiplex et spinosa complebit dialectica.

« ..... Descripsi, Cæsar, etsi a gravitate sacerdotali remota, non tamen ab imperiali studio aliena, maluique aliis displicere quam vobis non placere, cum in hoc, tum in omnibus negotiis imperio vestro dignis. Legetis ergo et hoc *inter matheseos vestræ exercitia*. An digna sacro palatio contulerim nobilium respondebunt studia, consulta non tacebit logica, nec vere culpari metuam, si allaboraverim effecisse quod sacris auribus potuerit placuisse. »

1. Voyez Olleris et Julien Havet. Nous utiliserons ceux de ces documents qui peuvent faire connaître l'homme et l'œuvre.

placer, à cette époque, le traité « *Sur le corps et le sang du Seigneur* ». Sans doute, certains textes permettraient de supposer qu'il fut écrit en France [1]. Mais, dans la discussion avec Bérenger, les Chartrains n'ont pas mentionné Gerbert, dont l'autorité était grande parmi eux. C'est donc que son ouvrage était alors peu connu en France, que la composition en est postérieure à son départ de Reims, antérieure à sa nomination comme Souverain Pontife. Car il aurait, en ce dernier cas, parlé au nom de l'Église. Partant, il l'écrivit vraisemblablement pendant son séjour à Ravenne.

Mais est-il bien de Gerbert? Bernard Pez nous a appris qu'il lui est attribué, dans un manuscrit du XIe siècle, appartenant à l'abbaye de Gottwich, en Autriche [2]. D'ailleurs, il n'y a rien de surprenant à ce qu'il en soit l'auteur, car le dogme de la présence réelle, qui devait, un demi-siècle plus tard, réunir contre Bérenger toute l'église d'Occident, était sans doute déjà implicitement admis par tous. Or, Gerbert resta toujours orthodoxe et les condisciples de Bérenger, à l'école de Fulbert, son ancien élève, furent les adversaires les plus acharnés de l'opinion qu'ils considéraient comme une nouveauté. Enfin le traité, par son contenu, par sa forme, par la méthode suivie et même par certaines expressions, rappelle les lettres et les ouvrages absolument authentiques de Gerbert. Ainsi, nous y retrouvons les mots par lesquels il avait l'habitude d'exprimer l'affection profonde qui l'unissait à Adalbéron, *erat cor unum et anima una*, une définition de la dialectique, semblable à celle que nous avons recueillie chez Richer [3], *dividit genera in species et species in genera resolvit*, comme aussi l'intention de faire servir toutes ses connaissances dialectiques, mathématiques, géométriques et

---

1. Par exemple, le Distichon in Calice :

> Hinc sitis atque fames fugiunt, properate fideles
> Dividit in populo has presul Adalbero gazas.

2. Olleris, p. 567.
3. Cf. § 1, p. 71. — Olleris, p. 286.

physiques à la solution de la question théologique ; un tableau analogue à ceux par lesquels il aimait, en toute matière, à résumer, pour ses élèves, les résultats de son enseignement ; des allusions au *Timée*, dont la connaissance est impliquée par la discussion avec Otric, etc. [1].

Par contre, il nous semble absolument impossible que le *Sermo de informatione episcoporum* soit de Gerbert. Aux raisons données par Olleris et qui lui ont paru suffisantes pour le rejeter [2], nous en ajouterons une d'une importance capitale : l'auteur du *Sermo* place les évêques au-dessus des rois, tandis que Gerbert recommande sans cesse de rendre à César ce qui est à César, comme à Dieu ce qui appartient à Dieu, puis cherche lui-même à assurer la paix du monde chrétien, par l'union intime du pouvoir spirituel et du pouvoir temporel [3].

Pape de 999 à 1003, Gerbert gouverne l'Église et tente de restaurer l'ancien empire, comme le prouvent certains actes de son pontificat, sur lesquels nous aurons à

---

1. Olleris, 286. « ... discrepantiam alicujus dialectici argumenti sede absolvere meditabamur..... Primo occurrebat, aliquam medietatem arithmeticæ ponere, secundum aliquam de proportionalibus numerorum...... Sed nec et ista humanis machinationibus est facta, quia ineffabilis atque divinæ virtutis in ea est sapientiæ constantia, ad quam dicitur : Omnia in mensura et pondere et numero constituisti » (cf. *Géométrie*, Olleris, p. 402, la même formule reproduite). P. 287. « ... et cosmopœia, id est mundi factura, solidata est, scilicet quod duo extrema, id est ignem et terram, duo media, id est aer et aqua, indissolubiliter devinxerunt. » *Géométrie*, p. 425 : Plato in Cosmopœia Timæi. — La *Géométrie* et le *de Corpore et sanguine Domini*, par les rapprochements auxquels ils donnent lieu, soit entre eux, soit surtout avec les œuvres dont l'authenticité est incontestée, s'éclairent l'un autre et peuvent, du même coup, être plus sûrement attribués à Gerbert. — Le tableau est donné p. 288... p. 289. « Calumniati sunt hæretici ex hoc sermone, Dominum physicæ ignarum fuisse. Physica enim sic se habet : ignea virtus, cujus sedes in corde est, cibi potusque subtilem per occultos poros in diversas corporis partes vaporem distribuit ; fæculentem vero in secessum discernit... » P. 291. « Sed jam forti syllogismo quod præmisimus concludamus. »

2. Olleris, pp. 566-567.

3. « Honor igitur, Fratres et sublimitas episcopalis nullis poterit comparationibus æquari. Si regum compares infulas et principum diademata, longe erit inferius, quasi plumbi metallum ad auri fulgorem compares ; quippe cum videas regum colla et principum *genibus submitti* sacerdotum, et ex osculatis eorum decretis, orationibus eorum credant se communiri » (Olleris, p. 270). Remarquer *genibus submitti*, qui fait penser à Canossa.

revenir[1]. Mais il ne renonce pas tout à fait aux études et à l'enseignement. Les scolastiques s'adressent au « pape philosophe », pour obtenir la solution de questions qui leur paraissent difficiles à résoudre. Adalbolde[2] l'interroge sur un passage du Commentaire, donné par Macrobe, au *Songe de Scipion*, où, à propos de la grandeur du ciel, de la terre, du soleil, de la lune, est introduite une comparaison entre les cercles et leur diamètre. Sur une question[3]

---

1. Sur ces actes, voyez Jaffé, Wilmans, Stumpf, Olleris, Julien Havet, et ce que nous disons plus loin du politique.

2. Olleris, p. 471. « *Domino Silvestro summo et pontifici et philosopho Adalboldus scolasticus vitæ felicitatem et felicitatis perpetuitatem*...... Non ignoranter pecco quod tantum virum quasi *conscolasticum* juvenis convenio. — Macrobius super somnium Scipionis, ubi loquitur de magnitudine cœli terræque solis et lunæ eorumque rotunda globositate, compertum esse ait apud geometras peritissimos, ut in duobus circulis si diametrum unius duplum sit diametro alterius, ejus crassitudo cujus diametrum duplum sit, octupla sit crassitudine illius, cui subduplum est diametrum; de diametro et circulo arcam invenire, ac ideo diametrum ad diametrum et circulum ad circulum et arcam ad aream comparare, illis est facile qui de talibus consueverunt curare. Crassitudinem autem ad crassitudinem quomodo potest comparare qui nec dum quid sit crassitudo percepit? Duarum enim rerum notitiam earumdem comparatio non procedit, sed subsequitur. Unde fit ut crassitudinem aliquam crassitudini alteri octuplam esse comprehendere nequeat, qui non noverit unde cujusque circuli crassitudo concrescat. Quod autem mihi inde percepissem aperiam, non, ut aiunt, Minervam litteras quod doceam. » Adalbolde fait allusion au livre I, chap. xx de Macrobe. « Constat autem geometricæ rationis examine, cum de duobus orbibus altera diametros dupla alteram vincit, illum orbem, cujus diametros dupla est, orbe altero octies esse majorem. »

3. Olleris, p. 479. « *Gerbertus papa Constantino Miciacensi abbati*. — Sphæra, mi frater, de qua quæris ad cælestes circulos vel signa ostendenda, componitur ex omni parte rotunda; quam dividit circumducta linea mediam æqualiter in lx partibus divisa. Ubi itaque constituis caput lineæ, unum circini pedem fige, et alterum pedem e regione ibi constitue, ubi vi partes finiuntur de lx partibus prædictæ lineæ; et dum circinum circumduxeris, xii partes includis. Non mutato primo pede, secundus pes extenditur usque ad locum quo de prædicta linea undecima pars finitur; et ita circumducitur, ut xxii partes circumplectatur. Eodemque modo adhuc pes usque ad finem quintæ decimæ partis prædictæ lineæ protenditur et circumductione xxx partes habens media sphæra secatur. Tunc mutato circino in altera parte sphæræ, ubi primum pedem fixeras, attendens, ut contra statuas, prædictam rationem mensuræ circumductionis et partium complexionis observabis. Nam v solummodo erunt circumductiones, quarum media æqualis est lineæ in lx partibus divisæ. Altero igitur istorum hemisphæriorum sumpto interius cavato, et ubi circini alterum pedem in prædicta linea ad circumducendum fixeras perfora, ut circumductio medium foraminis teneat. In capitibus quoque sphæræ, ubi primum pedem circini posuisti, singula foramina facis, ut medietas forami-

relative à la construction des sphères, dont on use pour l'enseignement, il est consulté par Constantin, abbé de Saint-Mesmin, qui semble bien être le scolastique de Saint-Benoît-sur-Loire, pour lequel Gerbert avait déjà écrit le *Libellus de numerorum divisione* [1]. Non seulement Gerbert lui envoie une longue lettre d'explications, mais encore il répond à une autre question du scolastique Adalbolde, sur la surface des triangles équilatéraux, calculés par l'arithmétique et la géométrie [2]. Et nous avons vu que Gerbert

num illorum terminet prædictum hemisphærium. Nam ita vii erunt foramina, in quibus singulis singulas semipedales fistulas constituis ; eruntque duæ extremæ contra se positæ, ut per utrasque, tanquam per unam videas. Ne vero fistulæ hac illacque titubent, ferreo semicirculo, ad modum præfati hemisphærii secundum suam quantitatem mensurato et perforato, utere, quo superiores extremitates fistularum coherce : quæ et in hoc differunt a fistulis organicis, quod per omnia æqualis sunt grossitudinis, ne quid offendat aciem per eas cælestes circulos contemplantis. Semicirculus vero duorum digitorum ferme sit latitudinis, ut omne hemisphærium xxx partes habet longitudinis, servans æqualem rationem divisionis, qua perforatus fistulas recipit. Notato itaque nostro boreo polo, descriptum hemisphærium taliter pone sub divo, ut per utrasque fistulas, quas diximus extremas, ipsum boreum polum libero intuitu cernas. Si autem de polo dubitas, unam fistulam tali loco constitue, ut non moveatur tota nocte, et per eam stellam suspice quam credis esse polum : nam si polus est, eam tota nocte poteris suspicere; sin alia, mutando loca non occurrit visui paulo post per fistulam. Igitur prædicto modo locato hemisphærio, ut non moveatur ullo modo, prius per inferiorem et superiorem primam fistulam boreum polum, per secundam arcticum circulum, per tertiam æstivum, per quartam æquinoctialem, per quintam hiemalem, per sextam antarcticos circulos metiri poteris. Pro polo vero antarctico, quia sub terra est, nihil cœli sed terra tantum per utrasque fistulas intuenti occurrit. » Tout ce texte doit être rapproché de celui de Richer, sur la construction des sphères, qu'il servira, en une certaine mesure, à éclaircir.

1. Cf. p. 125.
2. « Gerberti Epistola ad Adalboldum, de causa diversitatis arearum in trigono æquilatero geometrice arithmeticeve expenso. — Adalboldo nunc usque dilecto semperque diligendo fidei integritatem, integritatisque constantiam. In his geometricis figuris, quas a nobis sumpsisti, erat trigonus quidam æquilaterus, cujus erat latus xxx pedes, cathetus xxvi, secundum collationem lateris et catheti, area cccxc. Hunc eumdem trigonum si absque ratione catheti secundum arithmeticam regulam metiaris, scilicet ut latus unum in se multiplicetur eique multiplicationi lateris unius numerus adjiciatur, et ex hac summa medietas sumatur, erit area ccccxxv. Videsne qualiter hæ duæ regulæ dissentiant? Sed et illa geometricalis, quæ per rationem catheti aream in cccxc pedes metiebatur, subtilius est a me discussa, et catheto suo non nisi xxv et vi septimas unius concedo, et areae ccclxxxv et quinque septimas. Et sit tibi regula universalis in omni trigono æquilatero cathetum inveniendi; lateri semper septimam demo, et sex reliquas partes catheto concede.

« Et ut quod dicitur melius intelligas, in minoribus numeris libet exemplifi-

expédié des livres à Raimond, son ancien maître d'Aurillac [1].

## IV

En résumé, Gerbert fit œuvre de professeur à toutes les époques de sa vie, auprès d'Otton I<sup>er</sup> et d'Otton II, à Reims et à Bobbio, comme archevêque et comme pape. Son succès et son influence furent considérables. Les causes en sont multiples et diverses. D'abord son enseignement était infiniment plus riche que celui des maîtres antérieurs, que celui de la plupart des maîtres du xi<sup>e</sup> et même de la première moitié du xii<sup>e</sup> siècle. Il lisait et expliquait les ouvrages de dialectique; il tirait des poètes, les grandes ou ingénieuses pensées qu'ils avaient mises en beau langage, comme les expressions qui pouvaient servir à l'orateur et à l'écrivain; il exerçait ses disciples à discuter, avec précision et avec

care. Do tibi trigonum jn latere vii pedes habentem. Hunc per geometricalem regulam sic metior. Tolle septimam lateri et senarium, qui reliquus est do perpendiculo. Per hoc latus duco, et dico : sexies septem, qui reddunt xlii. Ex his medietas xxi area est dicti trigoni.

« Hunc eumdem trigonum si per arithmeticam regulam metiaris, et dicas : septies septem, ut fiant xlix, latusque adjicias ut sint lvi, dividasque ut ad aream pervenias, xxviii invenies. Ecce sic in trigono unius magnitudinis diversæ sunt areæ, quod fieri nequit.

« Sed ne diutius moreris causam tibi diversitatis aperiam. Notum tibi esse credo qui pedes longi, qui quadrati, qui crassi esse dicantur, quodque ad areas metiendas non nisi quadratos recipere solemus. Eorum quantulamcunque partem trigonus attingat, arithmeticalis regula eos pro integris computat. Depingere libet, ut manifestius sit, quod dicitur.

« Ecce in hac descriptiuncula xxviii pedes, quamvis non integri habentur. Unde arithmeticalis regula pro toto partem accipiens cum integris dimidiatos recipit. Solertia autem geometricæ disciplinæ particulas, latera excedentes abjiciens, recisurasque dimidiatas intra latera remanentes componens, quod lineis clauditur hoc tantum computat. Nam in hac descriptiuncula, quam septenarius per latera molitur, si perpendiculum quæras, senarius est. Hunc per vii ducens quasi quadratum imples, cujus sit frons vi pedum, latus vii, et aream ejus sic in xlii pedes constituis. Hunc si dimidiaveris trigonum, in xxi pedes relinquis.

« Ut lucidius intelligas oculis appono et mei semper memento. »

1. Ch. ii, § 11, p. 29.

rigueur, mais aussi à se préoccuper de trouver la vérité et de donner, à leurs idées, une forme qui rappelât les bons auteurs, dont il les avait nourris. Il les initiait aux mathématiques, à l'arithmétique et à la musique, à la géométrie et à l'astronomie, et il était toujours prêt à répondre aux questions qu'ils lui posaient sur la philosophie, la physique et même la médecine, comme sur la littérature sacrée et profane.

Et ces connaissances, si étendues dès son arrivée à Reims, il ne passa pas un instant sans travailler à les augmenter, en recueillant de tous côtés, et sans regarder à la dépense, les livres qui pouvaient le rendre plus savant, quand il n'y eut plus, dans l'Occident chrétien, de maître qu'il pût écouter avec profit. Aussi est-il capable de diriger les scolastiques, qui lui demandent des conseils, comme les élèves dont il entreprend, après le grammairien, de faire l'instruction. En outre, son enseignement l'intéresse, parce qu'il le modifie, le complète ou l'étend, et il intéresse, par cela même, ceux auxquels il s'adresse. La vieillesse ne lui enlève rien de son succès : par son esprit ardent et enthousiaste pour l'étude, il charme, en 997, le jeune Otton III et sa cour, comme il avait séduit Otton I$^{er}$, Otton II et leurs contemporains.

Puis il a, du professeur, les qualités propres à satisfaire les élèves les plus exigeants, comme les moins intelligents ou les moins disposés à faire effort pour suivre le maître. Il procède avec méthode, explique tout ce qui est obscur, indique les questions qui se posent et en cherche la solution, s'exprime avec clarté et avec abondance. Aucun travail ne le rebute, lorsqu'il s'agit de faciliter la tâche à ses auditeurs : il dresse, pour eux, des tableaux qui résument et rappellent ses leçons; il emploie, pour l'arithmétique, la géométrie et l'astronomie, des instruments qui frappent l'imagination des plus ignorants, auxquels il permet ainsi de comprendre, parfois même sans le secours du maître, ce qui leur avait paru jusque là presque inintelligible.

Il montrait, en outre, par son exemple, qu'il n'entendait pas former que des scolastiques. Sans doute il prouvait, dans les discussions socratiques auxquelles il prit part, en présence d'Otton II et d'Otton III, qu'il était capable de bien raisonner et de bien parler, sur les matières dont il avait coutume de s'occuper. Mais il le prouvait mieux encore, lorsqu'il s'agissait d'affaires politiques ou ecclésiastiques. Il défendit, par d'excellentes raisons et dans un langage éloquent et élevé, ses droits méconnus à Bobbio ou attaqués à Reims ; ses Lettres et ses discours, qui font encore notre admiration, par l'élégance du style et la rigueur du raisonnement, comme par l'art avec lequel ils sont composés ou écrits, peuvent nous donner une idée de l'impression profonde qu'ils produisirent. S'agit-il d'écrire au nom de Hugues Capet ou d'Hemma, d'Adalbéron ou d'Otton, il sait trouver les pensées qui conviennent et la meilleure forme qu'elles peuvent recevoir; il sait mettre à profit et en bonne place toutes ses connaissances. Et son intelligence, fortifiée par l'étude, n'en est que plus apte à résoudre les questions pratiques, qu'il administre Bobbio ou qu'il soit le coadjuteur d'Adalbéron, qu'il ait à défendre le jeune Otton III, à lui trouver des alliés ou à affaiblir ses adversaires, à lui servir de conseiller comme de professeur, ou à remplir les fonctions d'archevêque et de Souverain Pontife.

Ses disciples furent nombreux et se répandirent dans toute la France, en Belgique, en Germanie et en Italie. Outre le roi Robert et l'empereur Otton III, on cite Fulbert qui dirige, à Chartres, une école célèbre; Herbert, abbé de Lagny, et Ingon, abbé de Saint-Germain-des-Prés ; Richer, qui lui doit, sans doute, sa supériorité si grande sur Flodoard et Raoul Glaber; Bernélinus et Constantin, peut-être Jean, scolastique et évêque d'Auxerre; les évêques Girard, de Cambrai, Ascelin, de Laon, Lenthéric, de Sens, Durand, d'Utrecht, etc., les prêtres romains Théophylacte, Laurent Maffitain, Brazuit, Jean Gratien, maîtres de Grégoire VII. Mais aucun d'eux ne le valut, ne posséda des connaissances aussi étendues et une intelligence aussi compréhensive ; aucun ne fut, comme lui, également apte à la spéculation et à la pratique, ne sut comme lui, penser et discuter, composer, parler ou écrire.

C'est ce dont il faudra se souvenir, en étudiant son œuvre, car ses Lettres et ses écrits seraient insuffisants à la faire concevoir dans toute son ampleur, à nous expliquer la prodigieuse fortune de celui en qui Richer trouvait quelque chose de divin, comme la légende créée, par ceux qui virent en lui un magicien, un serviteur et un protégé de Satan.

# CHAPITRE V

## L'ŒUVRE SPÉCULATIVE ET PRATIQUE DE GERBERT

L'œuvre de Gerbert, comme sa vie, est partagée entre la spéculation et la pratique : la philosophie en fait l'unité et la synthèse.

I. — L'érudit : la recherche des livres ; Gerbert y emploie l'argent qu'il possède, rend des services, use de promesses, de prières et d'objurgations éloquentes, lettres à Ébrard et à Rainard. — Nous ne connaissons ni tous les livres qu'il demanda, ni tous ceux qu'il obtint. — Les ouvrages littéraires que Gerbert posséda et put étudier : poètes et prosateurs. — L'enseignement de la rhétorique : Gerbert unit Cicéron et saint Augustin, précède Fénelon ; les lettres sacrées et profanes ; Gerbert se distingue des humanistes de la Renaissance et des scolastiques, leurs adversaires. — Le poète, l'humaniste, orateur et écrivain ; les Lettres.

II. — Le philosophe : la science des choses divines et humaines met l'unité dans ses études et dans sa vie, le console et l'inspire ; il est et il paraît aux autres un philosophe. — Ses connaissances : l'Isagoge de Porphyre, les Catégories et l'Interprétation ; Boèce, Martianus Capella, Macrobe ; le Timée de Platon ; Cicéron et Lucrèce, Térence et Lucain, Perse et Juvénal, Horace, Virgile et saint Augustin, lui font connaître, en tout ou en partie, les doctrines académiques, épicuriennes, stoïciennes et néoplatoniciennes. — La philosophie de Gerbert : la discussion avec Otric, recherche de la vérité, autorité et réflexion, définition et division de la philosophie ; le *Libellus de rationali et ratione uti*; les Lettres, le philosophe, le dialecticien, le moraliste.

III. — Le théologien et le polémiste ; le savant, arithmétique et musique, astronomie et géométrie, physique et médecine.

IV. — L'homme et l'ami, le serviteur et l'abbé, l'archevêque, le pape et le politique.

Si l'un des objets les plus importants de la philosophie, au sens où nous l'entendons, c'est de systématiser les connaissances et de ramener toutes choses à l'unité, en les faisant entrer dans une seule et même catégorie, Gerbert mérite bien ce nom de « pape philosophe », dont le saluait le scolastique Adalbolde. Car ce qui caractérise, avant tout, son œuvre spéculative et pratique, c'est l'effort synthétique pour en lier et coordonner toutes les parties.

Érudit, il puise, dans les ouvrages de toute espèce qu'il possède ou qu'il acquiert successivement, des idées qui l'instruisent, le consolent ou le dirigent, des formules qui prennent place dans ses lettres, dans ses discours ou dans ses traités. Le logicien unit les dialecticiens et les rhéteurs aux poètes et aux sophistes, pour former des orateurs parfaits. Les mathématiques, « qui viennent de Dieu et conduisent à Dieu » sont rapprochées de la physique et de la médecine : toutes ensemble, elles fournissent des exemples ou des arguments pour les expositions et les discussions, comme des indications nombreuses pour la vie usuelle et vulgaire. Pour la défense du dogme ou des institutions religieuses, Gerbert fait appel à l'ancien et au nouveau Testament, aux Pères et aux Conciles, à la raison et à la foi, à ses connaissances de toute nature, comme à son talent d'écrivain, d'orateur et de polémiste.

L'homme cherche à se développer en tout sens et à produire, chez ceux qu'il accepte de guider, un développement égal de l'intelligence, du cœur et de la volonté : « L'art des arts, écrit-il à l'abbé Rainard, c'est le gouvernement des âmes [1]. » Il sait vivre pour une société étroite et goûter l'amitié, mais aussi il n'oublie pas qu'il appartient à la grande société, civile et ecclésiastique, dans laquelle sont utilisées toutes les intelligences et toutes les activités. Bénédictin, il veut maintenir l'unité dans son ordre et le rendre plus instruit, plus exact observateur de la règle. Chrétien, il entend défendre l'Église contre les hérétiques, et la faire bénéficier de tout ce qui a été laissé d'excellent par l'antiquité païenne. Abbé, archevêque et pape, il engage ou oblige

---

1. Ep. 67. « Artem artium regimen animarum. » Cf. Ep. 83, p. 48, n. 7.

ceux dont il a la direction spirituelle et temporelle, à l'imiter, en travaillant pour leur plus grand bien et pour celui de la communauté dont ils font partie. Politique, il se souvient qu'il est érudit et humaniste, dialecticien, savant et théologien ; il s'efforce d'associer le pouvoir civil et le pouvoir ecclésiastique, pour les faire concourir à la paix et à la prospérité de la chrétienté, au maintien et à l'extension de la catholicité.

Enfin Gerbert met l'unité dans sa vie spéculative et pratique, par la philosophie, la science des choses divines et humaines, qui comprend, pour lui, la théologie et la logique, les mathématiques et la physique, l'érudition sacrée et profane, la morale et la politique, au sens antique et au sens chrétien. Sur chacun des domaines qu'elle embrasse, certains hommes ont, au moyen âge, possédé des connaissances plus étendues ; personne n'en a eu qui fussent mieux liées et mieux préparées à conduire l'homme et le chrétien. Personne n'a eu une idée plus haute du but suprême où doit tendre leur effort, plus nette et plus claire des moyens par lesquels il leur est possible de l'atteindre et de le réaliser.

I

L'érudit est prodigieux pour son époque. Il ne sait pas le grec, comme Jean Scot Érigène qui, par ce côté, paraît absolument étranger à notre Occident médiéval ; mais son érudition porte sur tout le savoir alors accessible à l'esprit humain.

Il trouva, sans doute, à Reims, une bibliothèque où figuraient de nombreux ouvrages sur la religion, la théologie et la politique, qui avaient tout particulièrement occupé Hincmar ; peut-être aussi sur la dialectique, dont l'enseignement, par Garannus, Remi et Heiric, remontait jusqu'à

Alcuin et à la renaissance carolingienne. Mais, de bonne heure, il cherche à en augmenter le nombre, à compléter ou à corriger ceux qu'il a déjà. C'est qu'il aime les livres, à la façon d'un moderne ; c'est aussi qu'ils sont utiles pour la découverte de la vérité, où ils viennent en aide à la raison, et pour le maniement des affaires publiques, où ils enseignent à persuader et à calmer les esprits. C'est enfin qu'ils le consolent dans les situations les plus difficiles ou les plus critiques. On a souvent rappelé l'aveu de Montesquieu : « L'étude a été, pour moi, le souverain remède contre les dégoûts de la vie, n'ayant jamais eu de chagrin qu'une heure de lecture n'ait dissipé. » On aurait pu signaler, chez Gerbert, sept siècles plus tôt, des passages analogues et d'autant plus significatifs, que les sujets de « chagrin » étaient pour lui infiniment plus fréquents et plus cuisants [1].

Pour les acquérir, Gerbert emploie des moyens multiples et variés, qui feraient honneur à l'imagination de nos bibliophiles. D'abord, il dispose, lorsqu'il n'est ni abbé ni archevêque, de l'argent nécessaire à ces acquisitions. [2] Il se

---

1. Sur la recherche des livres par Gerbert, voir pp. 47, 53, 55, 86, 98. — Ep. 81. « *Carissima* vobis ac nobis librorum volumina. » — Ep. 217 (Havet, p. 206). « Tum *ratione*, tum *scripto* tractatur. » (Voyez ce qui est dit plus loin de la méthode en philosophie et en théologie); Ep. 44, le texte cité, p. 55, n. 2), et la fin : « Causa tanti laboris contemplus *malefidæ fortunæ*. » — Ep. 123. « Labore obsidionis in Kar. defatigatus ac vi febrium graviter exagitatus..... et quia inter graves estus curarum sola philosophia quasi quoddam remedium esse potest..... rescribite, quod deest nobis... in primo volumine... Boetii. » — Ep. 167. « *M. Tullius mediis se ingerat curis* », et tout le texte.
2. Ep. 178. « *Libellus repudii Gir. Arnulfo archiepisco* (990). Permutamus itaque solum solo, dominium dominio, *vestraque beneficia*, emancipati, vobis nostrisque emulis ad invidiam relinquimus, ne fidelitatis promissæ hinc arguamur. ... ad alios demigrando, ut nec vobis, nec illi (patruo vestro) quicquam præter benivolentiam debeamus gratuitam. Eam si amplectimini, *domos quas proprio labore multisque sumptibus exedificavimus*, michi meisque cum *sua suppellectili* reservato. Æcclesias quoque quas sollempnibus ac legitimis donationibus juxta morem provinciæ consecuti sumus, nullis præjudiciis attingi oramus, de reliquo non multum deprecaturi..... Nec dubium erit, si hos terminos prætergrediemini, *quin omnia quæ possidebamus, ut a multis accepimus*, emulis nostris sacramento contuleritis, tunc cum secundum affectum vestrum acutissima pro vobis dictaremus consilia. » — Ep. 187. « ..... patris virtus aluit, avi *magnificentia* comparavit. » Se rappeler que Gerbert revint à Reims, après la discussion avec Otric, chargé des présents de l'em-

l'est procuré par son enseignement, qui lui a même permis de faire construire des maisons et de les meubler à grands frais ; il en a reçu d'Otton Ier et d'Otton II, des ducs de France et de beaucoup d'autres personnages ; il a obtenu certains bénéfices d'Adalbéron ; plus tard, il en tient d'Arnoul et de Charles, auxquels il renonce, quand il se sépare d'avec eux, pour revenir auprès de Hugues et de Robert.

L'argent qu'il a ainsi acquis, Gerbert n'hésite jamais à s'en dépouiller, quand il s'agit de livres : « J'ai beaucoup dépensé, écrit-il à Ébrard, pour acheter ou faire copier des manuscrits, à Rome et dans toute l'Italie, en Germanie et en Belgique... Je vous enverrai des parchemins et tout l'argent que vous jugerez nécessaire, pour les copies que je vous demande [1]. » — « Vous avez écrit, dit-il à Ramnulfe, que notre ouvrage prendrait des dimensions considérables. Comme nous ignorons quelle en sera l'étendue, nous vous envoyons deux sous par votre clerc. Si vous l'ordonnez, nous continuerons jusqu'à ce que, l'ouvrage étant complet, vous disiez : c'est assez [2]. » — « Tout ce que tu auras déboursé, écrit-il à Rainard, je te le rendrai avec usure, dès que tu me l'écriras et quand tu le voudras [3]. »

Avec d'autres correspondants, Gerbert s'engage à leur adresser, en retour, tout ce qu'ils peuvent souhaiter : « Si tu veux quelque chose de moi, en récompense de ton livre sur l'astrologie, écrit-il à Lupito de Barcelone, demande-le sans

---

pereur. » *Ab Augusto itaque Gerbertus egregie donatus, cum suo metropolitano in Gallias clarus remeavit* » (Richer, III, LXV). — » *Concilium Mosomense* (Olleris, p. 247). Hostium præda factus sum, et quæ *vestra munificentia* magnorumque ducum largitas clara et præcipua contulerat, violenta prædonum manus abstulit, meque pene nudum gladiis suis ereptum doluit. » Gerbert s'adresse aux évêques, présidés par l'abbé Léon, Suger de Munster, Léodulf de Trèves, Notger de Liège, et Hannon de Verdun ; aux laïques, le comte Godefroi, ses deux fils et Rainier, vidame de Reims. *Vestra munificentia* ne peut guère s'appliquer qu'aux laïques et, tout au plus, à Notger de Liège (ch. IV, § 2).

1. Ep. 44, citée p. 123.
2. Ep. 116, citée p. 83, n. 1.
3. Ep. 130, citée p. 124.

hésiter ¹. » — « Indique-moi ce qui te convient, dit-il à Étienne, je te l'enverrai ². » Avec d'autres, il commence par leur rendre des services, pour qu'ils lui transmettent ce qu'il désire : « Je fais droit à tes demandes, dit-il à Airard, à condition que Pline soit corrigé, que tu me procures Eugraphius et que tu fasses copier ce qui est à Orbais et à Saint-Basle ³. » — « J'ai traité vos affaires à Mantoue, écrit-il à Adalbéron. Acquérez, pour en prendre copie, l'histoire de Jules César, et vous aurez les volumes que je trouve à Bobbio ⁴. » A Constantin, il fait valoir la peine qu'il a prise pour composer le *Libellus de numerorum divisione*, et il s'en autorise ensuite pour lui réclamer beaucoup d'ouvrages ⁵. Parfois, comme avec Remi de Trèves, il insiste sur la difficulté du travail qui lui est demandé. Il répond à une question sur l'arithmétique, mais il lui dit que ce n'est pas peu de chose, de préparer une sphère, telle qu'il la souhaite : « Fais-moi présent d'une copie de l'Achilléide de Stace, ajoute-t-il, et tu me forceras ainsi à te l'envoyer ⁶. » Et comme Remi ne lui adresse qu'une Achilléide incomplète, identique sans doute à celle qu'il possédait lui-même, Gerbert semble disposé à ne lui fabriquer qu'une sphère de valeur moindre ⁷.

Il réclame avec énergie les livres qu'il a prêtés et se sert, quelquefois même, d'expressions analogues à celles dont il use, pour revendiquer son abbaye ou son archevêché : « Renvoyez nos livres en toute hâte », écrit-il aux frères de Saint-Pierre de Gand. — « Jusques à quand, leur dit-il un an plus tard, abuserez-vous de notre patience ?... Vous parlez de charité et vous êtes prêts à nous voler... Vous violez les lois divines et humaines... Ou restituez les livres ⁸... »

1. Ep. 24, citée p. 32, n. 4.
2. Ep. 40, citée p. 83, n. 1.
3. Ep. 7.
4. Ep. 8, à Adalbéron.
5. Ep. 86, citée p. 83, n. 1. Cf. p. 96 sqq.
6. Ep. 134, citée p. 84, n. 1.
7. Ep. 148, p. 84, n. 1.
8. Ep. 96, 105.

Pour ceux que l'argent laisse indifférents ou qu'une simple promesse ne réussirait pas à persuader, il recourt aux formules les plus propres à appeler leur attention, aux prières les plus éloquentes. Aux Espagnols Lupito et Bonifilius, il parle « de leur noblesse, de leur affabilité, de l'autorité de leur nom ». Avec d'autres, il fait appel à « leur charité ».

Les lettres à Ébrard et à Rainard nous montrent surtout que Gerbert tient tout autant à persuader ceux dont il espère des livres, que ceux dont il réclame l'intervention en faveur du jeune Otton : « Vous parlez souvent et fort honorablement de moi, comme me l'ont appris plusieurs de vos envoyés, dit-il à Ébrard, et vous me portez, en raison de notre affinité [1], une grande amitié. Je m'en estime heureux, si toutefois j'en suis trouvé digne, au jugement d'un homme si considérable. Comme je ne sépare pas, avec Panétius, l'honnête de l'utile, mais que plutôt, avec Cicéron, je le mêle à tout ce qui est honnête, je veux que ces amitiés très belles et très saintes ne manquent pour personne d'utilité. Or la morale et l'art de bien dire ne se séparent pas de la philosophie : c'est pourquoi j'ai toujours uni, dans mes études, l'art de bien vivre et celui de bien dire ; quoique le premier soit supérieur et puisse se passer du second, quand on n'est pas chargé du gouvernement des âmes. Mais pour nous, qui sommes occupés des affaires publiques, l'un et l'autre sont nécessaires. Car c'est chose fort utile de savoir persuader ou calmer les esprits furieux. C'est pour me préparer à cette tâche, que je travaille sans relâche à me composer une bibliothèque. Naguère, à Rome et dans les autres parties de l'Italie, en Germanie et en Belgique, j'ai payé des copistes et acheté à grands frais des manuscrits, aidé par la bienveillance et le zèle de mes compatriotes. Permettez-moi de vous prier qu'il en soit de même chez vous et par vous. Je vous indiquerai, à la fin

---

1. Sur la raison qui nous empêche de traduire ce mot par *parenté*, voir p. 25, n. 2.

de ma lettre, les livres à copier. Je vous enverrai les parchemins et l'argent que vous jugerez nécessaires et je n'oublierai pas le service que vous m'aurez rendu. Enfin, pour ne pas dire plus de choses qu'il ne convient dans une lettre, c'est pour arriver au dédain de la fortune trompeuse, que je me livre à un travail aussi considérable. Car la nature seule ne suffit pas à le faire naître en moi, comme chez beaucoup d'autres, mais il y faut une doctrine élaborée. C'est pourquoi, de loisir ou en affaire, j'enseigne ce que je sais, j'apprends ce que j'ignore. » — « Je ne te demande instamment qu'une seule chose, écrit-il à Rainard de Bobbio ; elle peut se faire sans danger, sans dommage pour toi, et mon amitié en deviendra aussi grande que possible. Tu sais avec quelle ardeur, je cherche partout des livres ; tu sais combien il y a de copistes dans les villes et les campagnes de l'Italie. A l'œuvre donc, et fais-moi transcrire, sans en informer personne, l'*Astronomie* de Manlius, la *Rhétorique* de Victorinus, l'*Ophthalmicus* de Démosthène. Frère, je te promets, et tu peux en être certain, que je garderai un silence religieux sur ce dévouement, sur cette obéissance qui ne mérite que des éloges [1]. »

Jamais érudit de la Renaissance ou de nos jours n'a fait, en tout temps et en tout pays, une chasse plus ardente aux livres de toute espèce. Il nous est impossible de savoir, si elle fut toujours fructueuse et, partant, de déterminer exactement la composition de sa bibliothèque. D'abord, nous ignorons quels manuscrits il voulait faire copier à Orbais et à Saint-Basle, quels étaient les « ouvrages admirables », dont il parle à Adalbéron, ou ceux qu'Étienne *connaît* et qu'il doit lui envoyer. Nous n'avons pas la liste, probablement assez longue, des livres qu'il réclamait à Ébrard ou de ceux dont Adson devait se charger pour venir à Reims. Nous ne savons ni quels ouvrages il redemande aux frères de

---

[1]. Ep. 44 et 130, citées en partie, pp. 25 n. 2, 31, n. 4, p, 47, n. 1, surtout, p. 83, n. 1.

Gand, ni ce que lui fait copier Ramnulfe, ni ce que Romulfe lui a communiqué et doit lui communiquer encore de Cicéron[1]. Mais nous pouvons affirmer qu'il a réussi à en acheter ou faire copier beaucoup à Rome et en Italie, en Germanie et en Belgique[2]; qu'il recherche des œuvres littéraires[3], scientifiques[4] et philosophiques[5].

Il n'est pas impossible non plus de faire connaître les ouvrages que Gerbert lut et étudia, pour en tirer des connaissances, des idées ou des expressions. Ne nous occupons maintenant que des œuvres littéraires. Richer dit expressément que Gerbert lisait et expliquait, dans son école, les poètes, Virgile, Stace et Térence ; les satiriques Juvénal, Perse et Horace ; l'historien Lucain. Il n'y a aucune raison de contester cette assertion. Au contraire, les Lettres et les Œuvres de Gerbert, à défaut de ses cours, semblent la fortifier et la compléter. Le catalogue de Bobbio cite ces poètes, à peu près dans le même ordre que Richer[6]. Virgile avait toujours été lu, depuis Alcuin,

---

1. Ep. 7, à Airard : « Qui *Orbacis et apud Sanctum Basolum sunt perscribantur*. » — Ep. 8, à Adalbéron, « *aliaque non minus miranda* ». — Ep. 40, à Étienne, « *cum cæteris quos nosti* ». — Ep. 44, à Ébrard. « *Quos scribi velimus, in fine epistolæ designabimus.* » — Ep. 71, à Étienne, « *libros tua industria nobis rescriptos... remitte* ». — Ep. 81, à Adson. « *Carissima... volumina vestrum iter sint comitantia* ». — Ep. 96, aux frères de Gand. « *Libros nostros... remittite.* » — Ep. 105, id. « *Quosdam codices nobis vestra sponte obtulistis... librorum restitutione.* » — Ep. 116, à Ramnulfe. « *Operi nostro.* » — Ep. 167, à Romulfe « *fluenta M. Tullii sicienti præbete* ».

2. Ep. 44 à Ébrard, précédemment citée.

3. Ep. 7. « Eugraphius recipiatur. » — Ep. 8. « Istoriam Julii Cæsaris. » — Ep. 9 « pro rege Dejotaro ». — Ep. 40. « Suetonios Tranquillos, Quintosque Aurelios (Symmaque). » — Ep. 86. « Opuscula Tulliana, vel de Republica, vel in Verrem, vel quæ pro defensione multorum... conscripsit. » — Ep. 130. « Victorius, de rhetorica. » — Ep. 134. « Volumen Achilleidos Statii. »

4. Ep. 7. « Plinius emendetur. » — Ep. 8. « VIII volumina Boetii de astrologia, praeclarissima quoque figurarum geometriæ. » — Ep. 9 et 139. « Dem. Ophthalmicus. » — Ep. 17 et 25. « De multiplicatione et divisione numerorum », de Joseph d'Espagne. — Ep. 24. « Librum de astrologia translatum. » — Ep. 130 « Manlius de Astrologia. »

5. Ep. 44, 45. Ep. 133. « Quod deest in primo volumine secundæ æditionis Boetii in libro Peri Hermenias.

6. Olleris, pp. 493 sqq. « Libros Virgilii numero IV, Lucani libros IV, Juvenalis II et in uno ex his habentur Martialis et Persius. In uno volumine habemus Persium, Flaccum et Juvenalem... Libros Terentii II.... Librum Donati super Virgilium. Libros glossarum super Virgilium IX... Librum Virgilii I. Sergii super

et Gerbert emprunte des hémistiches ou des fragments de vers, à tous ses ouvrages et presque à tous ses livres [1]. A Térence, il prend une des maximes qui règlent sa vie pratique, et il cite des passages de l'*Andrienne* et de l'*Heautontimoroumènos* [2]. De Stace, il réclame à Remi l'*Achilléide* et se plaint, quand il la lui a adressée, qu'il se soit arrêté à l'endroit où finissait son exemplaire [3]. Tout ce qui, dans Perse, Juvénal et Horace, touche au stoïcisme, semble, comme nous le verrons plus loin, avoir contribué à la formation de sa morale.

---

eundem Virgilium ». — Il faut se rappeler que, même avant d'être abbé de Bobbio, Gerbert avait été en Italie, à son retour d'Espagne, qu'il s'y était fait des relations et qu'il en avait fait venir des manuscrits ou des copies (Ep. 44).

1. *Eglogues*, IX, 5. « Fors omnia servat », Gerbert Ep. 15. « Sors omnia versat... » *Géorgiques*, II, 173-174... « magna parens frugum, Saturnia tellus, Magna virum », Gerbert, *Libellus de rationali et ratione uti*, « Dant vires feras frugum Italia » (cf. p. 49 n. 6). — *Géorgiques*, III, 17 « et Tyrio conspectus in ostro ». Gerbert, *Epitaphium regis Lotharii* « conspectus in ostro ». *Énéide*. I, 3 « multum ille et terris jactatus, et alto ». Gerbert. « Ego ille multum jactatus terris et alto ».
id. I, 629 « ...voluit consistere terra », Gerbert, Ep. 205 « certaque consistere terra ».
id. II, 6 « ... et quorum pars magna fui ». Gerbert, Ep. 217 « pars... ...non parva fui », Ep. 160 « maxima fui ».
id. II, 72 « pœnas cum sanguine poscunt », Gerbert, Ep. 204, « Vitamque cum sanguine poscunt ».
id. IV, 4 « hærent infixi pectore vultus », Gerbert, Ep. 31, « dumque hærent infixi pectore vultus ».
id. IV, 373 « Nusquam tuta fides... » Gerbert, Ep. 5 et 22 « Nusquam tuta fides ».
id. VI, 14 « ...ut fama est... », Gerbert, Ep. 217 « ut fama est » (la même lettre contient une allusion aux vers 125 sqq., cf. infra).
id. X, 228 « ...Vigilasne..... » Gerbert, Ep. 39 « Vigilasne ».
id. XI, 133 « pace sequestra.... » Gerbert, Ep. 59 et 125 « pace sequestra » (interprétation de Servius).
id. XII, 398 « acerba fremens. » Gerbert, Ep. 204. « In me unum acerba fremunt. » Cf. ce que nous disons de la poésie et de la philosophie de Gerbert.

2. Ep. 173. « Sepius quoque illud Terentianum recepistis : « Si non potest fieri quod vis, id velis quod possit » (*Andria*, II, 1. 5-6). Même citation, sans mention du nom de Térence, Ep. 55. — Ep. 86 « de se dictum existimet (*Heautontimoroumènos*, prol. 30, « pro se dictum existimet »). — Ep. 127. « Molimur, conamur » (*Heaut.*, II, ii, 11. « Dum molimur, dum conantur »). Ep. 155 « dum molimur, conamur ». — Ep. 203, « ne quid nimis » (*Andria* I, i, 33-34). Ces citations sont relevées, comme bon nombre de celles qui portent sur les auteurs sacrés et profanes, par Julien Havet.

3. Ep. 134-148. Stace ne figure pas au catalogue de Bobbio.

Ses Lettres contiennent des formules qui viennent des Satires [1], des Odes [2], des Épîtres [3].

Il se peut que Gerbert ait connu Silius Italicus, auquel font penser les vers qui précèdent le *de Rationali et ratione uti*, peut-être aussi Ovide, Claudien, Lucrèce qui étaient à Bobbio [4]. Un passage de la lettre 67 est une paraphrase évidente de vers bien connus de ce dernier poète, et tous ceux qui parlent du « port et des demeures tranquilles », où Gerbert aspire, sans pouvoir y atteindre, nous ramènent encore à des doctrines ou à des épisodes du *de Natura rerum* [5].

Pour les prosateurs, nous sommes moins bien renseignés, car Richer et Gerbert lui-même ne parlent, qu'en termes fort généraux, de l'enseignement de la rhétorique [6]. Richer cite les *Topiques* de Cicéron; Gerbert, les *Préceptes des rhéteurs*, qu'il avait réunis dans un tableau, pour les faire mieux comprendre et retenir par ses élèves [7]. De Cicéron, Gerbert semble avoir une connaissance assez complète : il n'y a, pour ainsi dire, pas une de ses Lettres, pas une page de ses traités et de ses discours, dont le vocabulaire ou les idées, les expressions ou les phrases ne rappellent le philosophe, l'orateur ou le professeur d'éloquence, qui fut tant prisé par les huma-

---

1. Ep. 8.
2. Ep. 16, 55. « Non poetice, sed sapienter dictum putamus : Levius fit patientia quidquid corrigere nefas » (Od. LXXIV, 19-20). Ep. 189-190.
3. Ep. 191 « et Libellus de numerorum divisione ».
4. Olleris, p. 493. « Libros Claudiani poetæ IV, Libros Ovidii Nasonis II. Librum Lucretii I. »
5. Ep. 67. « Erit ergo docti viri, more boni medici mellita præferre, ne primo gustu *amaris* ingestis antidotis, salutem suam formidabundus incipiat expavescere ». — Lucrèce, I, 930 :

> Cum dare conantur, prius oras, pocula circum ;
> Contingunt mellis dulci flavoque liquore,
> Ut puerorum ætas improvida ludificetur
> Labrorum tenus, interea perpotet amarum
> Absinti laticem, deceptaque non capiatur,
> Sed potius tali facto recreata valescat.

Cf. le *Suave mari magno* (II 1). F. Picavet, *De Epicuro novæ religionis auctore* (Paris, Alcan); Philippe (*op. cit.*, p. 11); Gebhart, *Moines et Papes*.
6. Cf. Richer cité pp. 71, 72, 73, et Ep. 92 citée p. 56, n. 5.
7. Richer III (cf. n. 6), Ep. 130, à Rainard.

nistes de la Renaissance. Outre les *Topiques*, il a constamment pratiqué les traités de rhétorique, de telle sorte que l'on se demanderait bien plutôt ceux qu'il ignore, que ceux dont il a fait sa lecture et son étude. De même, il utilise les *Catilinaires*, les *Verrines*, le discours pour le roi Déjotare et beaucoup d'autres, les traités sur la *Vieillesse* et les *Devoirs*, même des ouvrages qui ne sont pas authentiques, mais qui sont formés, pour la plus grande partie, de formules ou de pensées empruntées à Cicéron. Nous comprenons que Gerbert ait demandé la *République* à Constantin, car il possède le *Commentaire* de Macrobe *sur le Songe de Scipion*, qui en remplit presque le VI° livre ; mais nous n'avons aucune raison de supposer qu'il ait eu, à sa disposition, un ouvrage que ne connaissaient pas les humanistes de la Renaissance [1].

---

1. Gerbert connaît le discours pour le roi Déjotare, puisqu'il en demande la fin à Gisalbert (Ep. 9). Les *Catilinaires* sont rappelées dans les Lettres 11, 105, 158, 185, 210, etc., les *Tusculanes*, Ep. 79 ; le *de Officiis*, Ep. 44, citée p. 123 ; le *de Senectute*, dans la lettre 8. La lettre à Constantin (86) demande « de republica, vel in Verrem, vel quæ pro defensione multorum plurima Romanæ eloquentiæ parens conscripsit ». Celle à Romulfe (161) réclame *fluenta M. Tullii*, et indique, par le début « *Agite ergo ut cœpistis* », que Gerbert a déjà reçu des ouvrages de Cicéron. Les Lettres 16, 23, 31, 32, 136, contiennent des expressions tirées des *Scripta suppositicia* (Kayser et Baiter, vol. XI. *C. Sallustii Crispi in M. Tullium Ciceronem declamatio* et *M. Tullii Ciceronis in C. Sallustium Crispum Controversia*). La Lettre 27 : « Mementote illius Tulliani — Stullum est ab eis fidem exigere, a quibus multociens deceptus sis — se rapporte sans doute à un autre ouvrage apocryphe de Cicéron, puisque « multociens », comme le dit Julien Havet, n'est pas de la langue de Cicéron. La connaissance du *de Inventione* est impliquée par le Concilium Mosomense (*Exordium, Partitio, Confirmatio et reprehensio alternatim digestæ, Epilogus*), par le Concilium Causeium (*Exordium, Reprehensio et confirmatio alternatim digestæ, Epilogus*), par la lettre 217 à Wilderod (*Exordium, Narratio, Partitio, Confirmatio et reprehensio alternatim digestæ, Epilogus per enumerationem et conquestionem*). Pour les autres ouvrages de rhétorique, nous nous bornons à quelques citations de Cicéron, qui se retrouvent dans les textes déjà cités de Gerbert : *de Oratore*, 1, 15, 62, flumen orationis ; 36, 153, bene vivendi et copiose dicendi orationem ; 36, 154, nobilissimos philosophos ; 39, 162, doctrina liberaliter institutus ; 1, 19 85, inventa philosophorum ; 1, 23, 105, vestigia persequi ; 1, 28, 126, in oratore autem acumen dialecticorum, sententiæ philosophorum, verba prope poetarum, memoria jurisconsultorum » (c'est ce qu'enseigne et pratique Gerbert) ; 1, 31, 131, « primum oratoris officium esse dicere ad persuadendum adcommodate ; 1, 34, 158, Educenda dictio... in castra..., legendi etiam poetæ, cognoscendæ historiæ omnium bonarum artium doctores atque scriptores legendi et pervolutandi et exercitationis causa laudandi, interpretandi, corrigendi, vituperandi,

Salluste et César, Sénèque, peut-être Suétone et parfois Pline ont contribué, avec Cicéron, à former l'orateur et l'écrivain [1]. Macrobe, Martianus Capella, Isidore, Boèce, même Cassiodore l'ont plus sans doute aidé à s'instruire, qu'à penser, à parler ou à écrire [2].

Pour l'enseignement de la rhétorique, Gerbert unit étroitement Cicéron et saint Augustin. Comme le premier, il veut que l'orateur soit formé par les dialecticiens et les philosophes, les poètes et les rhéteurs; qu'il s'efforce de donner à ses connaissances plus d'étendue, à sa langue, plus de richesse, d'élégance et d'ampleur, à son raisonnement, plus de précision et de rigueur. Les plans d'après lesquels il compose ses discours, l'admiration qu'il témoigne, en toutes cir-

---

refellendi ; I, 49, 213, philosophi... est tamen quædam descriptio, ut is, qui studeat omnium rerum divinarum atque humanarum vim ; — II, 84, 342, quæ fortuna dat ; III, 10, 38, omnis loquendi elegantia, quanquam expolitur scientia litterarum, tamen augetur legendis oratoribus et poetis. — *Cornificii Rhetoricorum ad C. Herennium*, III, 1, 1. « Hoc est ostentare se, non ostendere artem... hoc igitur ipsum maximum artificium est in arte sua posse et alienis exemplis uti ; 7, 16, præterea ne possunt quidem ea quæ sumuntur ab aliis, exempla tam esse adcommodata ad artem, propterea quod in dicendo leviter unus quisque locus plerumque tangitur, ne *ars appareat* (Richer, III, xlviii), in præcipiendo expresse conscripta ponere oportet exempla, uti in artis formam convenire possint ; at post in dicendo, ne *possit ars eminere et ab omnibus videri*, facultate oratoris occultatur. » *De Inventione*, I, 5, 6. « Dicere apposite ad persuasionem », etc. etc.

1. Ep. 70. « Ut ait Sallustius : « omnes homines qui de rebus dubiis consulunt, oportet esse remotos ab ira, odio, misericordia » (*Catil.* 51) ; Ep. 123, « nam idem velle atque nolle, ea demum firma amicitia est » (*Catil.* 20). Voir la note précédente sur le faux Salluste. — Gerbert connaît César, puisqu'il écrit à Adalbéron d'acquérir son *Histoire* (Ep. 8) d'Adson, abbé de Montiérender. Mais nous ne savons pas s'il s'agit tout à la fois du *de Bello gallico* et du *de Bello civili*. — Gerbert demande plusieurs exemplaires de Suétone (Ep. 40) ; il veut qu'Airard corrige Pline (Ep. 7), qui figure à Bobbio. — Gerbert use d'antithèses, qui font plus d'une fois songer à Sénèque. Il le cite dans la lettre 217 : « Ut enim Seneca ait in Moralibus « Sapiens si contemtus est se tamen habere amicum vult, si nihil aliud, ut exerceat amicitiam, nec tam magna virtus jaceat, non ad hoc quod dicebat Epicurus ut habeat qui sibi ægro assideat, succurrat in vincula conjecto vel inopi, sed ut habeat aliquem cui ipse ægro assideat, quem ipse circumventum hostili custodia liberet » (*Ep. Mor.* I, ix, 8).

2. Martianus Capella est cité, Ep. 153 (p. 99, n. 7), Macrobe est rappelé dans la lettre d'Adalbolde (p. 111, n. 2) ; Isidore fut étudié par Gerbert en Espagne, Boèce est tout entier connu de Gerbert, au moins pour ses œuvres philosophiques et scientifiques. Il est cité, comme Cassiodore, par le catalogue de Bobbio.

constances, ses emprunts réguliers et constants dénotent encore un disciple de Cicéron. Avec saint Augustin, il entend que l'on soit plus occupé de persuader, de convaincre et d'instruire, que de montrer l'art dont on a fait l'étude [1]. Il faut aller jusqu'au xvii° siècle et à Fénelon, pour trouver une théorie qui propose un but aussi élevé à l'orateur, en lui donnant pour modèles les écrivains païens, comme les livres saints et les docteurs chrétiens. « L'art de Cicéron, dit Fénelon dans la *Lettre à l'Académie française* et dans les *Discours sur l'éloquence*, est merveilleux, mais on l'entrevoit ; l'orateur, en pensant au salut de la république, ne s'oublie pas et ne se laisse pas oublier ... L'art se discrédite lui-même et se trahit en se montrant... Démosthène paraît sortir de soi et ne voir que la patrie, il ne cherche point le beau et le fait sans y penser. — Je suis moins touché, ajoute-t-il, de l'art infini et de la magnifique éloquence de Cicéron, que de la rapide simplicité de Démosthène, chez qui l'art est si achevé qu'il ne paraît point. » C'est, nous l'avons vu, le but que se proposait Gerbert dans son enseignement : ses élèves devaient apprendre à manier le raisonnement, avec un art qui ôtât tout soupçon de l'art, ce qui semble être, pour l'orateur, dit Richer [2], le plus haut degré de perfection.

Ce n'est pas tout. Fénelon, bien avant Chateaubriand, a soutenu que l'ancien et le nouveau Testament, que les Pères et les Docteurs pouvaient former l'orateur et l'écrivain, comme l'homme et le chrétien. Et il met même, à ce point de vue, les lettres sacrées au-dessus des lettres profanes [3]. Or, ce que Fénelon proclame, ce que Chateaubriand exagère

---

1. Voyez surtout *de doctrina christiana*, l. IV et le commentaire qu'en donne Fénelon (*Lettre sur les occupations de l'Académie française*, § IV).
2. Cf. p. 73, note 1.
3. *Dialogues sur l'éloquence*, III. « Saint Paul a raisonné, saint Paul a persuadé ; ainsi il était, dans le fond, excellent philosophe et orateur... Il faut connaître Homère, Platon, Xénophon et les autres des anciens temps ; après cela, l'Écriture ne vous surprendra plus. Ce sont presque les mêmes coutumes, les mêmes narrations, les mêmes images des grandes choses, les mêmes mouvements... Jamais Homère même n'a approché de la sublimité de Moïse dans ses cantiques... Jamais Homère ni aucun autre poète n'a égalé Isaïe...

parfois, Gerbert l'accepte, en tant du moins qu'il s'agit d'une égalité entre les sources païennes et chrétiennes, tour à tour et simultanément utilisées, pour mieux convaincre ses auditeurs ou ses correspondants. Ainsi les Paralipomènes viennent après Horace[1] ; les Rois, Isaïe, et Zacharie, Luc et Matthieu avec le Pseudo-Salluste[2] ; l'*Énéide,* avec les Psaumes et les Actes des Apôtres[3] ; Horace et Térence, avec les Psaumes et saint Paul[4]. La lettre à Wilderod de Strasbourg, où Gerbert justifie les Actes du Concile de Saint-Basle, contient des citations de l'Ancien Testament — Exode et Deutéronome, Josué et Paralipomènes, Rois et Psaumes, Isaïe et Ezéchiel — ; du Nouveau Testament — Pierre et Paul, Marc et Matthieu — ; de saint Ambroise et de saint Augustin, de Justinien et d'Hincmar, comme de l'*Énéide,* des *Épîtres morales* de Sénèque et du *De inventione* de Cicéron.

Si donc Gerbert pouvait reprocher, à certains de ses contemporains, de s'amoindrir, parce qu'ils refusaient de prendre pour maîtres, Platon, Virgile, Térence et les philosophes[5], il était impossible de l'accuser, comme les savants de la Renaissance, « de ne chercher que la pureté des langues et les livres poliment écrits », d'oublier, comme Sadolet, Bembo et tant d'autres, qu'un chrétien devait modifier, par « des pensers nouveaux, certaines formes antiques ». Mais, d'un autre côté, pour parler encore comme Fénelon, Gerbert n'entendait pas être confondu avec « les scolastiques, secs et épineux, qui proposaient la vérité d'une manière si désagréable et si peu sensible, qu'ils rebutaient presque tout le monde ».

Ce que Gerbert enseigne, il le met en pratique. Du poète,

---

Qu'y a-t-il, dans l'antiquité profane, de comparable au tendre Jérémie?... etc. » Voyez encore ce que Fénelon dit de Daniel, de saint Jean et des Apôtres, de l'Apocalypse, de saint Chrysostome, de saint Grégoire de Nazianze, etc., etc.

1. J. Havet, pp. 12, 14.
2. Ep. 31, 32.
3. Ep. 39.
4. Ep. 55.
5. Olleris, p. 231, Lettre de l'abbé Léon, citée p. 82, n. 2

il y a peu de choses à citer. Seuls les vers qui précèdent le *Libellus de rationali et ratione uti* [1], peut-être aussi ceux qu'il a composés sur Boèce, méritent d'être rappelés [2]. Mais le prosateur est, comme Scot Érigène, un humaniste remarquable, dont les Lettres et les Discours fourniraient des pages curieuses à une Anthologie des écrivains latins au moyen âge. L'orateur sait prendre tous les tons et tous les langages. Il sait être éloquent et pathétique ; mais ce qui domine en lui, c'est l'énergie, la précision, parfois même, une concision et une sobriété voisines de l'atticisme [3].

Dans ses Lettres, il ne dédaigne pas de faire œuvre pure d'écrivain : il montre qu'il est maître du vocabulaire, il use d'antithèses, d'allitérations, d'assonances ; il met le nombre et le rythme, parfois un hémistiche, quelquefois un vers tout entier [4]. Il lui arrive de marquer une opposition

---

1. Cités p. 106, n. 1.
2.   Roma potens dum jura suo declarat in orbe,
     Tu pater et patriæ lumen, Severine Boeti,
     Consulis officio rerum disponis habenas,
     Infundis lumen studiis et cedere nescis
     Græcorum ingeniis. Sed mens divina coercet
     Imperium mundi ; gladio bacchante Gothorum
     Libertas romana perit. Tu consul et exsul
     Insignes titulos præclara morte relinquis.
     Nunc decus imperii, summas qui prægravat artes,
     Tertius Otto sua dignum te judicat aula,
     Æternumque tui statuit monumenta laboris,
     Et bene promeritum meritis exornat honestis.

3. Il faudrait citer toute la lettre, sous forme de discours, à Wilderod, les *Acta Concilii Remensis ad Sanctum Basolum*, le *Concilium Mosomense*, l'*Oratio habita in concilio Causeio in præsentia Leonis Abbatis legati Papæ Johannis*, etc. Nous nous bornons à rappeler l'*Exordium* du *Concilium Mosomense* : « Semper quidem, reverendissimi Patres, hunc diem præ oculis habui, spe ac voto ad eum intendi, ex quo a fratribus meis admonitus onus hoc sacerdotii non sine periculo capitis mei subii. Tanti erat apud me pereuntis populi salus, tanti vestra auctoritas, qua me fore tutum existimabam ! Recordabar præteritorum beneficiorum, dulcis atque affabilis benevolentiæ vestræ, qua præstantium sæpenumero cum multa laude usus fueram, cum ecce subito contrarius rumor vos offensos insinuant, vitioque dare laborat quod magna paratum virtute inter alios constabat. Horrui, fateor, et quos antea formidabam gladios, præ indignatione vestra posthabui. Nunc quia propitia divinitas coram contulit quibus salutem meam semper commisi, pauca super innocentiam meam referam, et quonam consilio urbi Remorum prælatus sim edisseram. »
4. Ep. 11. « Sed potius liceat cum fide in *palatio* exulare, quam sine fide in

balancée entre ses différentes parties, de suivre, avec une
forme éloquente et singulière, une seule et même idée, dont
il examine tous les aspects divers [1], d'employer des termes

*Latio* regnare. » — Ep. 27. « Qui debet esse *tutor*, sit *devastator*. » — Ep. 30.
« *Oportuno* tempore occurrendum, ne cum te subduxeris, *importunum* fiat. »
— Ep. 34. « Terrarum longinqua petit, sed dum rediit Otto. » — Ep. 45. « Et
quoniam vestigia philosophiæ dum *sequimur* non *consequimur*. » — Ep. 70. « Ut
nostrum *impossibile* vestro solvatur *possibili*. » — Ep. 72. « *Incerto certa* queratur sedes... et quia utpote *fidissimus fidissimo* loquor. » — Ep. 74. « Dum is quo
*florente florebam*, quo *regnante regnabam*. » — Ep. 91. « Qui amicis *inquietissi-
mus*, perniciosissimis hostibus non multum *inquietus*. » — Ep. 110. « *Incertum*
propter *incerta* tempora. » — Ep. 127. « Molimur, conamur, quod nolumus
agimus, quod volumus, nequimus. » — Ep. 149. « Hæc et his similia, *plenissimam fidem* ad vos habentibus, *plena fide* deposite. » — Ep. 158. « Facile vestra
liberalitate, ne absentia honestatis, fuga obtimarum artium, efficiat *sectator*
Catilinæ qui in *otio* et *negotio* præceptorum M. Tullii diligens fui *executor*. » —
Ep. 159. « Querentibus *consilium, consilium* dare. » — Ep. 164. « Quo jure legitimus *heres exheredatus* est. » — Ep. 167. « Tuaque *præsentia*, si fieri potest,
*lætamur*, qui beati patris Ad. *absentia tristamur*. » — Ep. 183. « *Æternum* vale
vobis vester G. et quia ut *magnificer, magnifice magnificum* Sasbach contulistis, *æterno* imperio se dedicat vester G. » — Ep. 187. » Non enim deesse possumus *obsequio*, qui nichil inter humanas res dulcius aspicimus vestro *imperio*. »
— Ep. 189. « Alleviemur quoque nos vestris *meritis*, qui nostris prægravamur
*offensis*. » — Ep. 203. « Vestrum *examen* et *levamen*. » — Ep. 206. « Ut horum
excessum *recognitio*, multorum peccatorum possit esse *abolitio*. » — Ep. 210.
« Ne ingentes curæ quæ me ad præsens totum sibi *vindicant*, ecclesiæ nostræ
*officiant*. » — Ep. 217. « Tu omnium horum *dator* et *distributor*, tu pacis et
caritatis auctor, tu scis me Germaniam et Belgicam semper honorasse ut
dominam, *coluisse* et matrem ; pro earum adversis *palluisse*, pro secundis
lætam mentem *tulisse*. »

1. Ep. 12. « Secundum amplitudinem animi mei, amplissimis honoribus
ditavit me dominus meus. Nam quæ pars Italiæ possessiones beati Columbani non continet? Hoc quidem ita ex largitate et benivolentia nostri
Cæsaris. Fortuna vero aliter instituit. Secundum amplitudinem quippe animi
mei, amplissimis me honeravit hostibus. Nam quæ pars Italiæ meos non
habet hostes? » — Ep. 28. « *Ex persona Ierusalem devastatæ universali
Æcclesiæ*. Ea quæ est Hierosolimis, universali ecclesiæ sceptris regnorum
imperanti. Cum bene vigeas, immaculata sponsa Dei, cujus membrum esse
me fateor, spes michi maxima per te caput attollendi, jam pene attritum. An
quoquam diffiderem de te, rerum domina ? Si me recognoscis tuam, quisquam
ne tuorum famosam cladem illatam michi putare debebit ad se minime pertinere, utque rerum infimam abhorrere? Eo quamvis nunc dejecta, tamen habet
me orbis terrarum optimam partem sui. Penes me, prophetarum oracula,
patriarcharum insignia, hinc clara mundi lumina apostoli prodierunt, hic
Christi fidem repperit, apud me redemptorem suum invenit. Etenim quamvis
ubique sit divinitate, tamen hic humanitate natus, passus, sepultus, hinc ad
cælos elevatus. Sed cum propheta dixerit : « Erit sepulcrum ejus gloriosum »,
paganis sancta loca subvertentibus, temptat diabolus reddere inglorium.
Enitere ergo, miles Christi, esto signifer et compugnator, et quod armis
nequis, consilio et opum auxilio subveni. Quid est quod das, aut cui das?
nempe ex multo modicum, et ei qui omne quod habes gratis dedit, nec tamen

d'une délicatesse qui avoisine le précieux ou qui touche à la poésie [1].

Mais le plus souvent, les mots ne sont pour lui qu'un vêtement dont il revêt la pensée, de manière à en laisser voir toute la liberté, la hardiesse et l'enchaînement logique. Il ne prend que ceux qui sont absolument nécessaires, pour traiter brièvement, mais avec clarté, le sujet dont il s'occupe. Non seulement il exprime toutes les idées, mais il rend tous les sentiments, la douleur et la tendresse, la tristesse et la joie, l'indignation et la confiance, la colère et le mépris, l'enthousiasme et la fierté, l'amitié, l'ironie et le respect [2]. Il

ingratus recipit. Et enim hic multiplicat, et in futuro remunerat, per me benedicit tibi, ut largiendo crescas, et peccata relaxat, ut secum regnando vivas. »
1. Ep. 74. « *Ex persona Hemmæ reginæ, ad matrem.* Elapsa sunt tempora deliciarum mearum, tempora decoris mei, o mi domina, et o dulcis mater, dum is quo florente florebam, quo regnante regnabam, me hactenus conjugem in perpetuum viduam fecit. O amara dies vi. n. mart., quæ michi virum eripuit, quæ me in has miserias præcipitavit. Intelligat pia mater gemitum et angustias filiæ doloribus plenæ. Non esse me penitus præoptarem, nisi divinitas solatio reliquisset matrem. O quanto videbo, quando alloquar? » — Ep. 189. « Servat natura vices, terraque bona, non suo vitio diu infecunda, mirandos flores fructusque parturit. » — Ep. 194. « Tales fructus affers michi, o voluptas, talia mundi honores pariunt gaudia. » — Ep. 204. « Sæpenumero mecum reputans ubinam fides, veritas et justicia, domicilium sibi fecerint, vestra solum pietas, majestas occurrere potuit, quam virtus multiplex semper inhabitavit atque possidebit. Ad vos ergo tanquam speciale templum misericordiæ supplex confugio, vestrumque semper salubre consilium et auxilium reposco. »
2. En suivant l'ordre chronologique, il faut rappeler les lettres écrites, en Italie, à Otton (Ep. 1, 2, 11 ; citées pp. 50-52), à Adélaïde (Ep. 6, p. 52) ; à Gerbert évêque de Tortone, à Boson et à Pierre évêque de Pavie (citées pp. 52-53) ; au pape (Ep. 14, citée p. 54) ; à Pétroald (Ep. 15, p. 57, n. 1) ; à Géraud (Ep. 16). « Occidit, occidit, mi pater, status æcclesiarum Dei. Res publica periit, sanctuarium Dei pervaditur, populus præda fit hostium. Consule, pater, quo me præverram » (la suite p. 54, n. 6). Puis viennent celles qu'il écrit de Reims, depuis 984 jusqu'à la mort d'Adalbéron, parmi lesquelles il faut mentionner, à ce point de vue, la lettre à Adélaïde (Ep. 20) : « Multa quidem peccata mea ante Deum. Sed contra dominam meam, quæ, ut a servitio ejus repellar? Fidem promissam nunquam violavi, commissa non prodidi. Pietatem sine avaritia exercere me putavi. Si erravi circa voluntatem vestram modicum quid, fecit hoc improvidentia, non deliberatio. Sintque vobis continuate satis jam in pænitentia quadragesimæ, quod certo sic confido esse. Prævaluit ad tempus quorundam nobilium pauperum cæca cupiditas. Nunc prævaleat vestra quæ semper fuit circa justiciam pietas. » — La lettre au pape (Ep. 23, citée p. 58), celles à Lupito et à Bonifilius (Ep. 24 et 25, citées p. 32, n. 4 et 33, n. 1) ; les lettres à Ecbert (Ep. 26 : « Labefactari rem publicam vestram quorundam ignavia, cum perhorrescimus, tum erubescimus, et privilegio amoris nostri circa vos et communi patriæ cognatione. Paucine creati sunt reges, quia

sait, avec chacun de ses correspondants, prendre le ton qui convient, mais surtout conserver la dignité personnelle, qu'il

novum filio domini vestri præponere vultis? Forte quia Grecus est, ut dicitis, more Grecorum conregnantem instituere vultis. Quo recessit sanctissima fides? Exciderumtne animo beneficia Ottonum vobis collata? Magnam intelligentiam vestram revocate. Generositatem perpendite, ne perpetuo dedecori generi vestro esse velitis etc. »); à Willigise (Ep. 27. « Magna, pater, constantia inlaborandum, pro habenda ratione pacis atque otii »); l'ironique *Purgatio* à Thierry (Ep. 33); l'Ep. 34 à Willigise (citée p. 56, n. 8); l'Ep. 39 à Notger : « Vigilasne, pater patriæ, famosissimæ quondam fidei pro castris C., an cæca premit te fortuna et temporis ignorantia? Divina et humana jura pessumdari simul non cernis? Ecce palam destituitur, cui ob paterna merita fidem devovisti, devotam servare debuisti. » — Ep. 40, à Étienne : « Dubia Rei publicæ tempora, mi frater, Gallias me repetere coegerunt. Tota Italia Roma michi visa est. Romanorum mores mundus perhorrescit. In quo nunc statu Roma est? Qui pontifices vel domini rerum sunt? Quos exitus habuit ille meus, specialiter, inquam, meus, cui te commisi? » — Ep. 41 (citée p. 80, n. 1); Ep. 44 (citée p. 20, n. 1); Ep. 44 (citée p. 28, p. 33, n. 2). Ep. 46, à Géraud : « An quicquam melius amicis divinitas mortalibus concesserit nescio, si modo ii sunt, qui digne expetiti, digneque videantur habili. Felix dies, felix hora, qua licuit novisse virum cujus nominis recordatio omnes a nobis molestias deterserit. » — Ep. 50, à la comtesse Mathilde : « Deponat domina mea Mathildis omnem querimoniam : clarissimus vester conjux Godefridus inter pares præcipuus, ac ipsis victoribus formidabilis, hoc præcipit. Exhilarate mentem, quia spiritus tristis exsiccat ossa, consilia turbat. Dominæ Theophanæ imperatrici semper augustæ ac filio ejus semper augusto cum filiis vestris fidem purissimam servate; pactum cum Francis hostibus nullum facite. Francorum reges aversamini ; castra omnia sic tenete, sic defendite, ut nullam in his habeant partem aversarii vestri », etc. — Ep. 67, à Théophano : « Res celanda multis committi non vult : quod diverso stylo nobis scribitur, a diversis tractari non injuria putatur. » Ep. 67, à Rainard. Ep. 69. — Ep. 70, à Géraud. « O nimium dilecte Deo ordere bellis orbem terrarum vides et ad Omnipotentem manus pro statu ecclesiarum Dei non erigis ? » — Ep. 79. « Oratio invectiva in Verdunensem civitatem. Quod remedium morbis tuis inveniemus, Verdunensium execrata civitas? Unitatem sanctæ Dei ecclesiæ scidisti. Sanctissimam societatem humani generis abrupisti. » — Ep. 87, à Maïeul. « Præclara quidem exhortatio vestra in pervasorem. Sed cum scriptum sit : « quæ cæpit Jhesus facere et docere », cur diversa imperia, diversi cæli climata prætenditis; ut ei quem reum statuistis, aliis non communicantibus communicetis? Restiterunt sancti patres hæresibus nec putaverunt ad se non pertinere, quicquid alicubi male gestum audiere. Una est quippe ecclesia catholica, toto terrarum orbe diffusa. » — Ep. 91 (p. 29 et 59, n. 1). — Ep. 97, d'Hemma à sa mère. « Aggravatus est dolor meus, o mi domina, o dulce matris nomen. Dum conjugem perdidi, spes in filio fuit. Is hostis factus est. Recesserunt a me dulcissimi quondam amici mei. Ad ignominiam meam et totius generis mei nefandissima in Laudunensem confinxerunt episcopum... Adesto pia mater filiæ doloribus plenæ. » — Ep. 105. Ep. 136. « Ne gravi vel iniquo animo feras justissimam correptionem Dei, dulcissime frater. Divinitas quippe non dignatur impios suo flagello, æternis cruciatibus reservans puniendos. Disce constantiam servare in adversis, et si Job vel nostri ordinis sacerdotes

tient de ses études, et de la supériorité intellectuelle qu'elles lui ont donnée sur tous ses contemporains.

II

L'érudit est le serviteur du philosophe et du dialecticien, comme du théologien et du savant. Mais la philosophie — la science des choses divines et humaines — est pour lui l'étude par excellence, celle qui fait la synthèse de la spéculation et de la pratique. Théorique, elle comprend la théologie et sans doute aussi la dialectique, la mathématique et la physique. Pratique, elle porte sur la morale et la politique. Gerbert l'introduit dans ses traités d'arithmétique, de géométrie et de théologie ; il en fait dépendre la rhéto-

---

antiquos non vales imitari, saltim nostri temporis laïcum hominem tibique affinem exemplar habeto, comitem Guodefridum. » — Ep. 150-151 (p. 62, n. 1). Ep. 152 (p. 59, n. 2). Ep. 158-159 (p. 63, n. 2). Ep. 163 (p. 59, n. 2, p. 64, n. 3). Ep. 166. « Mare fluctuans ingressi, naufragamur, et ingemiscimus. Nusquam tuta littora, nusquam portus occurrit. In vobis quietem querimus. In vobis certe est, quod cum dederis non desit, accipienti supersit. » — Ep. 175. « Felicitas vestra gloriam simul nobis parit et solatium. Ubi enim est una caro, et unus sanguis, ibi et unus affectus. Abiit illa dies nec redeat unquam, in qua vester meror ineluctabilem nobis peperit dolorem. » — Ep. 178. Ep. 181, à la reine Adélaïde. Ep. 183. Ep. 184. « Sanctissimas amicitias firmissimasque societates, luculenta oratione, quam dulces quamvo utiles essent, expressistis, meque tanto fructu divinitatis participem sociumque esse et fore dignati estis. Quid enim est aliud vera amicitia, nisi divinitatis præcipuum munus ? » — Ep. 185. Ep. 187. Ep. 190, 192, 193, 194 (pp. 28-29 « Quæ adulescens didici, juvenis amisi, et quæ juvenis concupivi, senex contempsi »). — Ep. 204. Ep. 205. « Humanas res æterno regi consilio, cum semper divinitas ostenderit, tum præcipue vestro tempore consiliorum suorum vos esse materiam voluit. Exaltavit enim vos et humiliavit, eamque humilitatem sua bonitate modificans, extenuans, atque cum summa multorum populorum prosequente favore, vestræ sedi restituit, et tanquam aurum in fornace probatum, in suo domo clarius relucere jussit. Laudo igitur et glorifico misericordias et miserationes ejus, cum in vobis, tum in me quem peregrinum, totoque, ut ita dicam, orbe profugum, quandoque requiescere jussit, certaque consistere terra. » — Ep. 208 (p. 66, n. 3). Ep. 217 (Havet, pp. 203-230, tout entière à lire). Lettres à Arnoul de Reims et à Ascelin de Laon (Gerbert est pape).

rique, comme la morale. Pour l'acquérir, il se forme une bibliothèque qu'il augmente sans cesse. C'est elle qu'il étudie, comme le faisaient autrefois Cicéron et Boèce, quand les circonstances deviennent critiques, qu'il se voie forcé à abandonner Bobbio, ou que la fièvre et la maladie s'emparent de lui, pendant le siège de Laon. Elle lui apprend à mépriser la fortune ; elle lui fournit, pour lui ou pour les autres, des consolations qu'il ne songe jamais à demander à la mystique ou même à la pratique exclusive de ses devoirs de chrétien et de moine, à la lecture des livres saints et de leurs commentateurs. C'est comme « lauréat des trois parties de la philosophie », que l'admire Otton III. Et c'est au « pape philosophe », que le scolastique Adalbolde pose une question de géométrie. Enfin, s'il s'attaque aux pontifes romains, parce qu'ils ignorent « la science des choses divines et humaines », c'est-à-dire la philosophie, le légat de Jean XV, l'abbé Léon, lui répond que les « vicaires de Jésus-Christ ne veulent avoir pour maîtres, ni Platon, ni Virgile, ni Térence, ni personne du troupeau des philosophes [1] ».

Les connaissances philosophiques de Gerbert sont plus

---

1. Ep. 44. « Cumque ratio morum, dicendique ratio a philosophia non separentur, cum studio bene vivendi semper conjunxi studium bene dicendi... Cui rei præparendæ bibliothecam assidue comparo... causa tanti laboris contemptus malefidæ fortunæ... » — Ep. 45. « His curis sola philosophia unicum repertum est remedium. Cujus quidem ex studiis multa persæpe commoda suscepimus, cum in alios, tum in nos. graviter sævientis... » — Ep. 123. « Et quia inter graves æstus curarum *sola philosophia quasi quoddam remedium esse potest*, ubicumque partes ejus inperfectas habemus, industria suppleat vestra. » — Ep. 152. « Num in ejusmodi discrimine, republica derelicta, demigrandum fuit ad philosophorum commenta, interdum non necessaria ? (février 989). » — Ep. 157. « Nichil enim nobis antiquius in humanis rebus clarissimorum hominum scientia, quæ utique multiplicibus librorum voluminibus explicatur. » — Ep. 186. « Gerberto dominorum peritissimo atque *tribus philosophiæ partibus laureato* O. quod sibi. » — Ep. 187. « Et nisi *moralis philosophiæ* gravitatem amplecteremini, non ita verbis vestris custos omnium virtutum impressa esset humilitas. » — Ep. 217. « Ego ille multum jactatus terris et alto, dum *philosophorum* inventa persequor. » — Olleris, p. 171. « Domino Silvestro summo et pontifici et *philosopho* Adalboldus scolasticus vitæ felicitatem et felicitatis perpetuitatem. » Sur un des points capitaux de la lutte entre Gerbert et le légat Léon, cf. Olleris, p. 206 et p. 237. Voir aussi supra p. 82.

étendues, comme nous l'avons vu déjà, que celles de ses prédécesseurs, voire que celles de ses successeurs. D'abord, il explique l'Isagoge de Porphyre, avec le commentaire de Boèce. Or, nous savons que Porphyre se proposait d'étudier les cinq universaux, genre, différence, espèce, propre et accident, dont la connaissance est fort importante pour la définition, la démonstration et les divisions. Sans doute, il négligeait de rechercher — ce que feront Roscelin [1] et ses successeurs — si les genres et les espèces existent en eux-mêmes, ou seulement dans les pures notions de l'esprit; mais il déterminait, avec soin, ce qu'il faut entendre par chacun des universaux et quelles sont leurs relations. Surtout il distinguait la logique, la grammaire, la métaphysique, confondues ou non encore séparées par Aristote [2].

Puis Gerbert passe aux Catégories, où Aristote traite des homonymes, des synonymes et des paronymes, des mots et de leur combinaison, du sujet et de l'attribut; distingue la substance première, ou les individus, des substances secondes, espèces et genres; divise la quantité en discrète et continue, en quantité formée de parties, ayant une position relative, ou non formée de semblables parties; étudie la relation, la qualité, possession ou disposition, puissance ou impuissance, passion ou figure; enfin examine ce qu'il faut entendre par l'opposition et la priorité, la simultanéité et le mouvement [3].

Le Περὶ ἑρμηνείας, dont Gerbert s'occupait ensuite, analyse d'abord les éléments de la proposition, nom et verbe, puis, à propos de la proposition qui manifeste le vrai (ἀποφαντικὸς λόγος), la qualité, affirmation et négation; la quantité, universalité et particularité; la contradiction et l'opposition. Il traite des propositions modales, dont le

---

1. Cf. *Roscelin, philosophe et théologien*, d'après l'histoire et d'après la légende. Imprimerie Nationale, 1896.
2. Voy. Cousin, *Philosophie du moyen âge*, et Prantl, *Geschichte der Logik*.
3. Voy., outre Prantl, Barthélemy Saint-Hilaire, *De la logique d'Aristote*, Paris, 1838, vol. I, pp. 140 sqq.

sujet apparent est affecté d'un signe de nécessité ou de simple possibilité ; puis de celles dont l'opposition est dans l'attribut. Pour ce traité, Gerbert dispose du commentaire très complet qu'en a donné Boèce, puisqu'il demande, à Tetmar de Mayence, de lui envoyer ce qui nous manque aujourd'hui dans la *secunda editio*. Et il ne faut pas oublier que ce commentaire contient, sur la liberté ou sur les futurs contingents, une discussion dont se sert encore saint Thomas au xiiie siècle.

De Boèce, Gerbert explique aussi les topiques, les syllogismes catégoriques, les définitions et les divisions, qui rappellent autant Cicéron et les Stoïciens, qu'Aristote et ses commentateurs péripatéticiens [1]. Il est vraisemblable qu'il connaît la *Consolatio philosophiæ*, avec laquelle ses écrits présentent de nombreuses analogies, et qui figure au catalogue de Bobbio [2].

Gerbert possède les *Noces de Mercure et de la Philologie*, qu'avaient commentées Jean Scot et Heiric d'Auxerre, puisqu'il cite Martianus Capella dans la lettre à Adam (Ep. 153), et qu'elles existaient d'ailleurs à Bobbio. Il en est de même, sans doute, d'Isidore et de Cassiodore, dont les œuvres sont à Bobbio et qu'il avait vraisemblablement, comme Boèce, lu et étudié d'abord en Espagne [3]. Il n'est pas impossible non plus qu'il ait rencontré à Reims, outre les livres d'Hincmar, utilisés dans sa polémique contre les partisans d'Arnoul, ceux de Raban Maur, l'ami d'Hincmar, de Jean Scot Érigène, son compromettant défenseur, de Remi qui avait enseigné à Reims, et de son maître Heiric, d'Alcuin qui est à Bobbio et qu'on utilise à l'école de Chartres [4]. Il a certainement le *Com-*

1. Cf. Prantl, *Geschichte der Logik*, t. I, pp. 688 sqq.
2. Peiper, dans son introduction à la *Consolatio* (Teubner, 1871), rapporte ce passage des annales de Verdun : « Girbertus Aquitanicus monachus studio et sapientia claruit in tantum, ut ab Ottone archiepiscopo Ravennatium et postea papa Romanus daretur, et multa studia veterum philosophorum renovavit, post Boetium apud Latinos insignis habitus. »
3. Cf. chap. ii, § 3, pp. 30 sqq.
4. Raban Maur est cité, avec Paschase Ratbert et Ratramne, dans le *De corpore et sanguine Domini*. Un passage de Jean Scot y est reproduit.

mentaire de Macrobe *sur le Songe de Scipion*, à propos duquel il est interrogé par Adalbolde et dont il s'est approprié les parties consacrées à l'astronomie, à la musique ; il y trouve l'éloge de Platon, surtout de Plotin, « qui tient avec lui le premier rang parmi les philosophes », et une longue polémique, entre Platoniciens et Péripatéticiens, sur la question de savoir si l'âme se meut elle-même, dont la solution, par l'affirmative, implique l'immortalité. Peut-être avait-il les *Saturnales*, qui sont à côté du *Commentaire*, dans plusieurs manuscrits du ix° et du x° siècles [1], et dont il semble connaître les passages sur l'astronomie et la digestion des aliments. Mais nous ne saurions décider, par ses œuvres ou ses lettres, s'il possédait le *Syllogisme catégorique* et la *Philosophie naturelle* d'Apulée, dont Hauréau signale des copies au x° siècle [2].

Le *Timée* de Platon, dans son texte original ou dans la traduction de Chalcidius, avait été employé déjà par Scot Érigène. Gerbert y rencontre une philosophie complète, théologie et théodicée, cosmologie et psychologie métaphysique, psychologie et physiologie, anatomie et pathologie, médecine et morale, astronomie et histoire naturelle.

Toutefois, il semble avoir mis plus de soin encore — comme nous l'avons fait remarquer — à extraire des auteurs, qui étaient pour lui des écrivains, comme des conservateurs de la pensée antique, toutes les idées philosophiques qu'ils y avaient réunies. Cicéron lui offrait, dans ses œuvres de rhétorique et dans ses discours, les éléments essentiels de la philosophie éclectique, où l'on reconnaît l'influence des Académiciens, pour la spéculation, et celle des Stoïciens, pour la pratique [3]. Par Lucrèce, comme par Sénèque et Cicéron, il est renseigné sur l'épicurisme. Le *De officiis*, Térence et Lucain, Perse et Juvénal, Horace, Sénèque

---
1. Hauréau, I, 198. — A Bobbio, Macrobe est rangé parmi les auteurs qui ont écrit sur l'arithmétique.
2. I, 99. — Bobbio donne « de dialectica Martiani, Augustini, Apulei et Isidori liber I ».
3. La philosophie de Cicéron, introduction au second livre du *De natura Deorum* (Paris, Félix Alcan, 1886).

et Virgile lui donnent des doctrines stoïciennes. Ce dernier développe en outre un système éclectique, où Épicure, comme Platon et les Stoïciens, sont mis à contribution. Et Gerbert doit lui faire d'autant plus d'emprunts que bien des chrétiens avaient, au moyen âge, une tendance très marquée à voir, dans le « poète magicien », un chrétien ou un précurseur du christianisme [1]. Enfin saint Augustin — qui n'a pas cessé d'être en honneur dans l'Occident chrétien — lui faisait parfois entrevoir les doctrines des anciens philosophes, et spécialement des néo-platoniciens [2].

Cette philosophie, que Gerbert avait puisée chez les païens et chez les chrétiens, nous n'en avons que des fragments — *membra disjecta et mutilata*. — C'est une raison pour attacher une importance plus grande à chacun d'eux, en essayant de tirer de la discussion avec Otric [3], du *Libellus de rationali et*

---

1. Sur les travaux relatifs aux poètes latins pendant le moyen âge, voir *Revue philosophique*, I, 1893, Travaux récents sur le néo-thomisme et la scolastique, § 1.

2. L. Grandgeorge, *Saint Augustin et le néo-platonisme*, bibliothèque des Hautes-Études (sciences religieuses), vol. VIII. — Quelques-uns des ouvrages de saint Augustin, rapprochés, par M. Grandgeorge, des *Ennéades*, ont été connus par Gerbert.

3. Richer III, LV. — « *Fama Gerberti per Gallias et Italiam diffusa. Fervebat studiis, numerusque discipulorum in dies accrescebat. Nomen etiam tanti doctoris ferebatur non solum per Gallias, sed etiam per Germaniæ populos dilatabatur. Transiitque per Alpes, ac diffunditur in Italiam, usque Thirrenum et Adriaticum. Quo tempore, Otricus in Saxonia insignis habebatur. Hic cum philosophi famam audisset, adverteretque quod, in omni disputatione, rata rerum divisione uteretur, agebat apud suos, ut aliquæ rerum divisarum figuræ, ab scolis philosophi sibi deferrentur, et maxime philosophiæ, eo quod in rata ejus divisione, perpendere ipse facilius posset, an recte is saperet, qui philosophari videbatur, utpote in eo quod divinarum et humanarum scientiam profitetur. Directus itaque est Remus Saxo quidam, qui ad hæc videbatur idoneus. Is cum scolis interesset, et caute generum divisiones a Gerberto dispositas colligeret, in ea tamen maxime divisione, quæ philosophiam ad plenum dividit, plurimum ordine abusus est.* »

Richer III, LVI. — « *Figura Gerberti philosophica per malivolos depravata, ab Otrico reprehenditur. Etenim cum mathematicæ phisica, par atque coæva a Gerberto posita fuisset, ab hoc mathematicæ eadem phisica ut generi species subdita est ; incertumque utrum industria an errore id factum sit. Sicque cum multiplici diversarum rerum distributione, Otrico figura delata est. Quam ipse diligentissime revolvens, Gerbertum male divisisse apud suos calumniabatur, eo quod duarum æqualium specierum, alteri alteram substitutam ut generi speciem figura mentiebatur; ac per hoc nihil eum, philosophiæ percepisse audacter astruebat. Illudque cum penitus ignorare*

*ratione uti*, des Lettres elles-mêmes ce qui peut nous donner une idée, au moins approximative, de ce qu'était la synthèse du savoir et de l'action pour un aussi puissant esprit.

dicebat, in quo divina et humana consistunt, sine quibus etiam nulli sit philosophandum. Tulit itaque ad palatium figuram eandem, et coram Ottone augusto iis qui sapientiores videbantur eam explicavit. Augustus vero cum et ipse talium studiosissimus haberetur, an Gerbertus erraverit admirabatur. Viderat etenim illum, et non semel disputantem audierat. Unde et ab eo prædictæ figuræ solutionem fieri nimium optabat. Nec defuit rei occasio. »

Richer III, LVII. « Nam venerandus Remorum metropolitanus Adalbero, post eundem annum Romam cum Gerberto petebat, ac Ticini Augustum cum Otrico repperit. A quo etiam magnifice exceptus est, ductusque per Padum classe Ravennam. Et tempore oportuno, imperatoris jussu, omnes sapientes qui convenerant, intra palatium collecti sunt. Affuit prædictus reverendus metropolitanus; affuit et Adso abbas Dervensis, qui cum ipso metropolitano advenerat; sed et Otricus præsens erat, qui anno superiore Gerberti reprehensorem sese monstraverat. Numerus quoque scolasticorum non parvus confluxerat, qui imminentem disputationis litem summopere præstolabantur. Hærebant etenim, an Otrico quispiam resistere auderet. Necnon et Augustus hujusmodi certamen habendum callide pertractabat. Nitebatur autem Gerbertum incautum Otrico opponere, ut si incautus appeteretur, majorem controversandi animum in contrarium moveret. Otricum vero, multa proponere nihilve solvere hortabatur. Atque his omnibus ex ordine considentibus, Augustus, eorum medius, sic e sublimi cœpit. »

Richer III, LVIII. — « *Allocutio augusti Ottonis in conventu sapientium pro emendatione figuræ*. « Humanam, inquiens, ut arbitror scientiam, *crebra meditatio* vel *exercitatio* reddit meliorem, quotiens rerum materia competenter ordinata, sermonibus exquisitis, per quoslibet sapientes effertur. Nam cum per otium sepissime torpemus, si aliquorum pulsemur *questionibus*, ad *utillimam* mox *meditationem* incitamur. Hinc *scientia* rerum a doctissimis elicita est. Hinc est quod ab eis prolata, libris tradita sunt, nobisque ad boni exercicii gloriam, derelicta. *Afficiamur igitur et nos aliquibus objectis, quibus et animus excellentior, ad intelligentiæ certiora ducatur*. Et eia, inquam, jam nunc revolvamus figuram illam de philosophiæ partibus, quæ nobis anno superiore monstrata est. Omnes diligentissime eam advertant; dicantque singuli, quid in ea, aut contra eam sentiant. Si nullius extrinsecus indiget, vestra omnium roboretur approbatione. Si vero corrigenda videbitur, sapientium sententiis, aut improbetur, aut ad normam redigatur. Coramque deferatur jam nunc videnda. » Tunc Otricus eam in aperto proferens, a Gerberto sic ordinatam, et a suis auditoribus exceptam scriptamque respondit; et sic domno Augusto legendam porrexit. Quæ perlecta, ad Gerbertum delata est. Qui diligenter eam percurrens, in parte approbat, et in parte vituperat, simulque non sic eam sese ordinasse asseruit. »

Richer III, LIX. « *Divisio theoreticæ philosophiæ in species*. Rogatus autem ab Augusto corrigere, ait : « Quoniam, o magne Cæsar auguste, te his omnibus potiorem video, tuis, ut par est, jussis parebo. Nec movebit me malivolorum livor, quorum instinctu id factum est, ut rectissima philosophiæ divisio, probabiliter dilucideque a me nuper ordinata, unius speciei suppositione vitiata sit. Dico itaque mathematicam, phisicam, et theologicam, æquævas,

Nous donnons, en son entier, le texte de Richer sur la discussion avec Otric, parce qu'il n'en a pas été tenu, selon nous, un compte satisfaisant. Julien Havet, qui cependant est favorable à Gerbert et le défend contre ceux qui l'ont

eidem generi subesse. Earum autem genus, eis æqualiter participare ; nec fieri posse unam eandemque speciem, una eademque ratione, eidem speciei et parem esse, et ut inferiorem acsi generi speciem subjacere. Et ego quidem de his ita sentio. Cæterum si quis contra hæc contendat, rationem inde affectet, faciatque nos intelligere quod fortassis naturæ ipsius ratio nemini adhuc contulisse videtur. »

Richer, III, LX. — « *Philosophiæ divisio*. Ad hæc Otricus, innuente Augusto, sic ait : Quoniam philosophiæ partes aliquot breviter attigisti, ad plenum oportet ut et dividas, et divisionem enodes. Sicque fieri poterit, ut ex probabili divisione, vitiosæ figuræ suspicio a te removeatur. » Tunc quoque Gerbertus : « Cum hoc, inquit, magni constet, utpote divinarum et humanarum rerum comprehensio veritatis, tamen ut nec nos ignaviæ arguamur, et auditorum aliqui proficere possint, secundum Vitruvii (Victorini) atque Boetii divisionem dicere non pigebit. Est enim philosophia genus; cujus species sunt, practice et theoretice ; practices vero species dico, dispensativam, distributivam, civilem. Sub theoretice vero non incongrue intelliguntur phisica naturalis, mathematica intelligibilis, ac theologia intellectibilis. Rursusque mathematicam sub phisica non præter rationem collocamus. »

Richer III, LXI. — « *Reprehensio divisionis ab Otrico inutilis, ac Gerberti responsio*. Nisusque quod reliquum erat prosequi, Otricus subintulit : « Miror, inquiens, vehementissime, quod phisicae mathematicam sic de propinquo subdidisti, cum inter utramque subalternum genus intelligi possit phisiologia. Vitiosum etenim valde videtur, si nimis longe petita pars, ad generis conferatur divisionem. » Ad hæc Gerbertus : « Inde, inquit, vehementius mirandum videtur, quod mathematicam phisicæ, suæ videlicet coævae, ut speciem subdiderim. Cum enim coævae sub eodem genere habeantur, majore, inquam, admiratione dignum videtur, si alteri altera subdatur. Sed dico phisiologiam phisicæ genus non esse quemadmodum proponis, nullamque earum differentiam aliam assero, nisi eam quam inter philosophiam et philologiam cognosco. Alioquin philologia philosophiæ genus conceditur. » Ad hæc scolasticorum multitudo philosophiæ divisionem interruptam indignabatur, eamque repeti apud Augustum petebat. Otricus vero post paululum idem repetendum dicebat, prius tamen habita ratione de causa ipsius philosophiæ; intendensque in Gerbertum, quæ esset causa philosophiæ sciscitabatur.

Richer III, LXII. — « *Quæ sit causa conditi mundi*. Qui cum a Gerberto, ut aperlius quid vellet ediceret, rogaretur, utrum videlicet causam qua inventa est, an causam cui inventa debetur, ille mox : « Ipsam, inquit, causam dico, propter quam inventa videtur. Tunc vero Gerbertus: quoniam, inquit, nunc patet quid proponas, ideo, inquam, inventa est, ut ex ea cognoscamus divina et humana. Et Otricus: Cur, inquit, unius rei causam, tot dictionibus nominasti ? cum ex una fortassis nominari potuit, et philosophorum sit brevitati studere?

Richer III, LXIII. — « *Quod non omnia nomina causarum singulis dictionibus efferuntur*. Gerbertus quoque : « Non omnes, inquit, causæ, uno valent nomine proferri. *Etenim cum a Platone causa creati mundi non una sed tribus dictionibus, bona Dei voluntas, declarata sit, constat hanc creati mundi*

attaqué, écrit à ce sujet : « On ne peut en lire le récit, dans la chronique du moine Richer, sans être étonné à la fois de la futilité des questions de mots, qui passaient alors pour des questions de science, et de la patience de l'empereur, souverain de trois royaumes, qui trouvait des heures à donner à une semblable occupation. » On pourrait faire remarquer

*causam, non aliter potuisse proferri. Nam si dixisset voluntatem causam esse mundi, non id esset consequens; quælibet enim voluntas, id esse videretur, quod non procedit.* » Atque hic Otricus : Si, inquit, Dei voluntatem causam conditi mundi dixisset, brevius quidem et sufficienter dictum foret, cum numquam nisi bona fuerit Dei voluntas. Non enim est qui abnuat bonam esse Dei voluntatem. Et Gerbertus : In hoc, inquit, penitus non contradico. Sed vide; quia constat Deum substantia solummodo bonum, quamlibet vero creaturam participatione bonam, ad ejus naturæ qualitatem exprimendam, bona additum est, quod id ejus proprium sit, non etiam cujuslibet creaturæ. Tandem quicquid illud sit, id sine dubio constat, non omnia causarum nomina una dictione proferri posse. Quæ enim tibi umbræ causa videtur? an hæc una dictione indicari valet? »

Richer III, LXIV. — « *Quæ sit causa umbræ.* Sed dico umbræ causam esse corpus luci objectum. Atque hæc brevius nullo modo dicit valet. Si enim corpus umbræ causam dixeris, nimis commune protulisti. Quod si corpus objectum volueris, id quoque tantum non procedit, quantum ab hac parte relinquitur. Sunt enim corpora nonnulla, atque etiam diversis objecta, quæ umbræ causa esse non possunt. Nec abnuo multarum rerum causas, singulis dictionibus efferri, veluti sunt genera quæ specierum causas nemo ignorat, velut est substantia, quantitas, qualitas. Alia vero non simpliciter proferuntur, ut rationale ad mortale.

Richer III, LXV. — « *Quid continentius sit, rationale an mortale.* Tunc vehementius Otricus admirans, ait : An mortale rationali supponis? Quis nesciat, quod rationale Deum et angelum hominemque concludat, mortale, vero utpote majus et continentius, omnia mortalia et per hoc infinita colligat? Ad hæc Gerbertus : Si, inquit, secundum Porphirium atque Boetium, substantiæ divisionem usque ad individua idonea partitione perpenderes, rationale continentius quam mortale sine dubio haberes; idque congruis rationibus enucleari in promptu est. Etenim cum constet substantiarum genus generalissimum, per subalterna posse dividi usque ad individua, videndum est an omnia subalterna singulis dictionibus proferantur. Sed liquido patet, alia de singulis, alia de pluribus nomen factum habere : de singulis, ut corpus, de pluribus, ut animatum sensibile. Eadem quoque ratione subalternum quod est animal rationale prædicatur de subjecto quod est animal rationale mortale. Nec dico, quod rationale simplex prædicetur de simplici mortali; id enim non procedit; sed rationale, inquam, animali conjunctum, prædicatur de mortali, conjuncto animali rationali. Cumque verbis et sententiis nimium flueret, et adhuc alia dicere pararet, Augusti nutu disputationi finis injectus est, eo quod et diem pene in his totum consumserant, et audientes prolixa atque continua disputatio jam fatigabat. Ab Augusto itaque Gerbertus egregie donatus, cum suo metropolitano in Gallias clarus remeavit. »

que Charlemagne accordait plus de temps — comme on le voit par les œuvres d'Alcuin — à des discussions qui ont été appréciées avec bien plus de sévérité, et que nous le considérons aujourd'hui, pour cette raison et pour d'autres, comme un des auteurs de la renaissance, d'où est sortie notre civilisation moderne. Et en replaçant Gerbert, comme Alcuin, dans le milieu où ils ont vécu et sur lequel ils ont voulu agir, il conviendrait de les juger d'un point de vue purement historique, sans nous demander si leurs idées sont les nôtres, pas plus que nous ne nous bornons à interroger Plotin, Carnéade ou Épicure, pour savoir s'ils pensent ce que nous pensons, avant de constater qu'ils ont tenu une place importante dans l'histoire de l'humanité. En outre, il y aurait lieu de rappeler qu'on ne peut, en ces matières, juger exactement Gerbert par Richer, plus occupé de noter ce qui frappe les imaginations, que d'exposer ce qui pourrait n'être pas compris de tous ses lecteurs. Mais il est possible, en nous limitant à ce texte évidemment incomplet, de montrer que la discussion portait sur des sujets importants — pour nous comme pour les contemporains de Gerbert — et qu'elle fournit, sur celui-ci, des indications qui méritent d'être signalées.

Laissons de côté ce que nous en avons tiré pour déterminer la méthode suivie par Gerbert, les causes de son succès auprès de ses contemporains et l'authenticité de certains de ses ouvrages. Nous voyons d'abord que, si Otton préside à ces discussions, c'est pour exciter les esprits à méditer et à chercher, dans les livres, les découvertes par lesquelles le génie a enfanté la science ; c'est pour arriver plus sûrement à la vérité et rendre notre esprit meilleur. Nous retrouverons ailleurs cette idée, mi-antique et mi-chrétienne, qui fait une part à l'autorité et une part à la réflexion, dans l'acquisition de la science. Et nous pouvons constater déjà que Gerbert, — dont Richer exprime bien plus les pensées que celles d'Otton — n'est pas un partisan exclusif de l'autorité, ainsi qu'on le dit trop souvent et d'une façon inexacte, des hommes du moyen âge, puisqu'il tient compte, comme un Descartes ou un Malebranche, de la méditation ; ensuite, qu'il s'attache, pour l'autorité, à ceux qui ont été doctes (*doctissimis*), païens ou chrétiens, en affirmant que tous ont usé, ou du moins, ont pu se servir, pour trouver la vérité qu'on leur emprunte, du procédé qui est encore à notre disposition et que nous pouvons utiliser, pour nous assurer de la réalité de leurs découvertes.

Puis, cette discussion nous présente une définition de la philosophie, qui rappelle Cicéron et les Stoïciens, comme Boèce et Isidore : elle est la science des choses divines et humaines. Ainsi Gerbert se distingue profondément de ses contemporains qui accordaient encore, comme aux premiers temps du christianisme, le nom de philosophes à ceux qui se contentaient de vivre en chrétiens, voire en ermites, sans s'occuper de cultiver leur intelligence ou d'acquérir des connaissances profanes et inutiles au salut. Et par cela même qu'il l'appelle « la science des choses divines et humaines », Gerbert en indique nettement le caractère synthétique.

La philosophie ainsi entendue, Gerbert la considère comme un genre, dont les espèces sont la pratique et la théorie. La pratique, prise comme genre, contient la dispensative et la civile, c'est-à-dire, pour parler le langage d'Aristote, la morale générale, l'économique et la politique. Dans la théorique rentrent, comme espèces, la physique naturelle, la mathématique intelligible et la théologie intellectible. C'est, comme le dit Gerbert, la classification que propose Boèce, dans son Commentaire, sur la traduction, par Victorinus, de l'*Isagoge*[1] ; c'était la division donnée par Aristote, diminuée de la poétique, où rentraient les beaux-arts, que les Romains et surtout les chrétiens avaient séparés des sciences. Et le problème est un de ceux qu'on s'est posé, à toutes les époques où l'on a essayé de réfléchir sur les connaissances

1. Cf. Prantl, *Geschichte der Logik*, I, p. 681. — Il faut lire, dans le texte de Richer, *Victorinus*, qui s'explique par la réunion du traducteur au commentateur, et non *Vitruvius*, qui n'a aucun sens.

acquises par l'humanité. Bacon et Descartes, Diderot et d'Alembert, Ampère, Auguste Comte et Spencer y ont attaché une grande importance. Sans doute, Richer ne nous fournit que le cadre; mais ce cadre, qui lui vient des anciens, Gerbert s'est efforcé de le remplir, de marquer les liaisons entre les différentes matières qui y prennent place, et, en ce sens, il cesse pour nous d'être banal, puisqu'il nous indique les grandes lignes de sa synthèse spéculative et pratique.

Gerbert, amené par Otric à résoudre des questions qui ne semblent avoir aucun rapport avec la définition de la philosophie, tente, par ses réponses, de fournir des éclaircissements sur la division qu'il en a proposée. Otric demande quelle est la cause de la philosophie. Gerbert sait que, pour les péripatéticiens, il y a plusieurs espèces de causes et que la vraie définition, c'est celle qui fait connaître la cause ou le διότι. Il prie donc Otric de lui dire s'il s'agit de la cause qui a produit la philosophie (cause efficiente), ou de celle en vue de laquelle elle a été produite (cause finale). Comme Otric répond qu'il veut parler de la dernière, Gerbert en profite pour revenir à sa définition : la philosophie a été inventée, dit-il, pour que nous connaissions, par elle, les choses divines et humaines. Otric fait dévier encore la discussion : s'appuyant sans doute sur Martianus Capella, comme sur les rhéteurs, pour qui une des principales conditions de la définition, c'est d'être brève [1], exagérant même ce qu'ils en ont dit, il demande, à Gerbert, pourquoi il emploie tant de mots pour désigner la cause d'une seule chose. Dans sa réponse, celui-ci n'oublie pas la division qu'il a donnée. Il commence par la théologie : « Toutes les causes, dit-il, ne sont pas de nature à être exprimées en un seul mot. Ainsi Platon en emploie trois pour la cause de la création du monde — *bona Dei voluntas* — et il est clair que

---

1. Prantl, I, pp. 661 sqq.; 674 sqq. Nous nous attachons à ne donner, à Gerbert, dans tout cet examen, que ce qui ressort manifestement du texte de Richer, et non ce que nous pourrions supposer, d'après ses études antérieures. Sur la définition d'après Aristote, cf. *Premiers analytiques*, II, ch. x, sqq.

cette cause de la création ne pouvait être autrement exposée. Car s'il n'eût parlé que de la volonté, sa proposition eût manqué de justesse, puisqu'elle paraîtrait s'appliquer à toute espèce de volonté, ce qui est faux ». — Mais, dit Otric, en affirmant que la cause de la création est la volonté de Dieu, il eût été plus concis, sans cesser d'être clair, puisque, de l'aveu de tous, la volonté de Dieu ne peut être que bonne. — Après avoir répliqué par une raison métaphysique et toute platonicienne, qu'on retrouve chez saint Augustin et saint Anselme, à savoir que Dieu seul est bon de sa nature et que la créature est bonne seulement par participation; que, par conséquent, Platon a ajouté *bonne*, pour exprimer ce qui est le propre de Dieu et n'appartient à aucune créature, Gerbert continue à justifier, tout à la fois, sa théorie de la définition et sa division de la philosophie. De la théologie, il passe à la physique, ou, si l'on veut, à une question de physique mathématique : « La cause de l'ombre — Aristote prend parfois pour exemple l'éclipse — est un corps qui intercepte la lumière. Et cela ne saurait être exprimé plus brièvement, car si vous dites que l'ombre est un corps, votre définition est trop générale. Si vous prétendez que c'est un corps interceptant, cette nouvelle définition est encore insuffisante. Car il y a certains corps qui, placés devant d'autres, ne peuvent produire de l'ombre. »

Poursuivant sa double réfutation, Gerbert accorde qu'un mot suffit, pour désigner les genres, causes des espèces, la substance, la quantité, la qualité, mais que, dans le domaine de la physique, au sens aristotélicien du mot [1], et aussi dans celui de la dialectique, il n'en est pas ainsi. Et il donne en exemple, *rationale ad mortale*. Otric objecte que le raisonnable comprend Dieu, l'ange et l'homme, tandis que le mortel embrasse tout ce qui est sujet à la mort, c'est-à-dire un nombre infini d'êtres. — « En faisant, conformément à

---

[1]. Il faut se rappeler qu'Aristote, au début du traité *de l'Ame*, revendique, pour le physicien, l'étude de la ψυχή.

Porphyre et à Boèce, dit Gerbert, une division exacte de la substance ; en descendant, de classe en classe, jusqu'à l'individu, tu aurais sans doute le raisonnable plus étendu que le mortel [1], et il serait facile de le démontrer par des raisonnements concluants. En effet la substance, le genre le plus général, peut se diviser en genres subordonnés ou subalternes, jusqu'aux individus. Mais chacun de ces genres subalternes est-il désigné par un seul mot ? Il est évident que les uns ont un nom d'un seul mot, les autres de plusieurs ; d'un seul, comme *corps*, de plusieurs, comme *animé sensible*. Pour la même raison, le genre subalterne, qui est « animal raisonnable », est attribut du sujet, animal raisonnable et mortel. Non que raisonnable soit un attribut de mortel, car il n'en procède pas ; mais dès que raisonnable est joint à animal, il est attribut de mortel [2]. »

Ainsi division de la philosophie et division de la substance, voilà ce que nous donne encore la discussion avec Otric, et ce que nous retrouvons dans l'œuvre de Gerbert. La façon méthodique dont il classe, en toutes matières, les différentes idées, lui permet de les mieux saisir et de les rendre plus accessibles. Avec lui, se fait donc déjà ce travail qui, ininterrompu pendant le moyen âge, donnera, à notre esprit, l'habitude de l'analyse, à notre langue, la précision et la clarté. Et ces divisions de Porphyre et de Boèce, qui passaient immédiatement de l'homme — espèce spécialissime — à Socrate et à l'individu, semblaient merveilleusement propres, pour Gerbert et ses contemporains, à réaliser l'unité de l'Église, dans laquelle il ne devait y avoir ni Fran-

---

1. C'est la division célèbre qui, partant de la substance, genre généralissime, va jusqu'à « tel homme ou Socrate ». La substance est corporelle ou incorporelle ; le corps est animé ou inanimé ; le corps animé est sensible ou insensible ; le corps animé sensible, ou vivant, est raisonnable ou non ; le raisonnable est mortel ou immortel.
2. Les traductions françaises manquent tout à fait d'exactitude et de précision. On comprend que l'un des traducteurs ait trouvé la « discussion vide et sèchement analysée ». Il eût été préférable cependant de bien traduire.

çais, ni Germain, ni Italien ou Espagnol, mais des chrétiens et des serviteurs du Tout-Puissant.

Peut-être faudrait-il voir, dans l'assertion « qu'il n'y a d'autre différence entre la physique et la physiologie, que celle qui existe entre la philosophie et la philologie », un essai de concilier la division de la philosophie, telle qu'elle est entendue par les péripatéticiens, avec celle des arts libéraux, comme les concevaient l'auteur des *Noces de Mercure et de la Philologie,* ou ses continuateurs.

Enfin, notons encore ce que Gerbert dit des rapports de l'espèce et du genre : « Les mathématiques, la physique et la théologie, sciences égales, sont subordonnées au même genre ; ce genre participe également de chacune d'elles, et il est impossible qu'une seule et même espèce, sous un seul et même rapport, soit égale à une autre espèce, en même temps qu'elle lui serait inférieure, comme l'espèce l'est à son genre. »

Il est essentiel, en effet, quand on s'occupe des hommes de la première période du moyen âge, de rappeler tout ce qu'ils ont su, tout ce qu'ils ont discuté. Il ne s'agit pas de montrer en eux des inventeurs, car ils n'ont été bien souvent que des intermédiaires entre l'antiquité et les temps modernes. Mais leur originalité — celle des plus grands d'entre eux — consiste en ce qu'ils ont reconquis ou retrouvé une portion de la science antique, qu'ils en ont tiré parti pour examiner les questions qui intéressaient leurs contemporains, ou même pour soulever des problèmes, dont la solution devait conduire à des connaissances et à des vues nouvelles.

Pour toutes ces raisons, il convient aussi de regarder de près le *Libellus de rationali et ratione uti,* qui a été jugé presque aussi sévèrement que la discussion avec Otric. Remarquons d'abord, qu'il y a un sincère amour de la vérité chez ce jeune empereur, qui, au milieu des préparatifs d'une guerre contre les Sarmates, soulève et fait discuter une question, dont la solution n'avait été présentée, qu'en « pensées difficiles à entendre », par Aristote et les hommes les plus éminents. C'est une noble ambition aussi que celle de ce vieillard, dont le but suprême est de « conquérir, pour l'éternité, le droit de régir, avec la Sagesse, ce royaume élevé, où son nom sera porté jusqu'aux astres », de disputer, à la Grèce, « sa philosophie comme sa puissance », et d'exciter celui qui commande des Grecs et des Romains, à joindre la possession du savoir à celle du pouvoir [1].

La question rejoint une de celles qui avaient déjà été posées, dans la discussion de Gerbert et d'Otric en 980. Otric n'admettait pas que l'on subordonnât le mortel au raisonnable, parce que le raisonnable ne comprend que Dieu, l'ange et l'homme, tandis que le mortel embrasse un nombre infini d'êtres : l'extension du premier terme est donc moins grande que celle du second. Gerbert répondait, d'après Porphyre et Boèce, que raisonnable est plus étendu que mortel [2]. Il s'agit, dans le *Libellus*, de deux différences voisines, *raisonnable* (*rationalis*) et user de la raison (*uti ratione*). On cherche ce que veut dire Porphyre, quand il affirme que la différence est attribuée, pour ainsi dire, à une différence parente ou voisine (*cognatam sibi*), par exemple *user de la raison* à *raisonnable*. Car toujours les termes les plus généraux servent de prédicats aux moins généraux; jamais l'inverse n'a lieu. Animal sert d'attribut à cheval et à homme; homme et cheval ne sont pas les attributs d'animal. Or *raisonnable* semble avoir plus d'extension qu'*user de la raison* : tout ce qui use de la raison est raisonnable, mais tout ce qui est raisonnable ne semble pas user de la raison.

Pour justifier Porphyre, on dit que raisonnable appartient à la puissance sans acte; user de la raison, à la puissance avec acte. Celle-ci est plus que la première : donc, user de la raison, plus général que raisonnable, peut lui servir d'at-

---

1. Cf. p. 106, n. 1, la lettre qui précède le *Libellus*.
2. Otric eût pu faire remarquer, au point de vue de l'extension, que *mortel* s'applique à toute une espèce de l'être animé, c'est-à-dire à l'animé privé de raison; puis, à tous les êtres raisonnables, sauf Dieu et les anges. Et la question, au point de vue de l'extension, eût été ramenée à savoir si le nombre des anges égale ou surpasse celui des êtres privés de raison.

tribut. Remarquons que, par cette réponse, les scolastiques soulèvent une question qui a beaucoup de nos jours occupé certains logiciens : faut-il classer les termes d'après leur extension et d'après leur compréhension, ou suffit-il de considérer leur extension, en admettant qu'elle est, toujours et partout, en raison inverse de la compréhension? Et nous comprenons que Gerbert parle de raisonnement sophistique, puisque ceux qui résolvent ainsi le problème, additionnent, pour ainsi dire, la compréhension avec l'extension [1].

Mais les choses descendent, qu'il s'agisse des substances ou des accidents, des généralissimes aux spécialissimes : les inférieures prennent les noms et la définition des supérieures. Ainsi tout sensible est un corps animé, une substance [2]; toute vertu est une manière d'être, une qualité [3]. En ce sens, *raisonnable* ne peut avoir pour attribut *user de la raison*, qui est moins étendu. Il le peut, si l'on admet que *raisonner*, comprenant puissance et acte, est, plus que raisonnable, identique à puissance. Donc, le même sujet peut, et ne peut pas, recevoir le même attribut, ce qui, étant absurde, ne saurait avoir lieu.

Prenons d'autres différences voisines, selon l'accident, par exemple se promener (*ambulare*), et être capable de se promener (*ambulabile*). Les accidents sont considérés d'abord dans les individus (*Cicero*), puis dans les espèces (*homo*) et les genres (*animal*). Nous dirons donc que Cicéron se promène, parce qu'il est capable de se promener; par contre, de ce que Cicéron est homme, se promène et est capable de se promener, nous dirons que l'homme se promène et est capable de se promener, de même que l'animal, lorsqu'il se

---

[1]. Ils prennent *plus* pour synonyme de *majus*. Olleris p. 299. « *Plus* vero est potestas cum actu quam sola potestas. Jure ergo..... praedicatur ratione uti de rationali, tamquam *majus* de minori. » Voyez d'ailleurs ce qu'en dit Gerbert, à la fin de la discussion. Cf. Liard, *Les logiciens anglais contemporains*, Paris, Alcan.

[2]. Voir la division de Porphyre rappelée p. 149, n. 1.

[3]. De même que la substance est *genre généralissime*, pour les êtres, la qualité est *genre généralissime*, pour une des catégories de l'accident.

promène, est capable de se promener. N'y a-t-il pas alors liaison de cause à effet? La puissance précède l'acte, et celui-ci disparaît, si on la supprime : Cicéron n'exerce pas l'acte qui s'appelle la promenade, s'il n'a pas la puissance de se promener. Donc, si l'on supprimait *raisonnable,* on supprimerait du même coup *raisonner.* Donc, *raisonner* ne sera pas l'attribut de *raisonnable,* qui est antérieur par nature. Et ainsi, au point de vue de la puissance et de l'acte, *ratione uti* ne sera pas l'attribut de *rationale.*

Mais, dit-on, par l'excellence de la dignité ou la puissance, *raisonner* est plus étendu (*numerosius*) que *raisonnable*. C'est ce qu'on ne saurait admettre, en considérant la nature des genres et des espèces; car l'homme et l'âne sont sous le genre animal; Dieu et l'homme participent également à la différence « raisonnable ». Donc, ce n'est pas selon la dignité, la puissance ou l'excellence, que *raisonner* sera l'attribut de *raisonnable.*

Quittons la discussion sophistique, qui nous fournirait encore beaucoup d'arguments contradictoires. Examinons la nature de la puissance et celle de l'acte; demandons-nous si raisonner et raisonnable appartiennent à l'une ou à l'autre. Puis, cherchons, si *raisonner* est de la même nature que les attributs, et, pour cela, étudions ce que sont les attributs, afin d'amener, par ordre et par une sorte de fil conducteur, la discussion à son point central, c'est-à-dire au fait de savoir si *raisonner* peut être attribut de *raisonnable.*

Ainsi Gerbert divise les difficultés, pour mieux les résoudre, comme il divise, avec soin, les genres en leurs espèces, pour mieux établir ses définitions. La logique du x⁰ siècle procédait donc déjà, comme le recommande plus tard Descartes, et elle préparait, en s'attaquant aux problèmes de peu d'importance, l'instrument dont les hommes du xvii⁰ se serviront pour augmenter, dans toutes les directions, le domaine du savoir [1].

---

[1]. Il faut remarquer les termes dont se sert Gerbert : « *ut ordine et quasi quodam filo* ad id, de quo quæstio est, id est ad prædicationem, quæ est

D'abord Gerbert rappelle la distinction d'Aristote, entre les choses qui sont en acte sans puissance, celles qui sont en acte avec une puissance, et celles qui ne sont jamais en acte, mais seulement en puissance. Suivant ensuite Boèce et Jean Scot Érigène, il affirme que, dans le domaine de la nécessité, où l'acte est éternel, les choses elles-mêmes sont nécessairement éternelles; ainsi en est-il pour le ciel et le soleil, que les philosophes estiment divins et immortels.

Des actes nécessaires, Gerbert passe à ceux qui ne le sont pas. Les uns ne viennent pas de la puissance, mais subsistent continuellement, avec la chose elle-même, et se rapprochent ainsi des substances supérieures et célestes. Ils s'en distinguent, en ce qu'ils périssent, comme la substance dont ils sont l'acte : ainsi le feu n'est pas précédé par une puissance et il n'abandonne jamais son acte, mais il perd à la fois son acte et sa substance. Certaines choses, au contraire, viennent de la puissance à l'acte. Si Cicéron s'assied, par exemple, c'est qu'il avait auparavant la puissance de s'asseoir. L'acte se trouve donc, sous sa forme la plus parfaite, dans les choses célestes, qui ne doivent jamais périr ni perdre leur acte. Elles ne sont pas seulement immortelles, elles sont éternelles et n'ont jamais eu de commencement. En outre, elles sont simples, par conséquent, principe de tout ce qui n'est pas éternel. L'acte est donc antérieur à la puissance.

Cependant quand je m'assieds, la puissance ne précède-t-elle pas l'acte dans le temps? Sans doute, mais l'acte est antérieur par nature. Car la puissance est quelque chose d'imparfait. Or le parfait est antérieur à l'imparfait, parce que la noblesse de sa nature lui donne la précellence; parce

---

de ratione uti ad rationale, disputatio deducatur. » Descartes dit : « Le second était de diviser chacune des difficultés que j'examinerais, en autant de parcelles qu'il se pourrait et qu'il serait requis pour les mieux résoudre. Le troisième, de *conduire par ordre* mes pensées, en commençant par les objets les plus simples....... et *supposant même de l'ordre*, entre ceux qui ne se précèdent point naturellement les uns les autres. »

qu'il est un égal, comme la bonté, la vertu, et que toute inégalité descend de l'égalité[1].

Quant aux choses qui sont seulement en puissance, elles comprennent le nombre et le temps. On peut donc, d'un côté, appeler puissance — non seulement la puissance proprement dite — mais encore l'acte lui-même, puisque la chose peut évidemment être ce qu'elle est. De l'autre, en considérant les êtres, on voit qu'ils comprennent l'acte et la puissance ; que celle-ci peut ou non venir à l'acte ; que l'acte est nécessaire ou non nécessaire ; qu'en ce dernier cas, il est précédé de la puissance, ou il existe naturellement en même temps que l'être.

Donc nous savons tout ce qu'il nous faut savoir sur la puissance et l'acte. Nous pouvons déterminer à quel genre de puissance appartient la différence « raisonnable », à quel genre d'acte appartient la différence « raisonner ».

Or la première appartient aux choses éternelles et nécessaires, car les différences substantielles, les espèces et les genres existent toujours. Mais les intelligibles, en s'appliquant aux choses corruptibles, sont diversifiés par le contact des corps[2], et ils passent tous à l'état de la puissance qui peut venir à l'acte. En d'autres termes, les genres, les espèces, les différences substantielles sont, dans les intellectibles, les formes des choses ; dans les intelligibles, ils sont passions, quand ils sont saisis par l'âme ; actes, quand ils sont devenus science. Or « raisonnable » est dans l'homme substantiellement, raisonner n'y est qu'accidentellement, puisqu'il y a des moments où Cicéron, par exemple, n'use pas de la raison. Donc, le second peut être attribut du premier. Il le peut d'autant mieux que raisonner, c'est agir, et que faire (ποιεῖν)

---

[1]. Idées platoniciennes, peut-être mêlées à du pythagorisme. Cf. Ep. 187, p. 105, n. 1.
[2]. Ce passage rappelle le mythe célèbre du *Phèdre*, où Platon nous montre les âmes, qui contemplent les Idées à la suite des Dieux, puis tombent sur la terre et sont emprisonnées dans un corps. On peut aussi le rapprocher de la théorie scolastique qui fait, de la matière, le principe d'individuation.

est un des genres généralissimes, entre lesquels se partage l'accident [1].

Mais qu'est-ce qu'user de la raison? C'est, comme le dit Boèce, user du jugement. Et il y a parenté entre les deux différences (*sibi cognatam*), puisque nous nous distinguons, des autres animaux, par la raison et par le jugement. Toutefois le raisonnable peut exister sans le jugement, comme dans l'homme qui dort; le jugement ne peut être sans le raisonnable, c'est-à-dire sans le sujet dont il est l'accident.

Le terme qui sert d'attribut est plus grand que celui dont la fonction est d'être sujet, ou il lui est égal; il n'est jamais plus petit. Or raisonner est moins étendu que raisonnable, puisque ceux qui possèdent la raison n'en usent ni tous, ni toujours. Il faut distinguer l'attribution de la substance à la substance — *l'homme est animal* —; de l'accident à l'accident — *la dialectique est science* —; de l'accident à la substance — *l'homme est blanc*. — L'accident est toujours dans un sujet, et le sujet est universel ou particulier; l'accident sera donc, selon la nature du sujet, universel ou particulier : La science, par exemple, sera particulière et individuelle, si l'on dit, *Platon est savant;* universelle, si l'on dit *l'homme est savant*. Mais les accidents sont surtout considérés dans les individus ou les substances premières. Or, si l'on dit, *Socrate est chauve,* on peut, en remplaçant la substance première, par les substances secondes, dire *l'homme (qu'est Socrate) est chauve*, mais non *tout homme est chauve*. Donc l'universalité ne vaut pas par elle-même dans les termes, mais par les déterminations qu'on y ajoute (*omnis, nullus, quidam*). *L'homme est philosophe,* constitue une proposition indéfinie, qui n'implique nullement que *tout* homme soit philosophe; mais bien plutôt *qu'un certain homme* est philosophe. Les propositions indéfinies sont donc, au fond, des propositions particulières. Et *le raisonnable use de la raison* équivaut à —

---

[1]. La substance forme la catégorie par excellence, dont les autres ne sont pour Aristote, que les accidents.

*un certain être raisonnable use de la raison (quoddam rationale utitur ratione).*

Dans les choses qui sont attributs substantiellement, c'est-à-dire qui vont des genres généralissimes aux espèces spécialissimes, l'affirmation et la négation universelles ne peuvent être vraies en même temps ; mais l'une est vraie, tandis que l'autre est fausse. Ainsi il est vrai que tout homme est animal, il est faux que nul homme ne soit animal. Au contraire, pour l'attribution accidentelle, l'universelle négative et l'universelle affirmative sont toutes deux fausses. Il n'est pas plus vrai de dire que tout homme est philosophe, que de dire nul homme n'est philosophe. Or, il est faux, tout à la fois, que tout être raisonnable use de la raison, et que nul être raisonnable n'use de la raison. Mais il est vrai d'affirmer que certains êtres raisonnables usent de la raison. Donc user de la raison est une différence accidentelle, et la considération des attributs justifie ce que nous avions conclu, par l'examen de la puissance et de l'acte.

Ainsi il est démontré pleinement, pourquoi et comment raisonner peut servir d'attribut à raisonnable. Il n'est donc pas nécessaire de répondre à l'explication insensée de ceux pour qui raisonner, impliquant puissance et acte, est plus que raisonnable, où ne se trouve que puissance, pas plus qu'il ne serait nécessaire de réfuter ceux qui voudraient faire, de un, l'attribut de deux, ou des substances premières, les attributs des substances secondes.

Prantl a eu raison de remarquer que les éléments de cette discussion sont fournis, en grande partie, à Gerbert par Jean Scot et surtout par Boèce. Il a eu tort d'en faire trop peu de cas [1]. Hauréau a bien vu qu'il y avait là un curieux essai de conciliation, entre le platonisme et le péripatétisme. Il aurait pu ajouter, comme il ressort, croyons-nous, de notre exposition, que Gerbert y a employé une méthode destinée

---

1. On peut en dire autant du jugement de Cousin, « l'explication est aussi vaine que la difficulté. »

à un grand avenir; qu'il a discuté, à tous les points de vue, et complètement traité, un problème indiqué et non résolu par Porphyre; qu'il a ainsi doublement montré la voie à ceux qui, un siècle plus tard, abordèrent la question des universaux.

On peut, d'ailleurs, rapprocher du *Libellus* et de la discussion avec Otric, un passage du poème d'Adalbéron de Laon, qui témoigne que Gerbert unissait, dans son enseignement, la métaphysique à la dialectique : « Les habiles philosophes n'expliquent pas la raison finale de la nature. Selon quelques-uns, le principe de tout est le feu; selon d'autres, la nature n'est pas autre chose que la souveraine volonté de Dieu [1]. En effet, la nature de Dieu, c'est Dieu lui-même; mais il n'en est pas ainsi de l'homme. Si Dieu existe, il est immuable : ne pas changer, ne pas cesser d'être ce qu'il est, voilà la nature de Dieu. Mais pour ce qui regarde les êtres créés, chacun d'eux, au moment où il naît, reçoit sa nature. De ceux qui s'unissent aux corps, quelques-uns sont sensibles ; quelques autres ne le sont pas. Ceux-ci changent, quand le corps vient à changer; ils périssent, quand il périt; ils demeurent, tant qu'il demeure. Ceux-là s'unissent aux substances incorporelles, et ils ne périssent jamais, parce qu'ils ne sont pas associés à des corps [2]. »

Joignons à tous ces textes fragmentaires ceux que nous fournissent la *Géométrie*, le *de Corpore et sanguine Domini*, surtout la lettre de l'abbé Léon, qui fait de Gerbert un disciple de Virgile et de Térence, de Platon et de « ce troupeau de philosophes, qui nous ont donné des descriptions de la nature, en volant orgueilleusement dans les airs, comme les oiseaux; en s'enfonçant dans les profondeurs de la mer,

---

1. Cf. dans la discussion avec Otric, l'expression « bona Dei voluntas ».
2. Hauréau, en citant ce texte, fait remarquer qu'Adalbéron écrit : « Ce que je viens de dire, je l'ai appris; je parle en me souvenant », — ce qui permet de le rapporter à Gerbert. Mais il y trouve la thèse des universaux *ante rem* et une doctrine suspecte d'hérésie, sinon hérétique. Tout ce que nous pouvons affirmer, d'après les textes et d'après la vie de Gerbert, ne nous semble justifier ni l'une ni l'autre de ces assertions.

comme les poissons; en marchant sur la terre, comme les bêtes ».

Les Lettres complètent, en certains points, ces indications. Ainsi nous pouvons nous demander si Gerbert ne fait pas allusion à une doctrine pythagoricienne, quand il écrit, à Otton, que tous les principes des choses sont contenus dans la puissance des nombres ou qu'ils en découlent, surtout en nous rappelant que le *Libellus* fait, de la bonté, de la vertu et du parfait, des *æqualia*, et que toutes les inégalités y sont dérivées de l'égalité.

Une théorie chrétienne et stoïcienne de la Providence, mêlée à des vues antiques sur la fortune, rejoint l'explication platonicienne de la production de l'univers, et accompagne une affirmation péripatéticienne de la liberté. Les sociétés purement humaines, les familles, les cités, les empires; les sociétés religieuses, comme l'Église tout entière; le monde et la puissance qui semble lui être contraire, comme le corps et l'âme, conservent, par leur union, l'ordre qui leur vient du Créateur, le bien qu'ils tiennent de Dieu, le Bien suprême [1]. Les choses humaines sont régies par un dessein éternel. Dieu éprouve les bons, comme l'ouvrier éprouve l'or dans la fournaise; car il dédaigne de flageller les méchants, réservés aux châtiments éternels. C'est lui qui exalte et qui humilie; c'est lui qui distribue les empires, qui change les cœurs et les royaumes. Il faut l'adorer, quand il accomplit nos souhaits et nos désirs; il faut supporter patiemment les douleurs ou les souffrances que parfois il nous impose; il faut louer sa miséricorde et sa bonté, quand, après nous avoir longtemps ballottés sur les flots, il nous accorde enfin le repos et nous permet d'aborder la terre ferme [2].

---

1. Cf. Ep. 217, citée à la page 161.
2. Ep. 136; Cf. ce que dit Épictète : « Si nous avions le sens droit, quelle autre chose devrions-nous faire, tous en commun et chacun en particulier, que de célébrer Dieu, de chanter ses louanges et de lui adresser des actions de grâces? — Que puis-je faire, moi, vieux et boiteux, si ce n'est de chanter Dieu? » — Cf. aussi l'hymne de Cléanthe : « Rien sur la terre, Dieu bienfaisant, rien ne s'accomplit sans toi... ton empire s'étend sur toutes

Mais les desseins de Dieu nous sont souvent inconnus. Seules les choses éternelles sont régies par la nécessité. Les actions humaines sont l'œuvre de la liberté et rentrent, par leur point de départ, comme par leurs résultats, dans ce que Boèce et Cicéron, après Aristote, appellent les futurs contingents. La fortune y règle toutes choses, ou plutôt elle semble prendre plaisir à tout mêler, à tout obscurcir, à tout soumettre à un perpétuel changement. Tantôt elle nous mène à l'aventure ; tantôt elle nous est favorable, nous dirige et nous sourit ; tantôt elle nous précipite dans les abîmes et nous enlève ce qu'elle nous avait apporté ; elle donne, aux uns, la puissance sans les droits ; elle ne laisse, aux autres, que les titres sans le pouvoir. Aveugle, inconstante et perfide, elle ne saurait inspirer aucune confiance. Il faut la combattre et la mépriser [1].

Gerbert parle de l'amitié, comme Montaigne ou, si l'on préfère, comme un Cicéron ou un Sénèque chrétiens ; il en

---

choses » (cité par Épictète, traduit par Sénèque). — Ep. 130, « Ego tamen cum sciam omnia ex Dei pendere sententia, qui simul corda et regna filiorum permutat, exitum rerum *patienter* expecto. » — Cf. le « levius fit *patienter*, quidquid corrigere nefas », que Gerbert emprunte à Horace. — Ep. 163. — Ep. 193, « si Deus pro nobis, quis contra nos? » — Ep. 205. — Ep. 215. « Quia secundum vota et desideria vestra divinitas nobis jura imperii contulit felici successu, divinitatem quidem adoramus, vobis vero grates rependimus. »

1. Ep. 55, « Aliis rebus divinitas necessitatem imponit... aliis cæca fortuna interstrepit. » — Ep. 179. « Semper quidem... judicia Dei justa sunt, sed interdum occulta. » — Ep. 206. « Sed ait Apostolus : « Omnia michi licent, sed non omnia expediunt. « Licent per liberum arbitrium, quo male usi estis, sed non expediunt per jura divina, quæ contempsistis. » — Les termes *deliberatio, executio*, reviennent souvent dans les *Lettres*. Cf. ce qui a été dit, à propos du *Libellus de rationali et ratione uti*, sur les actes nécessaires et non nécessaires. — Ep. 15. « Sors omnia versat. » — Ep. 46. « Involvit mundum cæca fortuna, quæ premit caligine, an præcipitet, an dirigat me. » — Ep. 73. « Cum agantur homines sorte dubia. » — Ep. 34. « Si fortuna, ut quondam riserit. » — Ep. 84. « Dum vobis fortuna riserit. » — Ep. 99. « Si se infida retorserit fortuna. » — 77. « Stare diu non passa tulit fortuna. » — Ep. 102. « Accessit ad hæc violenta fortuna, cuncta quæ dederat repetens. » — Ep. 12. « Fortuna vero aliter instituit... amplissimis me honeravit hostibus. » — Ep. 41. « Eum quem fortuna Francis præfecit actu et opere. » Ep. 48. « Lotharius rex solo nomine, Hugo... actu et opere. » — Ep. 163. « Dabo operam pro viribus. » — Ep. 163. « Non enim potuimus obsistere præcipiti fortunæ. » — Ep. 150. « Ab impetu sævientis fortunæ. » — Ep. 16. « Cessimus ergo fortunæ. » — Ep. 44. « Causa tanti laboris contemptus malefidæ fortunæ. »

parle, comme Aristote, en moraliste et en politique, comme
Empédocle, en métaphysicien. L'amitié est un présent de la
divinité, le meilleur peut-être qu'elle ait fait aux hommes, et
elle ne porte jamais de fruits plus suaves, que si elle est appuyée sur la charité. Aussi est-elle désirable pour elle-même,
plus que pour les avantages de toute espèce, qu'elle nous procure. Non seulement les biens des amis sont communs,
mais ils doivent sentir et vouloir les mêmes choses [1]. C'est par
l'amitié que sont unies les familles, que sont affermis les cités
et les empires ; c'est par elle que les chrétiens forment, avec
Dieu, des sociétés particulières et une seule Église. L'union
qu'elle établit entre les âmes est si intime que, lorsqu'elle se
brise par l'éloignement de l'une, l'autre est presque incapable de supporter la séparation qui lui est imposée. C'est du
même lien que Dieu se sert, pour le monde et la puissance
qui lui est contraire, pour ce qui, dans l'homme, est corporel
et ce qui est incorporel [2].

---

1. Ep. 184. « Quid enim est aliud vera amicitia, nisi divinitatis præcipuum munus? » — Ep. 46. « An quicquam melius amicis divinitas mortalibus concesserit nescio. » — Ep. 125. « Cum multos nobis natura jungat affinitate, multos affectione, nullus amicitiæ fructus suavior est quam is qui fundamento nititur karitatis. » — Ep. 217. « Hoc igitur amiticiarum bonum... propter se, non propter aliud expetendum. » — Ep. 46. « Quæ sua sunt vestra putate. » — Ep. 92. « Nostra bona putato esse communia. » — Ep. 123. « Sitque nostra amicitia eadem velle, atque eadem nolle. » — Ep. 126. « Sic sancta societas unum et idem sentiens manet. »

2. Ep. 217. « Bene concepta meliusque retenta casta societas, sanctaque amicitia, quantorum sint causæ bonorum, docti noverunt, indocti sæpe stupuerunt. Et quia horum bonorum causa bonum est, et quod exinde gignitur bonum esse necesse est. Unde enim familiæ, unde urbes et regna, nisi societate et amicitia stabiliuntur? Quidnam aliud ad heremi devia mortales attraxit, nisi ad Deum societas? Mundus ipse contraria sui potentia, aliter dissidens, aliter *conciliatur* amice. Corporeum hominis incorporeo eadem copula nectit. Quæ cuncta bona a maximo bono, id est Deo, et magno bono societatis et amiticiæ æterna lege sui conditoris ordinem servant. Hoc igitur amiticiarum bonum tam præclarum, tamque jocundum, meo quidem judicio propter se, non ut quibusdam videtur propter aliud, expetendum est » (suit une citation de Sénèque). — Ep. 79. « Unitatem sanctæ Dei ecclesiæ scidisti. Sanctissimam societatem humani generis abrupisti. — Silvester, Azolino Laudunensi... Si *fides mortalem Deo sotiat*, perfidia nichilominus rationabilem brutis animalibus æquat... » — Ep. 153. « Patre meo Ad. inter intelligibilia disposito, tanto curarum pondere affectus sum ut pene omnium obliviscerer studiorum... (p. 152) moralium officiorum immemor. » — Ce qui est dit du monde rap-

La morale, ainsi mêlée à la métaphysique, découle de la philosophie et complète la religion. Si bien dire est aussi nécessaire que bien vivre, pour qui s'occupe des affaires publiques, la morale suffit à la plupart des hommes; elle est préférable à l'éloquence, dont elle est d'ailleurs un auxiliaire indispensable. Elle nous oblige à passer de la foi aux œuvres, des jugements aux actes : ce n'est pas imiter Jésus, ce n'est pas imiter les Pères, que de parler ou d'écrire sans agir. Il est inutile de se dire religieux, si l'on renverse ce qui est l'essentiel de la religion, car celui qui n'a pas de charité, qui manque à la foi promise, comment serait-il un défenseur de la religion? La perfidie ne rabaisse-t-elle pas, au rang des brutes, l'homme doué de raison, que la foi unissait à Dieu [1]?

Quelle fin doit se proposer le chrétien? Quel est, pour l'homme, le souverain bien? C'est la paix et le calme, qui attendent le fidèle dans les demeures éternelles et souveraines; c'est la paix et le calme qu'il faut chercher, en cette vie, pour les États et pour l'Église, pour les cités et pour les sociétés religieuses, comme pour les individus, qui peuvent seulement ainsi développer leur activité spéculative et pratique.

Avec les stoïciens, Gerbert prend l'honnête comme bien souverain et veut, avant tout, faire son devoir, lutter contre la

pelle probablement la théorie stoïcienne de la matière et de la force, du Dieu qui lie, entre elles (conciliatur), les diverses parties de la matière. — Ce que Gerbert dit du monde fait penser à Virgile :

« Spiritus intus alit, totamque infusa per artus
« Mens agitat molem et magno se corpore miscet. »

Voyez Dugas, *L'Amitié antique, d'après les mœurs populaires et les théories des philosophes* (Paris, Alcan).

1. Voyez la lettre 44 à Ébrard, sur les rapports de la philosophie, de l'art de bien dire et de bien faire (p. 108 sqq.); la lettre à Otton (Ep. 187, p. 1051, n. 1), sur l'importance de la morale pour l'orateur. — Ep. 36. « Frustra sibi arcem religionis attribuunt, qui praecipuas religionis partes evertunt. Qui caritatem non habet, qui fidem promissam negligit, isne religionem tuetur?—Silvester... Azolino... Si fides mortalem Deo sotiat, perfidia... rationabilem brutis animalibus aequat. » Sur la nécessité de passer des paroles aux actes, voyez surtout la lettre 87 à Maïeul, p. 119.

fortune et la dédaigner, ou user de constance et de patience, de force et de résignation [1].

Avec les éclectiques, tels que Cicéron, il s'efforce de joindre l'utile à l'honnête ; il cherche, en ce qui le concerne, en ce qui touche l'Église ou l'État, à le concevoir, pour le réaliser, et même à distinguer, entre les choses également honnêtes, ce qui présente une utilité plus grande ou ce qui peut servir à un plus grand nombre de personnes. Ainsi la morale et la politique se confondent, se complètent, et le christianisme s'unit, dans l'une et l'autre, au stoïcisme, qui s'était enrichi, à Rome, de tout ce que les antiques théories fournissaient, de bon et d'avantageux, pour la vie individuelle et sociale [2].

Comme un Juvénal ou un Lucrèce, ou comme un moderne, Gerbert invoque le témoignage de la conscience et voit, en

---

1. Voyez la lettre 44 à Ébrard (p. 100 et 123), où il est question de Panétius et de Cicéron ; la lettre 217 à Wilderod, où avec Sénèque, contre Épicure, il déclare que l'amitié doit être cherchée pour elle-même, non en vue d'autre chose. Ep. 174. « Quod honestum judicabitis, pro nobis spondete. » — Ep. 193. « Officio nostro præstare debemus. » — Ep. 120. « Ea quæ inter vos de bono et æquo sanxeritis... in perpetuum conservaturi. » — Ep. 130. « Disce constantiam in adversis. » — Ep. 27. « Magna constantia inlaborandum pro habenda ratione pacis atque utili » (que ce dernier mot n'implique pas absence d'activité, c'est ce que prouve la lettre 44 : « In otio et negotio, et docemus quod scimus et addiscimus quod nescimus »). — Sur la fortune, voir les textes de la page 160. — Ep. 133. « Liceat respondere tua pace, me positum in adversis, virum fortem sequi, non assequi. » — Ep. 45. « Et quoniam vestigia philosophiæ dum sequimur non consequimur, impetus tumultuantis animi non omnes repressimus. » — Sur le stoïcisme de Gerbert, voyez Gebhart, Moines et Papes (Raoul Glaber, surtout pp. 59 sqq.). — Sur le besoin de paix, au xe et xie siècle, voir Gebhart, op. cit., pp. 40 sqq.

2. Voir d'abord la lettre 44 à Ébrard, sur les rapports de l'honnête et de l'utile; puis Ep. 170. « Deliberationibus nostris ad utile et honestum æque inflexis. » — Ep. 200. « Et vobis honestum et utile parere possit. » — Ep. 39. « Si totam perturbationem difficile est excludere, partem delige potiorem. » — Ep. 64. « Semper quidem plurimorum utilitati prospiciendum, privatisque commodis publica præferenda. » — Ep. 88. « Quod si divinitate propitia favorem principum obtinebimus, ad hæc utilia, utiliora jungemus. » — Ep. 93. « Corruptissimi temporis est, non posse discerni secundum popularem opinionem, quid sit magis utile. Utile quod agitis sententia multorum. Utilius complures judicant etc. » — Gebhart, Moines et Papes, p. 60. « En lui la foi et la sagesse philosophique ne se heurtent jamais, le stoïcien et le lettré n'inquiètent point l'évêque... il a retrouvé, sans qu'il en coûtât rien à son orthodoxie, la hauteur et la clarté d'âme des maîtres antiques. »

elle, le juge qui prononce sur toutes nos actions, qui fait naître en nous le remords ou la satisfaction morale [1].

Pour se former, à lui-même, ou pour donner aux autres des règles de conduite, Gerbert puise chez les païens et les chrétiens, où il formule, en termes qui lui sont propres, des préceptes clairs, énergiques et concis, faciles à retenir [2] et à comprendre. « Si Dieu est pour nous, dit-il avec saint Paul, qui sera contre nous ? » — « Rendez à César, répète-t-il souvent, ce qui est à César, et à Dieu ce qui est à Dieu. » — « Ne faites pas à autrui ce que vous ne voudriez pas qu'on vous fît. » — « Il faut employer toutes ses forces à ne rien laisser, sans être fait, qui doit l'être. » — « Il faut vouloir ce que l'on peut, si l'on ne peut ce que l'on veut. » — « Ce qui ne saurait se corriger, devient plus léger par la patience. » — « Rien de trop. » — « Apprends la constance dans l'adversité. » — « Insensé qui exige la foi de ceux par qui il a été plusieurs fois trompé ! » — « Ce que l'on veut tenir secret ne doit pas être confié à beaucoup de personnes [3]. »

1. Ep. 98. « Nec damnant crimina falso illata, quem innocens in hac parte non *remordet* conscientia ». — Ep. 172. « Veritus itaque sum stimulante conscientia, ne in oculis vestris displicerem, qui michimet ipsi displicere jam cœperam. » — On peut comparer avec Montaigne II, 5, où sont rappelés des vers de Juvénal et de Lucrèce, que Gerbert semble bien avoir connus. Le point de vue catholique, avec les idées attachées à la confession et à l'absolution des fautes, est évidemment différent.
2. C'est ce qu'il faisait, nous a-t-il dit, pour les rhéteurs (Ep. 92, p. 93, n. 1); c'est ce qu'il fait pour tout son enseignement.
3. Ep. 193. « Si Deus pro nobis, quis contra nos ? » (S. Paul, Corinth., I, 23, 24). — Ep. 54. « Reddite quæ sunt Cæsaris Cæsari, et quæ sunt Dei Deo » (Matth. XXII, 21 ; Marc XII, 17 ; Luc, XX, 25.) — Ep. 98. « Quod tibi non vis fieri, alteri ne feceris » (Tobie IV, 16). — Les deux maximes suivantes, qui ont dirigé la vie publique de Gerbert, sont citées p. 50. — Ep. 53. « Non poetice, sed sapienter dictum putamus : Levius fit patientia, quidquid corrigere nefas » (Horace, Odes I, xxiv, 19-20). — Dans la lettre 130, Gerbert fait, de la même formule, une conséquence de la toute puissance divine. « Ego tamen cum sciam omnia ex Dei pendere sententia, exitum rerum patienter expecto. » Ep. 203. « Quanto moderamine salus animarum tractanda sit, et vestra fraternitas novit, et summopere pensandum est ut « ne quid nimis » (Térence, Andria, 1. 1, 33, 34). — Ep. 136. « Disce constantiam in adversis » (maxime stoïcienne, pour laquelle Gerbert invoque l'exemple de Job, des anciens pasteurs et du comte Godefroi). — Ep. 27. « Stultum est ab eis fidem exigere a quibus multociens deceptus sis » (Pseudo-Cicéron). — Ep. 59. « Res celanda multis committi non vult. » — Ep. 193. « Adolescens si continens esse non potest, uxoris remedio potest sustineri. » (S. Léon).

Et l'on tirerait aisément, de ses *Lettres*, un ensemble de conseils et de préceptes, propres à guider l'homme et le chrétien, le clerc et le laïque, les princes et les évêques, qui pourraient être, comme ceux du *De officiis* de son maître Cicéron, consultés encore aujourd'hui avec profit [1].

### III

Nous savons que, pour Gerbert, la philosophie est la science de tout ce qui concerne Dieu et l'homme. Nous savons qu'il étudie les lettres sacrées et profanes, pour s'en approprier les pensées et les expressions. Sa morale est chrétienne et antique ; jamais il ne sépare les lois, non plus que les autorités divines et humaines. Et le synode qui l'élit archevêque, en remplacement d'Arnoul, constate son érudition dans l'un et l'autre domaine [2]. Gerbert entend maintenir, en effet, les droits de la raison et de la foi, de la science et de la religion ; car Dieu est tout à la fois l'inspirateur des livres saints, sur lesquels repose la religion chrétienne, et le créateur des êtres auxquels il a accordé la raison, pour leur permettre de chercher et de trouver la vérité : « La Divinité, écrit-il à Arnoul, a fait un présent considérable aux hommes, en leur donnant la foi et en ne leur déniant pas la science. La foi fait vivre le juste ; mais il faut y joindre la science, puisque l'on dit des sots qu'ils ne l'ont pas [3]. » Croire sans savoir ne vaut guère mieux que croire sans agir : « Les doctes, dit-il à Wilderod, savent que la société bien constituée et l'amitié sont causes de grands biens ; les ignorants ne s'en doutent même

---

1. Cf. le § 4 de ce chapitre.
2. « Studium in divinis ac humanis rebus experti sumus ».
3. Ep. 190 à Arnoul. « Multum mortalibus divinitas largita est..... quibus fidem contulit et scientiam non negavit. Hinc Petrus Christum Dei filium agnoscit et agnitum fideliter confitetur. Hinc est quod justus ex fide vivit. Huic fidei ideo scientiam copulamus, quia stulti fidem non habere dicuntur. »

pas » [1]. Aussi reproche-t-il, aux pontifes romains, leur ignorance, plus encore que leur avidité.

Il établit d'ailleurs une gradation entre les sources de nos connaissances religieuses : d'abord la raison, qui trouve la vérité; puis la coutume qui est en accord avec l'une et l'autre; la loi naturelle, qui est claire par elle-même; les lois humaines, qui nous prescrivent ce qu'il faut faire ou ne pas faire; enfin la loi divine qui, émanant surtout comme loi de grâce, de la Divinité elle-même, est venue aux apôtres et à l'Église [2].

Il est chrétien et orthodoxe. Il s'enthousiasme pour les lieux qui ont vu naître, souffrir et mourir le Sauveur [3]; sévère pour les hérétiques [4], il rappelle, à Maïeul, que les Pères les ont toujours combattus, partout où ils apparaissaient [5].

La *Profession de foi*, faite au moment de son élection comme archevêque de Reims, est doublement intéressante, parce qu'elle nous montre qu'il croyait à tout ce qu'enseignait alors l'Église, et qu'elle nous apprend ce que celle-ci était occupée de défendre, contre les hérétiques ou les novateurs. Elle porte sur la Trinité, qui devait donner lieu à tant de discussions, avec S. Anselme, Roscelin, Abélard et leurs contemporains. En elle, la déité est coessentielle, consubstantielle, coéternelle et coomnipotente; chaque personne est

1. Ep. 217, citée p. 161, n. 2.
2. Ep. 217 « Plane verum est, inquit Augustinus, quia ratio et veritas consuetudini præponenda est. Sed cum consuetudini veritas suffragatur, nichil oportet firmius retineri..... Legem partim *natura*, partim auctoritate firmari didicimus. Et lex quidem naturae manifesta est. Quæ autem in auctoritate consistit, partim divina, partim habetur humana. Et in divinis vel in humanis facienda vel non facienda præscribit. Post legem ergo naturae data est lex, tum litteræ, tum gratiæ, quæ utraque auctoritate divina subnixa tanto est utraque præstantior, quanto divinitas humanitatem supervenit. Et quoniam legem litteræ *lex gratiæ* transcendit, hæc eadem subtilis et multiplex, velud ab ipso divinitatis fonte *emanans*, ab apostolo accepta, tum a primæ sedis pontificum decretis, tum ab innumerabilium sacerdotum conciliis dilucidata, et quasi per quosdam purissimos rivulos pene in infinitum dirivata est. »
3. Cf. p. 88, n. 1, et p. 133, n. 1.
4. Ep. 29. « Hactenus quidem stulticiam vestram patientia tulimus. » — On ne saurait dire s'il s'agit ou non des Cathares.
5. Ep. 87, citée, p. 134, n. 1. — Cf. que nous disons plus loin, à propos du *de corpore et sanguine Domini*.

le vrai Dieu et les trois personnes n'en font qu'un seul. L'Incarnation n'a eu lieu que dans le Fils, non dans le Père ou l'Esprit Saint [1]. Elle a été suivie de la Passion et de la Résurrection. Il y a, en J.-C., deux natures et une seule personne. L'ancien et le nouveau Testament viennent l'un et l'autre de Dieu. Le diable est méchant, non par condition, mais par l'usage qu'il a fait de sa volonté [2]. C'est avec notre corps actuel, non avec un autre, que nous ressusciterons au dernier jour. Nous serons alors récompensés ou punis, selon nos actes. Le mariage, les secondes noces, l'usage de la viande sont légitimes. La communion doit être donnée aux pénitents réconciliés. Le baptême efface le péché originel et ceux qui résultent de l'exercice de notre libre arbitre. Il n'y a point de salut en dehors de l'Église. Il faut admettre l'autorité des six conciles que reconnaît l'Église universelle.

On voit que le philosophe s'accorde, avec le chrétien, pour

---

1. Voyez comment S. Anselme reproche, à Roscelin, de détruire la Trinité ou l'Incarnation (*Roscelin, théologien et philosophe*, p. 5).

2. « *Professio fidei Ger. Remorum archiepiscopi.* — Ego Gerbertus gratia Dei præveniente mox futurus archiepiscopus Remorum, ante omnia fidei documenta verbis simplicibus assero. Id est Patrem et Filium et Spiritum sanctum, unum Deum esse confirmo, totamque in Trinitate deitatem coessentialem et consubstantialem, et coæternalem, et coomnipotentem prædico. Singulam quamque in Trinitate personam verum Deum, et totas tres personas unum Deum profiteor. Incarnationem divinam, non in Patre, neque in Spiritu sancto, sed in Filio tantum credo, ut qui erat in divinitate Dei Patris Filius, ipse fieret in homine hominis matris filius, Deus verus ex Patre, homo verus ex matre. Carnem ex matris visceribus habentem, et animam humanam, rationalem, simul in eo utriusque naturæ, id est hominem et Deum, unam personam, unum Filium, unum Christum, unum Dominum creaturarum omnium quæ sunt et auctorem, et dominum, et rectorem cum Patre et Spiritu sancto confiteor. Passum esse vera carnis passione, mortuum vera corporis sui morte, resurrexisse vera carnis suæ resurrectione, et vera animæ resurrectione, in qua veniet judicare vivos et mortuos assero. Novi et Veteris Testamenti unum eumdemque credo auctorem, et Dominum et Deum. Diabolum non per conditionem, sed per *arbitrium* factum esse malum. Credo hujus quam gestamus, et non alterius carnis resurrectionem. Credo judicium futurum, et recepturos singulos pro his quæ gesserunt vel pœnas, vel præmia. Nuptias non prohibeo, secunda matrimonia non damno. Carnium perceptionem non culpo. Penitentibus reconciliatis communicari debere confiteor. In baptismo, omnia peccata, id est, tam illud originale contractum, quam ea quæ *voluntarie* admissa sunt, dimitti credo, et extra ecclesiam catholicam nullum salvari confiteor. Sanctas sinodos VI, quas universalis mater æcclesia confirmat, confirmo. »

affirmer la liberté, chez l'ange comme dans l'homme ; que l'Église se souvient de Jean Scot Érigène, qui avait nié l'éternité des peines, comme de Gottschalk, qui avait supprimé la liberté. Il semble qu'elle se défende surtout contre les Cathares, qui existaient alors en Champagne, peut-être aussi contre les prédécesseurs de ces Manichéens, brûlés en 1022 à Orléans. Car aux uns ou aux autres, on reprochait de faire le démon coéternel à Dieu et auteur de l'ancien Testament, de condamner le mariage et l'usage de la viande, d'avoir des doctrines contraires à l'orthodoxie sur la Trinité et J.-C., sur le baptême, la résurrection et l'eucharistie, etc. [1].

Le *de Corpore et sanguine Domini* rejoint et complète la Profession de foi [2]. Paschase Ratbert, abbé de Corbie, avait soutenu, au siècle précédent, que la chair du Christ est la même, dans l'Eucharistie, que celle qui naquit de la Vierge Marie, souffrit sur la croix et ressuscita du tombeau. Et il s'appuyait sur S. Ambroise, auquel il attribuait les paroles mêmes, par lesquelles il résumait sa doctrine. On sait que Paschase Ratbert ne trouva guère d'approbateurs ; Jean Scot Érigène, Ratramne de Corbie et Raban Maur le combattirent. Personne ne le défendit. Or au moment où Gerbert écrit, s'il a des adversaires et s'il en aura encore, au temps de Bérenger, il a des défenseurs (*dicentibus quibusdam idem esse* [3]).

---

1. Voir Raoul Glaber ; Gebhart, *Moines et Papes*, pp. 44 sqq. ; G. Schmidt, *Histoire et Doctrine de la secte des Cathares ou Albigeois*, I, p. 33.

2. Olleris, p. 279. « Quibusdam etiam diabolica inspiratione blasphemantibus ». Le début, par la façon de diviser les questions, rappelle le *Libellus de rationali et ratione uti*. — Pour le rapport avec la *Professio*, cf. *Simplicitas* P. Ratberti (p. 281), et ce qui est rapporté d'un moderne, p. 283 : « Sicut omnia in Christo vera credimus, verum scilicet divinitatem et veram humanitatem, verum Verbum et veram carnem, verum Deum et verum hominem ; ita in mysterio corporis et sanguinis ejus..... nihil falsum, nihil frivolum, nihil infidum sentiamus. » — Le dogme, formulé dans la *Professio Dei*, s'augmente et se complète. Cf. Albert Réville, *Revue de l'enseignement secondaire et supérieur*, 19 janvier 1893. — P. 286, « non dialecticis argumentationibus, sed verbis simplicibus..... quantum fides *proficit*, ubi sermo *deficit* »

3. Remarquer l'expression *moderno tempore* (p. 280) et plus loin p. 283 : « Quidam sapiens *moderno tempore*. »

Gerbert se propose de montrer que Paschase a bien compris S. Ambroise; que ceux qui soutiennent l'opinion contraire, d'après S. Jérôme et S. Augustin, les interprètent mal ; enfin que l'objection diabolique, suivant laquelle la chair du Christ serait, en ce cas, sujette à évacuation, vient de ce qu'on transporte à tort, un sens humain ou séculier, dans les choses de Dieu.

D'abord il relève des textes dans S. Ambroise, le pape Léon, S. Augustin, S. Basile et S. Grégoire, pour répondre à ceux qui reprochaient, à Paschase Ratbert, d'avoir attribué, à S. Ambroise, une opinion qui ne se retrouvait pas littéralement dans ses œuvres. Puis il prend, dans S. Jérôme et dans S. Augustin, les passages où il est affirmé que le corps du Seigneur est dit, en deux ou en trois sens, et il y ajoute des textes de Fulgence, d'Eusèbe, auxquels il pourrait, dit-il, en joindre beaucoup d'autres, empruntés aux anciens et aux modernes, même à S. Ambroise.

Mais, objecte-t-on, s'il y a figure, il n'y a plus vérité, ou, s'il y a vérité, il n'y a plus figure. A cela, Paschase Ratbert répond que la figure n'est pas toujours « une ombre », que le mystère de l'Eucharistie peut être pris comme figure et comme vérité ; comme figure, puisque nous voyons extérieurement le pain et le vin ; comme vérité, puisque nous croyons à la présence intérieure du corps et du sang du Christ. « Nous croyons, dit un sage moderne, que tout est vrai dans le Christ, et sa divinité et son humanité, et le Verbe et la chair, et le Dieu et l'homme [1] ; admettons de même que, dans le mystère de son corps et de son sang, rien n'est faux, frivole ou contraire à la foi. » Consultons saint Cyrille ; nous voyons que le Corps du Seigneur est dit *specialiter* en deux ou trois sens, mais qu'il est un *naturaliter*. C'est ce que nous apprend aussi saint Hilaire.

« Et nous quelquefois, dit ensuite Gerbert [2], avant d'avoir

---

1. Voyez la *Professio fidei*.
2. « Et nos aliquando, antequam tantorum virorum, Cyrilli dico et Hilarii, auctoritatibus instrueremur, hanc supra dictorum sanctorum, quæ posterio-

été instruits par l'autorité de si grands hommes, nous méditions de résoudre, par un argument dialectique, la divergence qui apparaissait, à leurs successeurs, entre certains textes des livres saints. En effet, cet art qui divise les genres en espèces et résout les espèces en genres, n'est pas d'invention humaine, mais il a été trouvé, dans la nature des choses, par l'auteur de tous les arts, qui sont vraiment des arts, et par les sages; il a été employé à chercher utilement et avec soin les choses elles-mêmes, comme il est dit dans la Genèse : « Que la terre produise les animaux avec leurs « espèces différentes. » Mais d'abord il y avait lieu de poser quelque intermédiaire pris de l'arithmétique, puis un intermédiaire tiré des nombres proportionnels. Or, l'arithmétique n'a pas été faite non plus par les hommes, puisqu'en elle se trouvent la constance et la sagesse de la puissance ineffable et divine, dont il est dit qu'elle a constitué toutes choses avec mesure, poids et nombre.

« Que l'on constitue deux termes extrêmes et un intermé-

---

ribus visa est discrepantiam alicujus dialectici argumenti sede absolvere meditabamur. *Non enim ars illa, quæ dividit genera in species, et species in genera resolvit, ab humanis machinationibus est facta; sed in natura rerum ab Auctore omnium artium, quæ veræ artes sunt, et a sapientibus inventa, et ad utilitatem solertis rerum indaginis est usitata*, sicut scriptum est : Producat terra animalia in species suas (Genes., 1, 24). Sed primo occurrebat, aliquam medietatem arithmeticae ponere, secundum aliquam de proportionalibus numerorum, quas in proportionibus, inque differentiis terminorum contemplamur. Sed nec et ista humanis machinationibus est facta, quia ineffabilis atque divinæ virtutis in ea est sapientiæ constantia, ad quam dicitur : Omnia in mensura et pondere et numero constituisti (Sap. II, 21).

« Constituantur duo termini supremi, et horum medius, æquis quidem differentiis, sed proportionaliter differentes. Ad hanc similitudinem iterum constituantur duo termini supremi, prædicatus et subjectus, et horum medius subalternus; ut sicut primus prædicatur in medio, ita medius de ultimo, ac per hoc primus de ultimo. Ne ergo dubites ultimum inesse primo, id est primum prædicari de ultimo; cum, si ultimus inest medio, medius vero primo, certissime ultimus insit primo. Hac et enim similitudine et cosmopœia, id est, mundi factura, solidata est, scilicet quod duo extrema, id est ignem et terram, duo media, id est aer et aqua, indissolubiliter devinxerunt. Et hæ quidem similitudines sunt, quæ non ex toto, sed ex parte sui, sicut et aliæ multæ in divinis Scripturis aptantur triplicitati, secundum Augustinum, corporis Domini. » — Le passage *Non enim ars illa......... usitata*, est chez Jean Scot Erigène, *de div. nat.*, 4, p. 749 (cf. Prantl, II, p. 33). — Il exprime une pensée que nous avons plusieurs fois signalée chez Gerbert.

diaire entre eux, avec des différences égales, mais proportionnelles. Que l'on constitue de même deux termes extrêmes, attribut et sujet, avec un terme intermédiaire et subalterne, de façon que le premier soit attribut dans le moyen, le moyen dans le dernier et, par conséquent, le premier dans le dernier. On ne doutera pas que le dernier soit contenu dans le premier, ou que celui-ci soit attribut du dernier, puisque si le dernier est dans le moyen, et le moyen dans le premier, le dernier est très certainement dans le premier. Ainsi a eu lieu la construction du monde : deux extrêmes, le feu et la terre, deux intermédiaires, l'eau et l'air, ont été indissolublement unis. Il en est de même, en une certaine mesure, pour le Corps du Seigneur [1]. »

Paschase Ratbert n'a donc péché, que parce qu'il a donné le sens et non le texte littéral de saint Ambroise. Quant à ce qu'on lui reproche d'avoir dit que le « Christ souffre toutes les fois et partout où l'on célèbre le sacrifice de la messe », on ne trouve rien de semblable dans son livre.

Reste à répondre « aux inepties » de ceux pour qui l'on devrait toujours prendre, en un sens humain, les paroles de Dieu. Si on lit, dans Matthieu [2] : « Tout ce qui entre dans la bouche, passe dans le ventre et est rejeté par l'anus (*secessus*) », c'est d'une nourriture charnelle, non spirituelle, qu'il est question. « Tout, dans les Écritures, n'est pas pris toujours comme un syllogisme catégorique et une

---

1. Voici le tableau par lequel Gerbert résume, comme dans ses autres recherches, les résultats obtenus :

| Krystes | Eucharistiam | Ecclesia |
|---|---|---|
| Inconsumptibilis | Sumendam | Sumens, |
| Invescibilis | Vescendam | Vescens, |
| Dat ab | Datam | Accipit |
| ipso | ab ipso | Corpus ejus. |

« Quod ita potest construi : Christus inconsumptibilis, invescibilis, Eucharistiam, sumendam, vescendam, datam ex ipso, Ecclesia, corpus ejus sumens, vescens, accipit ab ipso datam. »

2. Toute cette discussion du passage de saint Matthieu se trouve dans Remi d'Auxerre (12e homélie).

définition [1] » : si le Seigneur dit que toutes les mauvaises pensées sortent du cœur, il ne dit pas qu'il n'en puisse sortir aussi de bonnes. Les hérétiques ont affirmé que Dieu ignore la physique ; car la puissance ignée, dont le siège est dans le cœur, dirige la vapeur subtile de la boisson et de la nourriture, par des pores cachés, dans les diverses parties du corps, tandis qu'elle en sépare la matière fécale, pour l'envoyer dans l'anus. Mais nous voyons que ce qui est introduit, par la bouche, est parfois rejeté par l'estomac ; que certains hommes vivent même longtemps ainsi sans digérer : c'est qu'un suc subtil se répand, par les membres, jusqu'aux extrémités (*usque ad ungues*). Donc, Dieu ne parle pas toujours d'une façon précise et déterminée (*prædiffinite*) ou il a désigné, avec le « *secessus* », une ouverture (? *aporiam*), du corps, par laquelle se répand la vapeur subtile de la nourriture. Par suite, nous devons, comme le sage qui nous sert de guide, distinguer le corps du Christ, de toutes nos espèces ordinaires de nourriture et ne pas le considérer, en raison même de son excellence, comme soumis à une évacuation.

Concluons enfin par un fort syllogisme. Il y a, en nous, un homme extérieur qui est corrompu, un homme intérieur qui est rénové. Le Seigneur a en vue, dans S. Matthieu, la nourriture charnelle, non spirituelle. Or le corps du Christ, aliment spirituel, a plutôt rapport à l'homme intérieur, auquel la digestion n'est pas attribuée. S'il fallait le rapporter à l'homme extérieur, il serait pieux et salutaire de croire qu'il est répandu dans tous les membres, pour servir à la résurrection, le jour du jugement. Donc, il est clair qu'il n'est, en aucune façon, soumis à l'évacuation.

Nous retrouvons ainsi, dans le *de Corpore et sanguine Domini*, les croyances sur la Trinité, sur l'Incarnation, sur le Christ et la Résurrection, que nous avons signalées dans la *Professio fidei*. C'est sur elles que Gerbert s'appuie pour justifier la doctrine de l'Eucharistie, qui semble alors déjà

---

[1]. P. 289 : « Pro categorico syllogismo prædiffinite accipitur. »

être celle de l'Église¹. En outre, il s'inspire de ses prédécesseurs, Jean Scot Érigène et Remi d'Auxerre, en tant qu'ils fournissent des affirmations conformes à l'orthodoxie. Il fait appel à la dialectique, à l'arithmétique, à la physique; son œuvre nous apparaît ainsi, encore une fois, comme essentiellement synthétique et chrétienne.

Gerbert proclame, en toutes circonstances, l'unité de l'Église catholique, société sainte de tous les fidèles, entre lesquels la communauté de croyances établit une liaison parfaite, puisqu'elle comporte l'union avec Dieu. « Tous doivent, dit-il, avoir une seule et même pensée, de manière à éviter la séparation ou le schisme. » Et il déclare que, pour sa part, « il donnerait sa vie afin de maintenir unie l'Église du Seigneur². »

Mais qui donc est chargé de conserver son unité à l'Église? Comment sait-on ce qu'il faut croire et faire pour travailler, d'accord avec Dieu, son véritable auteur, à la prospérité du monde chrétien? Au IX° siècle, les papes, appuyés sur les Fausses Décrétales et soucieux peut-être de fortifier la discipline ecclésiastique, avaient tenté d'établir leur autorité sur les évêques et sur les rois. L'unité de l'Église eût été figurée, aux yeux de tous, par l'unité du commandement : le pouvoir spirituel, mis au-dessus du temporel, eût résidé essentiellement dans le successeur de saint Pierre, chef incontesté des rois et des évêques. Nicolas Ier, au temps d'Hincmar, avait défendu avec vigueur et habileté, cette théorie dont le triomphe parut un moment possible, au temps de Grégoire VII et d'Innocent III. Les princes et les prélats résistèrent aux souverains pontifes ; mais les abbés et les moines s'unirent à

---

1. C'est ce que prouvent les expressions « *calumniati sunt hæretici — et hoc, ne hæreticus garriat.* »

2. Ep. 181. « Quid est o divina majestas? adeone me infatuatum, vel a te abalienum putant, ut vel gladios imminentes non videam, vel æcclesiam tuam scinate confundam? Ego vero improborum versutias acute conspicio, et contra omnia scismata unitatem æcclesiæ, si sic decretum est, morte mea defendo. » — *De corpore et sanguine Domini*, Olleris, p. 280. « In catholica Ecclesia unum et idem omnes debere sapere et schisma non esse. » (Nouvelle raison d'authenticité pour cet ouvrage.)

ceux dont la puissance, plus éloignée, se faisait moins sentir, pour propager les Fausses Décrétales et en faire accepter les doctrines.

Sans doute, Gerbert, successeur d'Hincmar, n'aurait guère pu abandonner les maximes qui avaient réglé la conduite des archevêques de Reims, dont la plupart furent d'ailleurs chanceliers du royaume de France. Et c'est dans les œuvres d'Hincmar qu'il puise, à pleines mains, pour combattre les défenseurs d'Arnoul. Mais il avait des raisons profondes et qui tenaient à ses idées politiques, religieuses et philosophiques, de ne pas accepter les Fausses Décrétales. En principe, le roi ou l'empereur est pour lui le chef suprême de la hiérarchie féodale ; il est obligé de protéger ses vassaux et ses peuples, contre les ennemis du dedans et du dehors. Représentant de Dieu, en tant que chef de la société civile, il doit en assurer le maintien, comme celui de la religion au nom de laquelle il exerce son pouvoir[1]. A ces devoirs correspondent des droits, sans lesquels l'accomplissement en serait impossible : les abbés et les évêques, comme les seigneurs laïques, lui doivent aide, fidélité et assistance, surtout obéissance, dans la mesure stipulée par le contrat féodal. En fait, Gerbert constate que les luttes politiques ont des conséquences funestes pour les églises et les sanctuaires ; que la paix entre les seigneurs et les princes, assure ou consolide la paix, dans les sociétés monastiques et religieuses. Dès lors, il faut prendre, pour règle, de rendre à César ce qui appartient à César, comme de rendre à Dieu ce qui est à Dieu. Il ne faut pas poursuivre la subordination du temporel au spirituel, mais la collaboration des deux pouvoirs à une œuvre commune, pour le plus grand bien de la patrie et de la religion, de l'État et de l'Église[2].

1. Voyez en particulier la lettre 183, à Otton III. « Quænam certe major in principe gloria, quæ laudabilior in summo duce constantia, quam legiones cogere, in hostilem terram inrumpere, hostium impetum sua præsentia sustinere, scipsum pro patria, pro religione, pro suorum reique publicæ salute, maximis periculis opponere ? »

2. C'est la règle que suit Gerbert comme politique. cf. ch. V, § IV.

Pour des raisons analogues, Gerbert ne pouvait sacrifier les droits des évêques, non plus d'ailleurs que ceux des abbés. Leurs devoirs sont fort étendus, et ils ne sauraient être bien remplis, que si l'autorité des uns et des autres reste incontestée, dans les limites marquées par la nature de leurs fonctions. Le pape, successeur de saint Pierre, est le chef incontesté des évêques et de toute la catholicité. Mais ses droits sont limités par ceux des autres représentants de l'Église universelle ; ils sont subordonnés aux devoirs, qui lui sont imposés par Dieu, pour faire triompher la foi et la vérité, pour faire régner partout la justice et la charité.

Or jamais les papes n'ont, moins qu'au x° siècle, connu ou fait leur devoir. Non seulement ils ne travaillent pas à conserver l'unité de l'Église, mais encore ils pratiquent la simonie et donnent l'exemple des crimes les plus monstrueux. « Au tombeau des apôtres et dans le siège de Grégoire le Grand, dit M. Gebhart, reparaît dix fois, en un siècle, revêtu d'un pontificat sacrilège, le magicien Simon... Jean XII, pape à dix-huit ans, avait mis son harem au Latran, buvait aux dieux païens et consacrait un diacre dans une écurie. Expulsé par Otton I<sup>er</sup>, il s'était caché dans les bois comme une bête fauve. L'empereur parti, il était revenu et avait chassé son successeur, Léon VIII ; il avait fait couper, aux cardinaux et aux évêques du parti impérial, la langue, le nez et les mains ; une nuit qu'il courait les aventures dans la campagne, le diable le frappa d'un tel coup au front qu'il en mourut. Dès lors, durant trente années, les papes de race romaine, les papes allemands s'étaient poursuivis et foudroyés les uns les autres, emportés par le vertige d'un tourbillon infernal. Benoît VI, renversé par Crescentius, fils de Théodora, avait été étranglé dans les caves du Saint-Ange ; Boniface VII, après quarante jours de règne, s'était enfui à Constantinople, avec le trésor de l'Église ; puis il était rentré à Rome et avait fait mourir de faim Jean XIV. Quelques mois plus tard, on l'empoisonnait et la populace traînait son cadavre, à travers les rues, jusqu'au pied de la statue de Marc-Aurèle... En 1033..... les comtes de Tusculum portèrent, sur la chaire apostolique... Benoît XI, un enfant de douze ans, et l'Europe chrétienne crut que l'Antechrist venait de coiffer la tiare. Il ne fit que piller et tuer... Il régna au Latran à la façon d'un sultan asiatique ; il faillit même un jour abdiquer, pour épouser la fille d'un baron romain... On crut trouver, dans son oratoire, (quand il eut été chassé par le peuple) les livres magiques qui lui servaient pour l'évocation du diable ou la séduction des femmes... A la tête d'une troupe de brigands, il rentra au palais apostolique [1]... »

Aussi le légat de Jean XV, aux attaques véhémentes d'Arnoul d'Orléans, se borne à répondre qu'il est défendu d'insulter les morts et de tourner en dérision Rome, la mère des évêques. Et Abbon, qui fit tant pour amener la réintégration d'Arnoul et la déposition de Gerbert, accusait de simonie Jean XV [2] qui entendait briser, en raison de son autorité pontificale, les décisions des rois et des évêques français !

Gerbert avait vu l'Italie et Rome : « Le monde, écrivait-il, au moment où Boniface VII venait de faire tuer Jean XIV, a horreur des mœurs italiennes [3]. » Il avait en vain essayé de se faire rendre justice par Jean XIV, lorsque, au mépris de toutes les lois divines et humaines, on lui enlevait la possession de l'abbaye, dont il avait obtenu régulièrement la direction [4]. Et c'était cette papauté, impuissante à protéger les siens et devenue l'esclave d'un Crescentius, qui intervenait maintenant pour le dépouiller d'un archevêché, dont il était, par les rois et les évêques, comme d'après les canons, le légitime possesseur ! Auprès d'Otton II et d'Otton III, des impé-

---

1. Gebhart, *Moines et Papes*, pp. 50-55. Voyez *l'Allemagne et l'Italie de 887 à 1056*, par M. Bayet, *Histoire générale* (I, ch. xi) de Lavisse et Rambaud.
2. « Turpis lucri cupidum atque in omnibus suis actibus venalem » (Vit. Abbon., c. 11 et Ep. Abbon. 15).
3. Ep. 40, citée p. 134, n. 2.
4. Ep. 14 et 23. Il rappelle tout ce qui constitue ses droits : « Actum est consensu principis, episcoporum electione, cleri et populi voluntate, postremo omnium hominum excellentissimi papæ consecratione.

ratrices d'Allemagne et de la reine de France, Gerbert avait défendu, avec vigueur, ses droits menacés. Il agit de même avec le pape. Il se montra toujours respectueux de l'Église ; toujours il protesta que rien n'avait été fait contre « le siège apostolique [1] ». Mais il ne ménagea pas les papes du x° siècle, auxquels il reproche, non sans raison, leurs mœurs, leur simonie, leur ignorance, qui les empêchent d'être des maîtres « de vérité et de justice », comme saint Pierre et les grands pontifes d'autrefois, Léon, Grégoire le Grand, Gélase, Innocent, etc.

« Quel est cet homme, disait Arnoul d'Orléans [2] — avec lequel Gerbert est en complète communauté d'idées — assis sur un trône élevé, revêtu d'habits reluisants d'or et de pourpre ? S'il manque de charité, s'il n'est enflé que de science, c'est l'Antechrist, assis dans le temple de Dieu et se montrant comme Dieu. S'il n'a pour soutien, pour piédestal, ni la charité, ni la science, il est, dans le temple de Dieu, comme une statue, comme une idole ; lui demander des réponses, c'est consulter un marbre. » — « Aujourd'hui, s'il en faut croire la renommée, presque personne ne sait même lire, à Rome, et pourtant, sans cette connaissance, on peut à peine être portier. De quel front un de ces hommes osera-t-il enseigner ce qu'il n'a pas appris ? Dans les autres prélats, l'ignorance est tolérable jusqu'à un certain point, en comparaison du pontife romain, qui doit juger de la foi, de la vie, des mœurs, de la discipline des évêques, enfin de tout ce qui touche à l'Église catholique universelle. » — « O temps malheureux, où nous sommes privés de la protection d'une si grande Église. A quelle ville nous confierons-nous, quand nous voyons la maîtresse des nations destituée de tout secours divin et humain ? Après la chute de l'empire, elle a perdu l'église d'Alexandrie,

---

1. « Nichil nos contra apostolatum egisse scimus » (Ep. 188). — Cf. Ep. 197.
2. *Actes du concile de Saint-Basle*, Olleris, p. 204 sqq. « Vidimus Johannem, etc. » — « Num talibus monstris hominum ignominia plenis, scientia divinarum et humanarum rerum vacuis, innumeros sacerdotes Dei per orbem terrarum, scientia et vitae merito conspicuos, subjici decretum est ? »

puis Antioche ; et, pour ne pas parler de l'Asie et de l'Afrique, l'Europe elle-même s'en sépare. Constantinople s'en est détachée, les provinces intérieures de l'Espagne ne reçoivent pas ses décisions. » — « On dit que Rome, écrit Gerbert à Wilderod, considérée jusqu'à ce jour comme la mère de toutes les églises, maudit les bons, bénit les méchants ; qu'elle est en communion avec ceux que l'on ne devrait même pas saluer ; qu'elle condamne ceux qui sont pleins de zèle pour ta loi ; qu'elle abuse du pouvoir que tu lui as donné de lier et de délier ! Toi, ô Jésus, tu n'examines pas la sentence des prélats, mais la vie des accusés, et il n'est pas donné à l'homme de justifier l'impie, de condamner le juste ! » — « C'est à Rome, dit-il à Gibuin, que l'on justifie ce que vous condamnez, que l'on condamne ce que vous croyez juste. Et nous disons, nous, que c'est à Dieu seulement, et non point à l'homme, de condamner ce qui paraît juste, de justifier ce qui est réputé mauvais... Si l'évêque de Rome a péché contre son frère, s'il a refusé d'écouter les avertissements de l'Église, cet évêque de Rome doit, par l'ordre de Dieu, être traité comme un païen et un publicain... Il ne faut pas donner l'occasion de penser que l'épiscopat, qui partout est un, comme l'Église catholique est une, soit tellement soumis à un seul homme que si celui-ci est corrompu par l'argent, par la faveur, par la crainte ou par l'ignorance, il ne puisse y avoir pour lui d'évêque, que celui que recommanderont les mêmes titres. » — « Faut-il donc qu'une multitude d'hommes périssent ? Aucun Romain, même si on l'en prie fort, ne lui viendra en aide ; et celui qui le peut, ne l'ose, si un Romain n'est présent. Laissons de côté les difficultés du voyage, le manque de ressources, l'absence d'un messager prudent. Quand on est arrivé à Rome, on n'a accès auprès du Saint-Siège que si on l'obtient, à prix d'argent, de Crescentius, ce membre du diable. Nous ne parlons pas de choses que nous ignorons. Nos envoyés et ceux du roi ont porté des lettres au souverain pontife, et ont été par lui dignement reçus. Mais, parce qu'ils n'avaient offert aucun présent à Crescentius, ils revinrent trois jours après, sans avoir reçu de réponse ¹. »

La loi commune de l'église catholique, écrit Gerbert à Gibuin, sera donc constituée avec l'évangile, les apôtres, les prophètes; les canons inspirés par l'Esprit de Dieu et consacrés par le respect du monde entier ; les décrets du siège apostolique, qui ne s'en éloignent pas ². Et dans la lettre à Wilderod, il précise ses doctrines canoniques. Comme nous l'avons vu, il invoque la vérité et la raison, la coutume et la loi naturelle, les lois humaines, la loi divine et surtout la loi de grâce qui, découlant pour ainsi dire de Dieu, a été reçue par les apôtres, éclaircie par les décrets du siège pontifical et les conciles où ont figuré un grand nombre de prêtres.

Il faut attribuer une grande importance à l'autorité ³. Mais il y a une grande différence, si c'est l'homme ou si c'est Dieu qui parle. Et quand c'est l'homme, si c'est un apôtre ou simplement un évêque. Puis, il faut distinguer entre les évêques. C'est le nombre, la science, le lieu qui constituent l'autorité ; le nombre, pour les conciles où beau-

---

1. « Oratio episcoporum habita in Concilio Causeio. »
2. Ep. 192. « Sit lex communis ecclesiæ catholicæ evangelium, apostoli, prophetæ, canones Spiritu Dei conditi, et tocius mundi reverentia consecrati, decreta sedis apostolicæ ab his non discordantia.
3. « In hac itaque lege summopere, ut diximus, auctoritas spectanda est. Multum enim interest, utrum Deus loquatur an homo. Et si homo, utrum apostolus, an simpliciter episcopus. Porro in episcopis item multa differentia est, quæ differentia eadem auctoritate fulcitur. Hanc autem auctoritatem, aut numerus, aut scientia, aut locus, ut quibusdam videtur, attribuit. Et numerus quidem in conciliis, ubi multorum catholicorum assensus. Idem est scientia in particularibus vel in divinis supereminens. Locus vero in maximis consideratur urbibus. Rursum numerus, scientia, et locus, tum a se, tum inter se differunt. Et numerus quidem a numero, vel pluralitate, vel rationis et veritatis pondere superatur. Pluralitate, cum inter æque bonos et doctos, pars a parte dissentit. Rationis et veritatis pondere, ut Ariminensis numero famosa sinodus, a parvo episcoporum numero cassata. Idem in numerosis ad individua, itemque locorum ad alia, et inter se, collationem perspici licet. Sit ergo in legibus maximum et præcipuum, quod per Christum, per apostolos, perque prophetas innotuit. Deinde his consona et consensu omnium catholicorum corroborata, secundum in legibus vigorem optineant. Tertio succedant loco, quæcumque a singularibus viris, scientia et eloquentia clarissimis, in lucem intelligentiæ prolata sunt.

coup de catholiques sont assemblés ; la science, si elle est éminente dans les choses particulières et divines ; le lieu, si le concile s'est réuni dans une grande ville. Et le nombre, la science et le lieu souffrent aussi des différences pour l'autorité. Le nombre est surpassé par le nombre, par la pluralité ou par le poids de la raison et de la vérité ; par la pluralité, si, entre des gens également bons et doctes, il y a partage ; par le poids de la raison et de la vérité, comme pour ce synode si nombreux de Rimini, dont les décisions furent annulées par un petit nombre d'évêques. Et Gerbert conclut encore que, dans les lois, le principal et l'essentiel, c'est ce qui vient du Christ, des apôtres, des prophètes. En seconde ligne, il place les textes qui sont en accord avec ceux-ci, et que reconnaît le consentement de tous les catholiques. Enfin il tient compte des choses mises en lumière, par des hommes très éloquents et très savants.

En somme, Gerbert impose au pape, comme aux évêques, l'usage de la raison, la recherche de la vérité, la pratique de la justice et de la charité. Et il subordonne la valeur de ses décisions, à celle même de ses connaissances et de sa moralité, d'accord en cela d'ailleurs avec toute sa doctrine philosophique et morale, puisqu'en Dieu, la souveraine intelligence est accompagnée de la justice et de la bonté souveraines ; puisque Jésus a enseigné et pratiqué le bien ; que les apôtres ont été remarquables par leurs vertus personnelles, comme par les lumières qu'ils ont reçues du Saint-Esprit, et qu'il en a été de même des docteurs, des saints ou des papes dont se recommande l'église universelle. C'est peut-être en quoi Gerbert, qui suit souvent Hincmar, est original comme canoniste [1], plus par les raisons qui les lui font choisir, que par les autorités qu'il invoque.

Sur le mathématicien, on a beaucoup discuté, et l'on a même soulevé des questions qu'il nous semble actuellement

---

[1]. Il n'est pas embarrassé, écrit-il, de suivre ses adversaires sur ce terrain ; mais il préférerait toute autre lutte, même celle qui l'obligerait à mettre les armes à la main (Ep. 195).

impossible de résoudre. Elles ne pourront l'être, un jour, que si les travaux analogues à ceux de MM. Chasles — nous parlons surtout de ses traductions et de ses commentaires — Büdinger, Cantor, Curtze, Victor Mortet et Tannery, etc [1] se multiplient, de manière à reconstituer la chaîne dont les travaux de Gerbert forment, de l'aveu de tous, un anneau important. Notre objet n'est pas de montrer que Gerbert fut un inventeur, mais qu'il a contribué puissamment à remettre en honneur les études antiques, et qu'il a ainsi servi de précurseur à la science moderne.

Or nous savons qu'il a fait, de la mathématique, un auxiliaire de la théologie et de la philosophie, qu'il en a pleinement montré l'utilité théorique et pratique, même à Otton I$^{er}$, à Jean XIII et à Otton III. Bernelinus [2] le présente comme ayant repris des études longtemps négligées, et semé les germes d'un progrès nouveau.

Nous pouvons donc, en ce sens, admettre les assertions de M. Chasles, qui signale de nombreux précurseurs à Gerbert, pour l'arithmétique et l'abaque; qui suit les progrès des Gerbertistes jusqu'au XII$^e$ siècle. Mais il n'en est pas de même pour l'origine de notre représentation numérale. Les ouvrages de Boèce, tels que nous les possédons actuellement, contiennent bien les *apices*, qui ressemblent au moins autant à nos chiffres, que les lettres arabes dont on les a rapprochés. Bernelinus indique que, de son temps, on usait de signes à peu près analogues, ou de lettres grecques [3], ce qui permet certes d'en soutenir l'origine occidentale et non arabe. Mais nous ne trouvons rien d'aussi affirmatif chez Richer ou Gerbert. Richer parle des neuf signes (*notas*), qui servaient à

---

1. Cf. p. 75, note 1. M. Lot nous annonce la publication prochaine, avec commentaire, des œuvres mathématiques de Gerbert, par M. Boubnov, qui s'est déjà occupé des Lettres.

2. Cogis enim et crebris pulsas precibus, ut tibi multiformes abaci rationes persequar diligenter, *negligentia quidem apud nos jam pene demersas sed a domino papa Gerberto quasi quædam seminaria breviter et subtilissime seminatas.* Cf. pp. 75 sqq.

3. Cf. Olleris, p. 361.

exprimer tous les nombres et des mille caractères, faits à leur ressemblance, qui passaient successivement de l'une à l'autre des vingt-sept colonnes de l'abaque. Gerbert ne se sert, dans la *Regula* et le *Libellus*, que de chiffres romains [1].

Ce qui est absolument incontestable, c'est que Gerbert apprit à ses contemporains à faire rapidement des multiplications et des divisions fort compliquées.

Pour cela, il avait vingt-sept colonnes, qui représentaient nos unités (unités simples, dizaines, centaines), nos mille (unités, dizaines, centaines), nos millions, nos billions, nos trillions, nos quatrillions, nos quintillions, nos sextillions, etc. Mais les noms manquaient, pour exprimer tous ces nombres : c'est pourquoi Richer disait qu'on avait plus vite fait de les multiplier que de les lire, puisque l'on était obligé, pour désigner l'ordre des millions, de dire *millies milleni, decies millies milleni, centies millies milleni*. Puis venaient les *mille millies milleni*, les *decies mille millies milleni*, les *millies mille millies milleni*, etc. Et il fallait, rien que pour les millions, ajouter les mille et les unités, avec leurs trois ordres. Aussi se bornait-on d'ordinaire, pour l'abaque, à treize colonnes.

On distingue les *digits*, ou les nombres de un à neuf, les *articles*, ou dix et les multiples de dix, division purement relative, qui rappelle la division logique des genres et des espèces. Tout nombre supérieur à dix peut donc être considéré comme formé d'un digit et d'un article. On suppose connue notre table de multiplication, dite de Pythagore. Dès lors, il s'agit, pour effectuer une multiplication, de décomposer d'abord le multiplicande et le multiplicateur, en leurs digits et leurs articles, puis de faire les multiplications successives. De là, les règles données par Gerbert, pour indiquer quels déplacements il faut, dans l'abaque, faire subir aux uns et aux autres. Soit par exemple 4,600 à multiplier par 23.

---

1. Les apices de Boèce, avec leurs noms, sur lesquels on a tant disputé, ont été ajoutés au manuscrit de Montpellier, par un copiste qui n'en connaissait ni l'ordre, ni la valeur (Olleris, p. 583).

On mettra les multiplicateurs au bas, les multiplicandes en haut des colonnes, les résultats au milieu : 2 sera dans les dizaines, 3 dans les unités, 4 dans les mille, 6 dans les centaines. On multipliera 3 par 6, ce qui donne 18. Mais le digit 8 sera posé dans la colonne des centaines, à laquelle appartient 6 ; 1, l'article sera dans la colonne des mille. Multiplions 4, qui est dans la colonne des mille, par 3, qui est dans celle des dizaines. Le digit du produit, 2, sera posé dans la colonne des mille ; 1, dans celle des dix mille. Multiplions enfin 4 et 6 par 2 ; nous avons 12 et 8. Nous mettons le 2 de 12, dans la colonne des mille, son 1 dans celle des dix mille ; 8 sera aussi dans celle des dix mille [1]. Il nous reste à additionner ces résultats. Dans la colonne des mille, nous trouvons 1, 2 et 2 ; nous mettons le caractère qui porte la note 5, et nous enlevons les trois qui s'y trouvaient. Dans celle des dix mille, il y a 8 et 2, nous les remplaçons par un 1, posé dans la colonne des cent mille. Nous avons donc pour produit définitif 105,800.

Ainsi les multiplications s'effectuent, avec d'autant plus de rapidité, qu'on connaît mieux les règles et qu'on est plus habitué à les mettre en pratique. C'est pourquoi Gerbert

[1]. Nous mettons en regard la façon de procéder de Gerbert et notre méthode actuelle. L'exemple que nous citons est pris dans un traité postérieur, publié par Chasles, mais il montre bien l'emploi des règles données par Gerbert.

| MILLE | | | UNITÉS | | | |
|---|---|---|---|---|---|---|
| Centaine | Dizaine | Unité | Centaine | Dizaine | Unité | |
|  |  | IV (4) | VI (6) |  |  | 4,600 |
|  |  |  |  |  |  | 23 |
|  | I I VIII | I II II | VIII |  |  | 138 |
|  |  |  |  |  |  | 92 |
| I |  | V | VIII |  |  | 105,800 |
|  |  |  |  | II (2) | III (3) |  |

rappelle, à plusieurs reprises, les « exercices » indispensables pour y devenir habiles[1]. Le zéro n'est pas nécessaire, puisqu'il suffit de laisser vides, les colonnes, dans lesquelles il n'y a pas de chiffres à placer.

Bien plus difficiles et plus compliquées encore sont les divisions qu'on exécute avec l'abaque. On distingue, à ce point de vue, la division avec *différences*, dans laquelle on pose les différences sous les diviseurs, et la division sans *différences,* dans laquelle on ne les pose pas ; la division simple, quand il n'y a qu'un diviseur, avec un ou plusieurs dividendes ; la division composée, quand il y a plusieurs diviseurs ; elle est, en ce dernier cas, avec intermission, quand les diviseurs sont séparés par une ou plusieurs colonnes.

Soit 87 à diviser par 7. La différence du diviseur 7 à 10 est 3. Le dividende 86 comprend le digit 6 et l'article 80. La division partielle se fait toujours sur l'article ; la table de Pythagore est supposée connue pour la division, comme pour la multiplication. Le quotient de 80 par 10 est 8. Le produit de 8 par 3, différence, forme un nouveau dividende, avec 20 pour article et 4 pour digit. Le quotient de 20 par 10 est 2. La différence 3, multipliée par ce quotient, donne 6. On ajoute 6 aux digits de 24 et de 86, et on a $(6 + 4 + 6 =)$ 16. On divise 10, l'article de 16, par 10 : le quotient est 1 qui, multiplié par la différence, donne 3. Ajoutons 3 au digit de 16, nous avons un digit, 9, que nous divisons directement par le diviseur 7 ; le quotient est 1, avec 2 pour reste. Les quotients partiels 8, 2, 1, 1 sont additionnés et fournissent 12 pour quotient définitif, avec 2 pour reste. On ne fait donc plus usage de la différence, quand le dernier dividende est un digit, ce qui explique qu'on ne soit pas arrivé aux fractions décimales[2].

Soit à diviser, par une méthode qui, usant encore des différences, se rapproche de notre procédé actuel, 3000 par

---

[1]. *Libellus*, lettre d'envoi à Constantin, p. 96, n. 1 et lettre 187 à Otton III, p. 103 n. 1.
[2]. L'exemple est pris à Chasles, Ac. des sc. 1843, 16 p. 287.

407. On divise 1000 par 7, en le décomposant en 9 centaines, qu'on divise, et en une centaine qu'on réserve *ad minuta componenda*, c'est-à-dire pour le diviseur 7 de 407 (= 400 + 7), qui prend le nom de *minutum*. 9 divisé par 4, donne 2 pour quotient et une centaine pour reste. On multiplie le *minutum* 7, par ce quotient, ce qui fait 14, dont la différence est (100-14 =) 86, qu'on ajoute à la centaine restante. 186 est le reste de la division de 1000 par 407. Multiplions le quotient 2 et le reste 186 par 3 (*dénomination* de 3,000) : les produits sont 6 et 558. Ce sont les résultats de la division de 3000 par 407, 6 étant le quotient et 558 le reste. 558 contient encore une fois le diviseur et laisse 151 pour reste. Le quotient définitif est donc 7, le reste 151.

Les règles pour la multiplication et surtout pour la division sont nombreuses [1]; elles sont d'une application assez difficile pour ceux qui commencent; mais l'exercice les rend faciles, et surtout, ce qui est l'essentiel, on les fait exactement. On comprend donc que Gerbert, en terminant sa lettre d'envoi à Constantin, ait pu écrire qu'il lui fournissait, par le *Libellus de numerorum divisione*, le moyen d'étudier les intervalles musicaux, de mesurer les hauteurs, de trouver les dimensions du ciel et de la terre [2]. On comprend mieux encore l'admiration respectueuse des ignorants pour Gerbert, qui rappelle celle dont étaient l'objet, il n'y a pas longtemps encore, dans certaines campagnes, ceux qui étaient capables de chiffrer et de faire rapidement des opérations compliquées, d'écrire une lettre, d'arpenter un champ et de le diviser en portions déterminées [3]. On s'explique aussi l'accusation de magie ou de sorcellerie, à une époque où

---

1. La *Regula de abaco computi* donne 15 espèces, pour la multiplication du nombre simple (*singulares*, de 1 à 9), 24 pour celle des dizaines, etc. — On retrouverait, dans nos anciens traités élémentaires d'arithmétique, des divisions analogues.
2. Cf. la fin de la lettre, p. 96 n. 1, de *habes ergo* à *fide comparatam*.
3. Les problèmes que se posait Alcuin, un certain nombre de ceux même que soulève Gerbert, se sont conservés, en certains pays, dans les traditions populaires.

l'on invoquait, pour tout ce que l'on ne comprenait pas, l'intervention de Dieu ou du démon ; où l'on voyait croître, chaque jour, le nombre des choses inexplicables. On s'aperçoit enfin que, par ce côté comme par bien d'autres, Gerbert est supérieur à ses successeurs, en particulier à Abélard, qui se reconnaît « tout à fait ignorant en mathématiques [1] ».

Mais sur les connaissances musicales de Gerbert, qui avaient frappé Jean XIII et Otton I<sup>er</sup>, nous n'avons que fort peu de choses. Le monocorde était composé d'une corde de métal ou de boyau, tendue sur une règle, pour mesurer les proportions des sons, puisque Gerbert dit, à Constantin, que la multiplication et la division lui serviront à la détermination des intervalles musicaux [2]. Quant à la distinction des symphonies, en tons, demi-tons, ditons (tierce majeure) et dièses (demi-diton), à la classification des sons dans les différents tons, il ne semble pas qu'il y ait là une nouveauté. Sans doute Gerbert dut montrer, par des nombres, quelle était la composition détaillée de chacune des gammes, et peut-être dresser des tableaux qui, la rendant sensible, la faisaient rapidement saisir ou la rappelaient à ceux qui l'avaient oubliée. Mais ce fut surtout comme maître, pour le chant et les instruments, qu'il devint célèbre. On lui attribue un cantique en l'honneur du Saint-Esprit ; une prose, ajoutée au canon de la messe, en l'honneur des anges [3]. Il s'offre à fournir des renseignements, sur tout ce qui concerne l'étude de la musique ou le maniement des orgues [4] ; il semble même en avoir fait fabriquer en Italie.

---

1. Cousin, *Philosophie du moyen âge*, p. 45. « Qu'Abélard était très ignorant en mathématiques ». — On pourrait relever, chez Gerbert, quelques passages relatifs aux proportions et à la divisibilité des nombres (*de sang. et corp. Dom*, p. 171 ; Ep. 134, p. 95 n. 1.) Il faut aussi se souvenir qu'il y a, chez Gerbert et Bernelinus, des indications pour la multiplication et la division des fractions romaines.
2. Le monocorde est décrit par Macrobe et Boèce.
3. Olleris, p. 568.
4. Tous les textes relatifs à la musique sont réunis, pp. 75, 76, 93, 97. On ne peut attribuer aucune valeur à ce que dit Guillaume de Malmesbury, des orgues de Reims (ch. vi, § 1).

Mais nous ignorons comment il les construisait; nous ignorons même, si comme on pourrait le croire, par le mot *organa* dont il use, il s'occupait d'autres instruments.

Pour la géométrie [1], Gerbert utilise l'abaque. Il résout un certain nombre de questions théoriques, qui ont rapport à la science, telle qu'elle fut enseignée en Grèce et telle qu'elle l'est dans les temps modernes, mais aussi des problèmes pratiques, qui rappellent les arpenteurs romains; qu'on retrouve en partie chez Alcuin et qui s'étaient transmis, de génération en génération, dans nos campagnes, avant que l'usage des livres élémentaires fût passé dans les habitudes. Gerbert en signale d'abord l'utilité : la géométrie exerce les forces de l'esprit, elle excite sa pénétration, elle est pleine de spéculations subtiles; elle nous amène à contempler, à louer la puissance admirable de la nature et de son Créateur, qui a disposé toutes choses avec nombre, mesure et poids [2]. En donnant les définitions du solide, de la ligne, de la surface, il cite Boèce, saint Augustin qui, dans bon nombre de ses ouvrages, surtout dans la *Quantité de l'âme*, a dit de la géométrie, qu'elle nous conduit, du corporel, aux choses vraies et spirituelles [3]; enfin Chalcidius, le traducteur et le commentateur de Platon. Il énumère les mesures inventées par les anciens (*digitus, uncia, palmus, sexta, pes, laterculus,* etc.), pour les lignes, les surfaces et les volumes. Il faut se rappeler qu'elles ne sont pas, comme les nôtres, établies sur une base décimale : la *sexta* par exemple, vaut 12 doigts; carrée elle en vaut 144; cube, 1728; le palme vaut, pour les trois dimensions, 4, 16 et 64 doigts. Les opérations sont donc fort compliquées et l'abaque est d'une grande utilité, pour le géomètre ou l'arpenteur, qui multiplie ou qui divise.

1. Voir les pp. 81, sqq., p. 85, p. 111.
2. Sap. XI, 21, cité dans le *De corpore et sanguine Domini,* cf. ch. v, § 3, p. 170.
3. On reconnaît la théorie platonicienne qui nous élève, par la dialectique, du monde sensible au monde intelligible : les figures géométriques, comme les nombres, servent d'intermédiaires.

Gerbert passe aux figures planes, au triangle, qui en est le principe, comme dit Boèce dans son *Arithmétique*, à ses espèces et à sa nature — en rappelant le commentaire de Boèce sur les Catégories, — aux triangles rectangles (orthogones pythagoriques), qu'il apprend à construire en nombres rationnels [1], et à propos desquels il mentionne la « *Cosmopeia* » du *Timée* et, de nouveau, l'*Arithmétique* de Boèce. Il indique comment on détermine, avec l'astrolabe ou l'horoscope, l'élévation d'une tour, la profondeur d'un puits, la distance d'un objet inaccessible, comment on connaît la hauteur par l'ombre ; comment on mesure une surface, avec une perche d'arpenteur, une chose élevée, avec des flèches et du fil. Il calcule la perpendiculaire d'un triangle, dont les côtés sont donnés, et suit, pour la surface des polygones réguliers, les formules fausses des arpenteurs romains [2]. Pour le rapport de la circonférence au diamètre, il prend $\frac{22}{7}$. Sur l'aire du triangle et du quadrilatère, il reproduit les indications inexactes de Bède. Comme Bède et comme Alcuin, il cherche le nombre des arbres qu'on peut mettre dans un champ, des brebis qu'on y placerait, pour que chacune dispose d'un certain espace ; des maisons d'une longueur et d'une largeur déterminées, qu'on construirait dans une cité quadrangulaire ou circulaire. Avec la solution d'un problème, qui dépend d'une équation du second degré [3], d'une formule qui somme les termes d'une progression arithmétique, on rencontre une règle inexacte, pour la surface du triangle, en fonction des trois côtés. Enfin Gerbert se demande combien de stades répondent, sur la terre, aux parties du zodiaque. Et il rappelle que le philosophe Ératosthène, tenant compte des

---

1. Chasles, *Aperçu historique*, etc., p. 505, dit : « Il se sert... des règles attribuées à Pythagore et à Platon, qui dérivent des formules générales, que nous avons trouvées dans les ouvrages indiens. » Il n'est pas nécessaire de montrer ce qu'il y a d'arbitraire dans de telles affirmations.
2. Chasles, loc. cit.
3. Chasles, loc. cit. : Étant données l'aire et l'hypoténuse, on demande les côtés. Soit A l'aire, et C l'hypoténuse, la solution de Gerbert, traduite en formule, donne, pour les deux côtés, la double expression : $\frac{1}{2}[\sqrt{C^2+4A} \pm \sqrt{C^2-4A}]$

5,000 stades trouvés, par les hépatistes, entre Syène et Alexandrie, estimait à 250,000 stades la circonférence du globe terrestre, c'est-à-dire qu'il la faisait quatre fois environ plus considérable qu'elle ne l'est en réalité.

A cette géométrie, surtout pratique, et, par cela même, plus propre à intéresser ses contemporains, qui rejoignait l'arithmétique et la philosophie comme la théologie, Gerbert joignait l'astronomie, qui en était, pour ainsi dire, le prolongement[1]. Sur ce point encore, l'originalité de Gerbert consiste moins, dans ce qu'il connaissait par rapport à nous, que dans ce qu'il pouvait enseigner à ceux qui l'ignoraient complètement. Nous savons, par Richer, combien on admira les instruments, avec lesquels il rendait aisée la connaissance des étoiles et des planètes. Et tout en admettant, comme Olleris, que les gens instruits, dans le monde romain ou à Alexandrie, connaissaient les sphères d'Archimède et d'Ératosthène; que Macrobe et Martianus Capella en donnaient des descriptions assez précises, il faut affirmer que le grand mérite de Gerbert, fut de faire renaître ces études longtemps délaissées, de répéter et d'expliquer, en partie, ce qu'avaient su les anciens et de permettre à ses successeurs d'aller plus loin, s'ils en avaient le loisir et la volonté. De ses connaissances, il n'y a pas de raison pour dire, après Guillaume de Malmesbury, Vincent de Beauvais et Trithème, « qu'il éclipsa Ptolémée dans la science de l'astrolabe, Alkindus dans l'astronomie, J. Firmius dans l'astrologie judiciaire[2] ». Il n'est pas possible non plus de croire, comme y seraient assez portés les auteurs de l'*Histoire littéraire*, qu'il ait, en se servant de lunettes à longue vue, devancé Galilée. Ce qui est incontestable, c'est qu'il observait les étoiles et leurs positions respectives ; c'est que, pour les apercevoir plus aisément ou pour les mieux suivre, il employait des

---

1. Voyez les textes, pp. 76 sqq., p. 95, p. 99, p. 111, n. 3.
2. « Vicit scientia Ptolemæum in astrolabio, Alexandrum (Alkindum ?) in astrorum interstitio, J. Firmius in fato » (*De gest. reg. angl.*, II, p. 64). Sur la valeur des témoignages de Guillaume de Malmesbury, voir ch. vi, § 1.

tubes, bien unis à l'intérieur; c'est que ses sphères mêmes étaient garnies de tubes semblables, construits avec plus de soin, et disposés pour permettre, à ceux qui en faisaient usage, de retrouver, dans le ciel, ce qui figurait dans ou sur les sphères [1].

De même, nous ne saurions admettre qu'il ait inventé les horloges à roues; mais nous pouvons affirmer qu'il savait construire des horloges ou cadrans solaires; qu'il en avait établi une à Magdebourg, devenue fameuse, et qu'il conseillait, sur ce sujet, ses amis ou ses anciens élèves, comme il leur apprenait à fabriquer des abaques ou des sphères [2]. Et c'était déjà beaucoup d'arriver à mesurer le temps, d'une manière suffisamment exacte, pendant que le soleil était à l'horizon. En se mettant à l'école des anciens, l'esprit humain faisait son éducation et apprenait à nouveau l'art d'inventer. De même qu'on a pu dire, au point de vue littéraire, que Gerbert était voisin de la Renaissance, il ne serait pas exagéré d'avancer, qu'en découvrant ou en retrouvant ces procédés ingénieux, il annonce le mouvement scientifique du XVII° siècle, caractérisé surtout par l'invention d'instruments propres à augmenter la portée, la précision des sens, et analogues, en une certaine mesure, à ceux dont Gerbert recommandait l'usage. Et, pour cette raison, nous n'avons, pas plus pour les sciences et la philosophie que pour les lettres, à faire intervenir une influence arabe [3], puisque les

---

1. La lettre de Gerbert à Constantin, p. 111, n. 3, est caractéristique : elle explique, d'une façon à peu près suffisante, le texte de Richer, où le mot *fistula* désigne tantôt une baguette et tantôt un tube. Car Gerbert, en indiquant la manière de reconnaître le pôle, semble distinguer les tubes qui se manœuvraient seuls, qu'on plaçait immobiles, en un lieu déterminé, pour voir toute la nuit l'étoile polaire (*fistulis organicis*), de ceux qui, joints aux sphères, devaient être partout d'égale grosseur, afin de ne pas gêner la vue. — Voyez Büdinger, *op. cit.*, pp. 41 sqq.

2. Voyez la Lettre 153, à Adam, p. 99, n. 7, et Thietmar : « In Magadaburgh orologium fecit, illud recte constituens, considerata per fistulam quadam stella nautarum duce » (Chr. VI, c. 61). En rapprochant le texte de Thietmar de la Lettre à Constantin, rappelée dans la note précédente, on voit que l'observation des étoiles avait un but théorique et pratique.

3. Cf. ch. II, § 3.

œuvres latines, connues de Gerbert, contiennent tous les éléments qu'il a réunis dans sa synthèse théorique et pratique.

La physique et la médecine complétaient ses études scientifiques ; il lit Pline et Celse ; il parle de la cause de l'ombre, de la production de l'univers et du chaos qui l'a précédé [1]. Il décrit, en homme qui les observe de près, les phénomènes météorologiques, auxquels il ne cherche que des explications naturelles. S'il ne pratique pas l'art des médecins, il connaît la science sur laquelle ils s'appuient : il décrit les maladies et discute la manière dont on a examiné les malades, comme le mal dont ils souffrent ; même il ne renonce pas à chercher des remèdes qui puissent les guérir [2].

## IV

Savoir pour agir, c'est donc ce que se propose l'érudit et le philosophe, le théologien et le savant. C'est que l'homme est passionné pour la vérité et pour la justice [3]. Développer son intelligence et augmenter ses connaissances, ne lui semble pas plus nécessaire que de régler sa volonté, de dompter ses passions ou de s'exercer à mépriser la fortune trompeuse [4]. Toute sa vie il cherche à faire de mieux en mieux, comme à savoir de plus en plus : il se trouve prêt pour les circonstances les plus diverses, à gouverner un couvent comme à diriger l'Église, à être le conseiller d'un archevêque, comme d'un roi ou d'un empereur. Son caractère vaut son intelligence.

Ses mœurs sont irréprochables [5]. Il parle de l'amitié, en

---

1. Ep. 159. « In primordiale chaos putaretur mundus relabi. »
2. Pour la physique, voir p. 97, 148 ; pour la médecine, p. 98 et 100.
3. Ep. 193. « Æqui et veri amantissimus. »
4. Cf. § 3, p. 159 sqq., le moraliste.
5. « *Electio G. Remorum archiepiscopi*. Elegimus nobis archiepiscopum abbatem Gerbertum, ætate maturum, natura prudentem, docibilem, affabilem, misericordem... Hujus *vitam* ac *mores* a puero novimus. »

termes d'autant meilleurs, qu'ils sont en parfait accord avec tous les actes, dont la connaissance est venue jusqu'à nous par sa correspondance. Abbé, il veut que ses moines, comme ses vassaux ou ses puissants « fermiers », suivent fidèlement l'ordre et la règle ; mais il s'indigne de les voir manquer de nourriture et de vêtement ; il n'use même pas contre eux de tous ses droits, et se borne à leur rappeler que, d'après les saints Canons, il lui serait permis et peut-être commandé de les excommunier [1]. Archevêque, il penche en général vers l'indulgence, quand il s'agit des humbles ou des faibles. Pape, il proclame qu'un des attributs de la chaire pontificale, c'est de relever ceux qui sont tombés [2], de les aider à rentrer dans la voie de la justice et de la vérité : il rétablit, sur son siège, Arnoul, qui avait été pour lui la cause de tant de tourments et de peines, comme il rend à Pétroald le gouvernement de Bobbio.

Être juste, c'est s'acquitter de tous ses devoirs ; c'est aussi exiger, des autres, qu'ils respectent vos droits. C'est ce que fait Gerbert avec les puissants, avec Otton II et sa mère Adélaïde, avec Pierre, évêque de Pavie et pape, comme avec Otton III et ses conseillers ; avec la veuve de Hugues Capet, comme avec le légat Léon et Jean XV, qui s'est constitué le défenseur d'Arnoul. Mais il faut aussi pratiquer la charité, aider les autres à s'instruire, par tous les moyens dont on dispose ; aider tous les chrétiens, clercs ou laïques, compatriotes ou étrangers, à remplir leurs propres devoirs. Même s'il s'agit de ceux dont la conduite ne peut être, pour autrui, cause de dommage, on usera d'indulgence, on leur pardonnera leurs fautes, on leur viendra en aide pour qu'ils deviennent moins mauvais ou meilleurs.

Le politique suit, en ce qui le concerne, les règles de la

---

1. Voyez les lettres écrites de Bobbio ou écrites après son retour à Reims, citées précédemment, p. 49 sqq.
2. « Silvester Arnulfo. Apostolici culminis est non solum peccantibus consulere, verum etiam lapsos erigere... ut et Petro solvendi libera sit potestas et Romanæ gloriæ ubique fulgeat dignitas. »

société féodale. Si le vassal engage sa foi au suzerain, celui-ci s'oblige à le maintenir en possession de son bénéfice. Gerbert demeure attaché à Otton III et travaille, de toutes ses forces, à lui conserver son héritage; car s'il a perdu son abbaye, ce n'est pas la faute de celui qui reste son suzerain légitime et qui est impuissant à se défendre, comme à défendre ses vassaux. Il ne sort pas de « la clientèle d'Adalbéron », qui le traite en collaborateur, combat avec lui pour Otton III, et veut le faire évêque, ou même le choisit pour successeur. Quand Hugues Capet, qu'il a fait roi et auquel il a rendu d'autres services, provoque l'élection d'Arnoul, il ne se croit nullement lié envers lui, puisqu'il ne lui a rien promis et n'en a rien reçu. S'il rompt ensuite avec Arnoul, c'est que celui-ci manque manifestement à ses devoirs envers son suzerain, et, pour reprendre sa liberté, il lui rend ce qu'il en a reçu. S'il se retourne vers Hugues Capet et accepte d'être archevêque à Reims et archi-chancelier, c'est que la cour d'Allemagne, ne lui offrant rien en échange de Bobbio qui lui avait été concédé régulièrement, rien en échange de ce qu'il possédait à Reims, ne le considère plus comme son vassal. Puis, après avoir servi fidèlement les rois de France, lorsqu'il est exposé à périr, s'il reste à Reims, ou même à rompre, par un schisme, avec l'Église catholique, il s'estime, avec raison, quitte de toute obligation envers Robert, qui ne sait le protéger, et même l'abandonne pour rendre l'archevêché à Arnoul. Il revient à Otton, qui le refait son vassal, en lui donnant Sasbach, en le choisissant pour maître et pour conseiller [1].

Comme le chrétien établissait, par la philosophie, la synthèse de toutes les connaissances sacrées et profanes, le politique unit l'État et l'Église. La paix de l'un, c'est le calme pour l'autre. Et la paix, c'est, en ce monde, le bien souverain, par lequel on acquiert tous les autres. Il se renseigne,

---

[1]. Voyez la lettre de Sylvestre II, à Ascelin de Laon, qui montre à quel point il déteste la perfidie p. 162.

dans le monde chrétien ¹, sur l'état de la société laïque, comme sur celui de la société religieuse. Il songe à reprendre le pays qui a été le berceau du christianisme, à refouler les Musulmans en dehors de l'Europe ²; mais il reconnaît que les Croisades sont prématurées, qu'il importe auparavant d'unir et de fortifier la cité du Christ. Il y emploie toute son activité, soit qu'il essaye, comme abbé, d'établir la règle, par la concorde, entre tous les bénédictins; soit qu'il tente, comme archevêque de Reims, d'apaiser les différends entre évêques et abbés; soit que, souverain pontife, il s'attache à supprimer toutes causes de discordes entre les chrétiens. Mais il compte beaucoup sur le pouvoir civil : il veut d'abord unir la France de Lothaire et la Germanie d'Otton III, qui, par sa naissance, est destiné à être empereur et maître de l'Italie. Lothaire n'a ni le pouvoir, ni la volonté nécessaires à un roi. Gerbert se tourne vers Hugues Capet, et de roi en fait, le transforme en roi de droit. Il espère un moment faire ainsi l'unité du monde chrétien : il promet, à Borel, les secours de Hugues, contre les Sarrasins, s'il se reconnaît le vassal du roi de France. Il veut faire épouser à Robert une princesse porphyrogénète, et il explique, aux empereurs, qu'ils n'auront plus rien à craindre, ni de la Germanie où règne leur neveu, ni de la France, devenue leur alliée. Il entrevoit, dans l'avenir, la réunion de l'Occident et de l'Orient, gouvernés par des princes confédérés, dominant les seigneurs et les peuples, formant une seule et même Église, capables peut-être de refouler les Musulmans et d'étendre la cité chrétienne, avec la civilisation qu'elle tient d'elle-même et de l'antiquité, bien au-delà des limites où elle est maintenant enfermée !

Mais ce projet ne saurait aboutir, parce que les Sarrasins ont vaincu les chrétiens d'Espagne, parce que les rois de France ne pensent qu'à remplacer les Carolingiens et à faire

---

1. Voyez les lettres à Géraud, écrites de Reims, et celles à Étienne, diacre de l'Église romaine.
2. Voyez p. 88, n. 1 et p. 133, n. 1.

vivre modestement la royauté nouvelle, parce que les Byzantins ne veulent que redevenir les maîtres, et non les collaborateurs, des chrétiens d'Occident. Gerbert, avec cette constance et cette souplesse d'intelligence, qui constituent en grande partie son originalité, forme un projet nouveau, ou plutôt se sert de ce qui est à sa disposition, pour réaliser le but, auquel il a voué toute son existence. Archevêque de Ravenne et pape, il reste le conseiller d'Otton III. Partant les deux pouvoirs peuvent concourir à la même fin. C'est pourquoi Gerbert associe le jeune empereur à tous les actes de son pontificat, qu'il s'agisse de l'Espagne ou de la France, comme de l'Italie ou de la Germanie [1]. C'est pourquoi il élabore, avec lui, cette constitution [2], qui n'est ni un retour

1. Voir dans Olleris, dans Jaffé, etc., les actes de son pontificat, notamment Wilmans, p. 134, n. 1 et 2; Stumpf, n°⁸ 1183, 1191, 1200, 1201, 1202, 1250, 1254, 1294; Jaffé-Loewenfeld, pp. 496-499 (J. Havet, p. xxxiii).
2. Voici comment Olleris résume, d'après Wilmans et Gfrörer, le projet de Gerbert et d'Otton : « Otton nous dit lui-même qu'un jour il était sorti de Rome, avec le marquis Hugues, pour rétablir la République et qu'il avait traité des affaires de l'empire, avec le vénérable pape et les grands officiers de la couronne. On peut croire que l'on arrêta, dans ces conférences, l'organisation nouvelle. Ce qui donne le plus grand intérêt aux deux fragments de cette constitution, trouvés l'un par Mabillon, l'autre par M. Pertz, c'est moins la reproduction d'un vain cérémonial des hauts dignitaires, emprunté à Constantinople et au code théodosien, que le dessein de faire vivre l'empereur et le pape dans la ville de Rome, de combiner l'alliance des deux pouvoirs rivaux, de prévenir ces luttes passionnées qui devaient troubler le moyen âge et qui ne sont pas terminées de nos jours. La mort prématurée d'Otton III anéantit cette tentative de conciliation.

« Rien ne manquait à la pompe de la nouvelle cour ; le César était entouré, dans son palais, sur le mont Aventin, du Protospataire, de l'Hyparque, du Protovestiaire, du Comte du sacré palais. Il avait aussi un Archilogothète, un Logothète, un Maître de la milice impériale, un Préfet de la flotte, etc., etc.

« A côté d'eux se trouvaient sept juges palatins, qui consacraient le César et choisissaient le pape, d'accord avec le clergé de Rome. Les deux premiers sont le Primicerius et le Secundicerius ; ils se tiennent à la droite et à la gauche du César ; ils gouvernent avec lui ; le César ne peut prendre sans eux aucune décision importante. Ces deux magistrats occupent aussi le premier rang dans l'église. Dans les processions, ils mènent le pape par la main : ils ont le pas sur les grands et les évêques. Le trésorier, Arcarius, est le troisième juge. Il est chargé des impôts. Le quatrième, Sacellarius, paie l'armée, distribue les aumônes aux pauvres le samedi, et surveille l'emploi des revenus. Le Protoscrinarius ou chancelier est le cinquième ; puis viennent le premier défenseur, *primus Defensor*, dont l'action s'étend sur la justice, et l'*adminiculator*, auquel sont confiés les intérêts des orphelins, des veuves, des malheureux.

« L'administration tout entière était donc entre les mains de ces juges, qui

à l'époque de Constantin — puisque l'empereur n'est pas le seul maître — ni la reconstruction de l'empire de Charlemagne, puisque la place faite au clergé lui donne un caractère nouveau ; mais un essai de faire leur part, aux deux éléments, qui avaient déjà commencé à entrer en lutte, et qui, devenus tout à fait ennemis, donnèrent naissance à cette longue guerre du sacerdoce et de l'empire, qui a désolé tout le moyen âge et ne semble pas terminée dans notre monde moderne. Et en même temps Gerbert cherchait à conquérir, au régime nouveau, des nations qui pourraient compenser, pour lui, la perte, qui semblait déjà définitive, de l'orient byzantin : la Pologne, la Bohême, la Hongrie, devenaient des alliées ou des vassales, chez lesquelles pourraient se répandre le christianisme et, sous forme pratique, tout au moins, les doctrines que Gerbert en croyait inséparables [1]. Otton III mourut avant son maître et l'œuvre fut interrompue. Mais, pour nous, qui savons les désastreux résultats dont furent suivies les tentatives de leurs successeurs, nous devons reconnaître qu'il y avait là une conception originale, peut-être féconde, qui témoigne autant, en faveur de Gerbert, que celle qui l'avait conduit à fondre, en une doctrine unique et cohérente, tout ce qu'il avait pu apprendre des païens et des chrétiens.

appartenaient exclusivement au clergé. Le mérite et la vertu, sans égard à la naissance, suffisaient pour arriver à ces postes. On n'exigeait d'autre condition que de n'être ni esclave, ni pauvre, parce que la bassesse de l'origine ou la misère aurait pu étouffer le sentiment du devoir.

« A la réception d'un juge, l'empereur lui faisait jurer d'être incorruptible ; agrafant ensuite un manteau sur son épaule droite, et lui remettant un exemplaire des lois de Justinien, il lui disait : « *Juge Rome, la cité de Léon, et le monde entier, d'après cette loi.* » Qui ne reconnaît dans cette recommandation la pensée de l'Église, de substituer la raison écrite, aux coutumes grossières des Barbares, où la force et le hasard décidaient souvent les questions les plus difficiles ?

« La prépondérance de l'élément ecclésiastique, en général plus instruit, plus moral, qui se recrute dans toutes les classes de la société, prouve que cette constitution est l'œuvre d'un esprit distingué, qui doit sa fortune à son mérite personnel. Gerbert en est donc l'auteur. Il proclame que le gouvernement du monde appartient au plus digne, qu'il doit s'exercer dans l'intérêt commun, se préoccuper du sort des faibles, de ceux qui souffrent. La création d'un ministère des pauvres convient à l'homme qui distribue, pendant son pontificat, d'abondantes aumônes. »

1. Voy. Olleris, pp. 556 sqq.

# CHAPITRE VI

## LA LÉGENDE DE GERBERT

I. — Les hérétiques, après Gerbert : Vilgard et les poètes; les manichéens d'Orléans, scolastique et science ; la dialectique, Bérenger et Abélard; les mathématiques et le démon. — Ignorance croissante ; le rôle du démon. — Abbon, Adhémar, Ascelin, Bennon, Sigebert, Orderic Vital, Guillaume de Malmesbury; la légende complète.
II. — Luttes entre protestants et catholiques, Baronius. — Les Gallicans et les ultramontains ; ouverture du tombeau de Gerbert. — Les travaux des érudits. — Persistance des imputations calomnieuses chez les historiens. — La légende de Gerbert et Victor Hugo. — Nécessité d'une analyse minutieuse des textes.

I

Une recherche attentive, appuyée sur des documents incontestables, nous a montré ce que pensa et enseigna, ce que voulut et ce que réalisa le pape philosophe. Il nous reste à dire brièvement, comment et pourquoi, on se l'est représenté d'une façon si différente, au moyen âge et dans les temps modernes, en le transformant, en le diminuant et en le déformant.

Le moyen âge a créé un grand nombre de légendes qui, parfois rappellent les plus gracieuses de l'antiquité grecque. Mais quand il s'agit des personnages historiques, il lui arrive souvent de grandir, aidé, en certains cas, par les modernes, ceux dont le rôle spéculatif ou pratique a été secondaire, — tels Roland, Roscelin ou même Abélard — de diminuer ceux dont l'importance fut aussi grande, pour leurs contemporains qu'elle l'est pour la postérité, tels Aristote, Charlemagne et Alexandre. Elle n'a pas mieux traité Gerbert qu'Aristote.

Comment est-on passé de cette vive admiration, que nous avons constatée chez les ignorants comme chez les savants, chez les laïques et les clercs, les princes et les évêques, à cette légende, où le démon devient l'allié, le serviteur et le maître de Gerbert; à ces assertions singulières des polémistes ou des historiens modernes, qui reprochent, à Gerbert, tant de choses qu'on ne saurait lui attribuer, en se tenant aux documents authentiques?

Gerbert surpassait en tout ses contemporains; mais il était chrétien comme eux et il avait prouvé qu'il était, plus que tous, soucieux de l'unité de l'Église et de l'intégrité des croyances. Il faisait une grande place aux poètes, et leur prenait des pensées comme des expressions; mais il leur joignait tout ce qu'il pouvait connaître des autres écrivains, païens et chrétiens. Or, Vilgard [1], à Ravenne, où Gerbert avait été archevêque, n'étudie que la grammaire et

[1]. Raoul Glaber, édition Prou (p. 50) XII. « De herese in Italia reperte. 23. Ipso quoque tempore non impar apud Ravennam exortum est malum. Quidam igitur Vilgardus dictus, studio artis grammatice magis assiduus quam frequens, sicut italicis mos semper fuit artes negligere ceteras, illam sectari. Is enim, cum ex scientia sua artis cepisset inflatus superbia stultior apparere, quadam nocte assumpsere demones poetarum species Virgilii et Oratii atque Juvenalis, apparentesque illi fallaces retulerent grates quoniam suorum dicta voluminum carius amplectens exerceret, seque illorum posteritatis felicem esse preconem; promiserunt ei insuper sue glorie postmodum fore participem. Hisque demonum fallaciis depravatus cepit multa turgide docere fidei sacre contraria, dictaque poetarum per omnia credenda esse asserebat. Ad ultimum vero hereticus est repertus atque a pontifice ipsius urbis Petro dampnatus. Plures etiam per Italiam tunc hujus pestiferi dogmatis sunt reperti, qui et ipsi aut gladiis aut incendiis perierunt. Ex Sardinia quoque insula, que his plurimum habundare solet, ipso tempore aliqui egressi, partem populi in Hispania corrumpentes et ipsi a viris catholicis exterminati sunt. Quod presagium Johannis prophetie congruit, quia dixit Sathanan solvendum, et expletis mille annis de quibus in tertio jam libello prolixius tractabimus. »

néglige les autres arts ; il ne s'attache qu'aux poètes, et, parmi eux, à trois seulement de ceux que Gerbert lisait, Virgile, Horace et Juvénal. De ces poètes, il affirme qu'il faut tout croire : on est obligé d'employer, en Italie, le fer et le feu, contre ses sectateurs. De la Sardaigne, il en passe en Espagne, où les catholiques les exterminent avec ceux qu'ils ont corrompus. Le légat Léon défendait les papes, qui refusaient de devenir les disciples de Virgile et de Térence. Raoul Glaber nous dit que les démons ont pris la forme de Virgile, d'Horace et de Juvénal, pour faire de Vilgard un hérétique. Donc la lecture des poètes nous expose à perdre la foi, en fournissant aux démons le moyen de nous tenter.

Gerbert avait frappé ses contemporains, par le nombre et l'étendue de ses connaissances. Ses succès, comme professeur, lui avaient valu l'amitié des grands, des rois et des empereurs. Mais il suffit que, d'Italie, arrive à Orléans une femme, « *pleine du démon* », pour qu'elle séduise, non seulement les simples, mais encore les plus doctes des clercs. Parmi les hérétiques, figurent Lisoius et Étienne, remarquables par leur science, amis des grands et des rois. Même Étienne est un maître, comme Gerbert, et, entre autres doctrines propres à renverser le christianisme tout entier, « les nouveaux hérétiques proclamaient, par leurs détestables aboiements de chiens, l'hérésie d'Épicure », de cet Épicure que Gerbert citait après Sénèque et dont il avait lu le disciple, Lucrèce, pire peut-être encore que celui dont le poète faisait un dieu. La science ne défend donc pas contre l'hérésie, et un scolastique lui-même peut devenir la proie du démon [1].

1. Raoul Glaber, édition Prou, p. 74 (VIII, 26). « Fertur namque a muliere quadam ex Italia procedente.... quæ ut erat diabolo plena, seducebat quoscunque valebat, non solum idiotas ac simplices, verum etiam plerosque qui videbantur doctiores in clericorum ordine... duo heresiarces... genere ac *scientia* valentiores in clero... Stephanus... Lisoius.. qui... tam apud regem quam apud palacii proceres summam obtinuerunt amicitiam... Stephanus... capitale scuole tenebat dominium... Et cum universarum heresum insanientes canum more latrantes deterrima, in hoc tamen epicureis erant hereticis similes. »

Il y a plus. A Chartres, parmi les élèves de Fulbert, qui continue l'enseignement de Gerbert, Bérenger reprend, sur l'Eucharistie, l'opinion contraire à celle de Paschase Ratbert et de Gerbert. Malgré les condamnations, malgré les écrits de ses condisciples et de Lanfranc, Bérenger soutient la lutte, pendant trente ans, sans s'avouer vaincu. Et il proclame, comme Gerbert, que, dans la recherche de la vérité, la raison est incomparablement le meilleur des guides, que recourir à la dialectique, c'est recourir à la raison et que celui qui renonce à sa raison, renonce à ce qui l'honore le plus ; car ce qui est en lui l'image de Dieu, c'est la raison [1].

La dialectique ne s'attaque pas uniquement à l'Eucharistie. Roscelin soulève la question suivante : « Si les trois personnes de la Trinité sont seulement une chose, si elles ne sont pas trois choses en soi, comme trois anges ou trois âmes... il faut que le Père et l'Esprit Saint aient été incarnés avec le fils [2]. » Et avec Abélard, la dialectique est plus que supposée, elle est formellement accusée de conduire à l'hérésie [3].

Enfin, les mathématiques sont suspectes. Abélard, qui les avait étudiées sans fruit, affirme « que cette science, dont l'exercice est odieux (*nefarium*), et qui se nomme la *mathématique*, ne doit pas être réputée mauvaise ; car il n'y a pas de crime à savoir, au prix de quels hommages et de quelles immolations, les démons accomplissent nos vœux ; le crime est d'y recourir [4] ».

Ainsi, d'un côté, l'ignorance, de plus en plus grande, s'opposait à ce que des maîtres pussent saisir, dans son ensemble, la synthèse faite, par Gerbert, de tout le savoir

---

1. *De sacra cœna*, p. 100, Hauréau, I, p. 228.
2. Voyez *Roscelin, philosophe et théologien*, d'après l'histoire et d'après la légende, p. 3. — Voyez plus haut la *Professio fidei* de Gerbert.
3. Voyez Otto Fris., *de gest. Frid.*, l. 47, p. 433 édition Urstisius: Prantl, II, p. 166, n. 258.
4. *De propositionibus et syllogismis hypotheticis, seu Analytica posteriora*, Prologus.

humain et divin ; de l'autre, la scission produite entre les études qu'il savait mener toutes de front, avait eu, pour résultat, de produire des hérésies funestes à l'Église. De sorte que le démon, le véritable auteur, selon les théologiens, de toutes les doctrines mauvaises, semblait plus puissant sur chacun de ceux qui s'y livraient. Et, d'une façon plus générale, son importance va sans cesse grandissant, comme nous l'apprennent Raoul Glaber et même Abélard. On sera donc aisément amené à penser que ce qui est vrai de ses successeurs peut l'être de Gerbert ; que le démon a eu d'autant plus d'action sur lui, qu'il offrait plus de prise à la tentation. Si l'on se dit ensuite qu'il a acquis plus de connaissances, que n'en sauraient rassembler les contemporains ; qu'il a été mieux accueilli que personne, des rois, des grands et des empereurs ; que, parti d'une condition infime, il s'est élevé aux situations les plus hautes, on trouvera son existence merveilleuse. Et comme les démons ont mis la main sur un certain nombre de ses héritiers, il suffira que quelqu'un établisse l'assimilation entre eux et lui, pour qu'on reconnaisse la possibilité, la vraisemblance, puis la certitude incontestable d'une telle assertion. Surtout si les papes, qui viennent après lui, semblent, comme nous l'avons vu, des représentants du diable, bien plus que des vicaires de J.-C.

Comment s'est formée, à travers les siècles, la légende de Gerbert ?

Abbon de Fleury répondait, à Arnoul d'Orléans, qui l'avait accusé d'indisposer contre lui les rois de France : « J'avoue que j'ignore la magie et que je n'ai pas appris les maléfices. » Mais les moines de Fleury-sur-Loire, peu bienveillants pour Gerbert, ne semblent pas avoir vu, dans ces paroles, une allusion à Gerbert. Adhémar de Chabanais lui fait visiter Cordoue, par amour de la sagesse, mais ne parle ni de nécromancie ni de magie. Adhémar ou Ascelin de Laon, à qui Sylvestre II avait reproché ses perfidies, insinue qu'il peut bien s'être adonné à la magie, en lui donnant le nom d'un roi d'Égypte, l'un des pays où elle avait été florissante, d'après les hommes du moyen âge [1].

Vers 1080, la légende commence avec Bennon, cardinal de l'antipape Guibert, et adversaire acharné de Grégoire VII, qui avait voulu, comme Gerbert, mais d'une autre façon, établir l'unité de l'Église. Depuis Grégoire V, Rome n'a eu que d'indignes pontifes. Gerbert a infecté la ville de ses maléfices. Benoît IX et Grégoire VI adoptèrent ses idées sacrilèges, qu'ils transmirent à leurs disciples Hildebrand et Brazutus. Celui-ci empoisonna six papes, pour donner le souverain pontificat à son ami Hildebrand. Quant à Gerbert, il avait un démon particulier, qui lui avait livré le Saint-Siège, en échange de son âme. Gerbert lui demanda quand il mourrait : « Ce ne sera pas, lui fut-il répondu, avant d'avoir célébré la messe à Jérusalem » [2]. Il croyait avoir longtemps à vivre, quand, officiant un jour à l'église Sainte-Croix de Jérusalem, qui était à côté de Saint-Jean de Latran, il s'aperçut que la prédiction du démon s'était accomplie. Il fut pris d'un grand désespoir, avoua publiquement ses fautes et commanda qu'on lui coupât les mains et la langue.

Voici maintenant Hugues, moine à Verdun, puis abbé de Flavigny. Il connaît Richer, mais il nous dit que Gerbert s'est fait chasser d'Aurillac, à cause de « l'insolence de ses mœurs », et qu'il est devenu archevêque de Ravenne, par « quelques prestiges ».

Sigebert, moine de Gemblours en Brabant († 1113), est un adversaire des réformes de Grégoire VII : « En l'an 995, écrit-il, Gerbert, aussi nommé Sylvestre, préside à l'Église romaine. Plusieurs écrivains ne le mettent pas au nombre des papes et le remplacent par Agapet, ce qui ne paraît pas

---

1. Ascelin fait parler le roi Robert, ancien élève de Gerbert :

> Crede mihi non me tua verla minantia terrent
> Plurima me docuit *Neptanabus* ille magister.
> Labitur auta tholis rutilat quo splendida fulvis.

2. La source de cette invention est peut-être la lettre 163 : « Donec optatis perfruar sedibus, reddamque Deo vota mea in *Sion*. »

sans raison. On dit, en effet, que ce Sylvestre n'est pas entré par la bonne porte, et certaines gens l'accusent de nécromancie. On ne sait pas au juste comment il mourut. Quelques-uns prétendent qu'il fut assommé par le diable, chose au reste qui, quant à nous, sera laissée dans le doute. »

Orderic Vital, mort en 1141, est un contemporain d'Abélard. « Gerbert, nous dit-il, fut savant dans les lettres divines et humaines; il eut des disciples fameux et de haut rang [1]. Ayant été déposé du trône de Reims, qu'il avait usurpé illicitement, il quitta la Gaule avec rougeur et indignation, pour se rendre auprès de l'empereur Otton. Par lui, il devint archevêque de Ravenne, puis pape. On raconte qu'au temps où il était scolastique, il eut des entretiens avec le démon, à qui il demanda ce qui devait lui arriver. Le diable lui répondit : Gerbert passe de R. en R., puis pape, il brille dans R. Cet oracle du malin était alors assez obscur à comprendre, mais nous le voyons ensuite complètement réalisé. Car Gerbert passa, du siège de Reims à celui de Ravenne, puis devint souverain pontife à Rome ».

Guillaume de Malmesbury écrit en même temps que Jean de Salisbury. Avec lui, la légende est à peu près complète : « Gerbert (qu'il appelle Jean) a grandi dans le couvent de Fleury-sur-Loire. Dès qu'il connut le bivium de Pythagore, ennuyé de la vie monastique ou entraîné par la passion de la gloire [2], il quitta le couvent, pendant la nuit, et s'enfuit en Espagne, pour étudier, chez les Sarrasins, l'astrologie et les autres sciences de cette nature. Il apprit, sous leur direction, après deux ans, ce que signifient le chant et le vol des oiseaux ; il connut le secret d'évoquer les ombres des morts ; enfin, il posséda tout ce que la curiosité humaine peut connaître de nuisible ou de salutaire.

---

1. « Même, remarque Olleris, p. cxci, des hommes qui étaient morts avant sa naissance ! » — Sur la légende, voyez, outre Olleris, Hock, *Gerbert*, Wien, 1837, traduit par l'abbé Axinger, et Louis Barse, *Lettres et Discours de Gerbert* Riom, 1847.

2. C'est « l'insolence des mœurs » dont parle Hugues de Flavigny ; la « causa sophiæ » et le voyage à Cordoue, d'Adhémar de Chabanais.

« Il est inutile de parler des sciences permises, arithmétique, musique et géométrie; il s'en pénétra de manière à prouver qu'elles étaient au-dessous de son génie et il en ranima l'étude dans la Gaule, où elles étaient depuis longtemps tout à fait oubliées. Il fut assurément le premier qui, prenant l'abacus chez les Arabes, en donna les règles, que les abacistes comprennent à peine, après s'être bien fatigués à les étudier [1].

« Il habitait chez un philosophe de cette secte, qui s'était laissé gagner d'abord par les fortes dépenses de son hôte [2]. Le Sarrasin ne refusait pas de lui vendre sa science. Gerbert le fréquentait assidûment; il s'entretenait avec lui, tantôt de choses sérieuses, tantôt de choses légères; il en recevait des livres qu'il copiait. Il y en avait un seul qu'il ne pouvait obtenir; il renfermait tout ce que l'on peut savoir. Gerbert désirait ardemment se le procurer à tout prix, car le fruit défendu a toujours pour nous de l'attrait; ce que l'on nous refuse paraît plus précieux! Prières, supplications au nom de Dieu, protestations d'amitié, offres brillantes, promesses plus brillantes encore [3], il met en vain tout en œuvre. Alors il a recours aux embûches nocturnes.

« L'assiduité avait engendré la familiarité entre Gerbert et la fille du Sarrasin; d'accord avec celle qui l'aimait, il enivre son père, prend le volume placé sous son traversin et s'enfuit. Le Sarrasin s'éveille; guidé par les étoiles, dont il connaît les secrets, il poursuit le fugitif.

« Le fugitif consulte aussi les astres [4]; il comprend le danger qui le menace; il se cache sous un pont de bois, qui était dans le voisinage; il embrasse une poutre; il se suspend, de manière à ne toucher ni l'eau ni la terre. Le Sarrasin,

---

1. Voici tout à la fois Richer et Adhémar de Chabanais.
2. Ne s'agit-il pas des dépenses et des promesses, que faisait Gerbert pour se procurer des livres? Voyez, pp. 120 sqq.
3. C'est ce que fait Gerbert, avec les correspondants, auxquels il demande des livres, voir pp. 120, sqq.
4. Voyez ce que Richer dit des observations astronomiques de Gerbert, et la lettre à Constantin, p. 111, n. 1.

dérouté dans ses recherches, rentre chez lui. Gerbert précipite sa marche et arrive à la mer. Là, par des enchantements, il appelle le diable; il lui jure un hommage éternel [1], s'il le protège contre son ennemi, qui s'est remis à sa poursuite, et s'il le transporte au-delà de la mer. Cela fut fait.

« On pourrait croire que ce sont là des inventions du peuple, parce qu'il se plaît à attaquer la réputation des savants et qu'il accuse de s'entretenir, avec le démon, celui qui excelle dans son art. De là des plaintes de cette nature chez Boèce, dans sa *Consolation de la philosophie,* parce qu'il se livre à l'étude de la sagesse.

« Pour moi, le récit extraordinaire de la mort de Gerbert ne me laisse aucun doute sur son sacrilège. Car enfin, comme nous le dirons bientôt, au moment de mourir, pourquoi, bourreau exécrable, irait-il déchirer son corps, s'il n'avait pas la conscience [2] d'un crime inouï! Aussi dans un vieux volume, qui est tombé entre mes mains et où l'on avait mis tous les noms des papes avec les années de leur règne, j'ai lu ces mots : *Jean ou Gerbert, dix mois; celui-ci a terminé honteusement sa vie.*

« Gerbert, revenu dans la Gaule, sa patrie, ouvrit des écoles publiques et acquit la réputation du maître le plus savant. Il avait, pour compagnons de ses études, pour collègues, Constantin, abbé du monastère de Saint-Maximin, près d'Orléans, auquel il adressa les règles de l'abacus; Adalbolde, évêque d'Utrecht, dit-on, qui a donné lui aussi des preuves de son génie, dans sa lettre à Gerbert, sur la question du diamètre d'après Macrobe, et dans quelques autres écrits. Il eut des disciples d'un esprit distingué, de race noble : Robert, fils de Hugues Capet, Otton, fils de l'empereur. Robert, plus tard roi de France, récompensa son maître par l'archevêché de Reims [3]. Il y a, dans l'église de

---

1. C'est ce que fait Gerbert à Otton III, p. 104.
2. Guillaume semble s'appuyer sur ce que Gerbert a dit lui-même de la conscience, ch. v, § 2, p. 163, pour l'attaquer.
3. Nous voici revenus, sauf quelques erreurs légères, à Richer et aux lettres de Gerbert.

cette ville, des choses qui attestent son savoir : une horloge artistement composée ¹, des orgues hydrauliques, où le vent, dégagé, d'une manière merveilleuse, par la violence de l'eau bouillante, emplit la cavité de l'instrument et rend des sons mélodieux, en s'échappant par les issues nombreuses d'un tube d'airain ².

« Otton, qui fut empereur d'Italie après la mort de son père, créa Gerbert archevêque de Ravenne, et bientôt le fit pape de Rome.

« Gerbert, soutenu par son patron, qui était le diable, pressait la fortune pour réaliser tout ce que son imagination avait rêvé. Il fit servir, à ses passions, des trésors autrefois cachés par les Gentils et que la nécromancie lui avait fait découvrir, dans des amas de ruines.

« Il y avait, près de Rome, au Champ de Mars, une statue d'airain ou de fer, qui avait l'index de la main droite étendu, et on lisait écrit sur sa tête, *Frappe ici!* Les hommes des siècles passés, convaincus que ces mots indiquaient l'existence d'un trésor, avaient mutilé à coups de hache, la statue innocente. Gerbert releva leur erreur en donnant à l'inscription un sens bien différent. A midi, lorsque le soleil est au centre, il examine jusqu'où se prolonge l'ombre du doigt et revient pendant la nuit avec un serviteur, qui porte une lanterne ³. Ils creusent la terre par les moyens ordinaires ; une large entrée s'ouvre devant eux. Ils aperçoivent un vaste palais, des murs d'or, des plafonds d'or, tout est en or ; des soldats d'or, avec des tessères d'or ; un roi et une reine d'or sont à table ; on y voit des mets servis, des serviteurs debout, des coupes d'un poids et d'un prix élevé, où la main d'œuvre l'emporte sur la matière. Dans un angle, une escarboucle admirable et de petit volume, dissipait, par son éclat, les ténèbres de la nuit. Dans l'angle opposé, un enfant

---

1. Voir la lettre 159 à Adam, p. 99, n. 7.
2. Sur les orgues, voyez ch. v, § 3, pour distinguer le merveilleux du certain.
3. Voyez ce qui est dit de la cause de l'ombre et de la mesure des hauteurs par l'ombre, ch. v, § 2 et 3, pp. 148 et 188.

était debout, armé d'un arc, le nerf tendu, la flèche prête à partir.

« Ainsi partout un art merveilleux ravissait les regards des spectateurs ; on voyait tout, mais on ne pouvait toucher à rien. Dès que quelqu'un s'apprêtait à toucher un objet, toutes les statues paraissaient tressaillir et prêtes à s'élancer sur l'audacieux. Gerbert, effrayé, réprima ses désirs ; le serviteur ne put s'empêcher de dérober un couteau admirablement travaillé, qu'il avait vu sur la table. Il pensait sans doute, au milieu de tant de richesses, pouvoir cacher son petit larcin. A l'instant même, toutes les statues se dressent en frémissant, l'enfant lance la flèche contre l'escarboucle, tout tombe dans les ténèbres. Et si, par un avertissement du ciel, le serviteur n'eut aussitôt rejeté le couteau, il aurait été cruellement traité avec son maître. Gerbert, éclairé par la lanterne, s'éloigna sans assouvir sa cupidité [1]. C'est une opinion constante, chez le vulgaire, que Gerbert avait préparé tout cela par des prestiges diaboliques.

« La renommée a publié que Gerbert avait fondu, pour son usage, la tête d'une statue, sous une certaine position des astres, à savoir lorsque toutes les planètes allaient commencer leur course [2]. Cette tête ne parlait pas sans être interrogée ; mais, qu'elle dît oui ou non, jamais elle ne trompait. Par exemple, lorsque Gerbert disait : Serai-je pape? la statue « répondait : Oui. — Mourrai-je avant de chanter la messe « à Jérusalem [3]? Non. On dit que, trompé par cette réponse ambiguë, il ne songeait pas à faire pénitence, en homme qui se flattait d'une longue vie. Quand donc songerait-il à visiter Jérusalem, pour hâter sa mort? Il ne comprit pas qu'il y avait, à Rome, une église appelée Jérusalem. Le pape y chante la messe les trois dimanches qui ont pour titre : *Statio ad Jerusalem*. Aussi, comme Gerbert se préparait pour la

---

1. Voyez la lettre à Adélaïde, où Gerbert se défend d'un reproche analogue « Pietatem sine *avaritia* exercere me putavi. »
2. Allusion à la grande année de Platon, dont Gerbert connaît le *Timée*.
3. Voyez ce qui a été dit à propos de Bennon.

messe, un de ces dimanches, il se plaignit d'une indisposition subite. Le mal augmentant, il se coucha. Il consulta la statue, qui lui apprit son erreur et sa mort.

« Gerbert fait appeler les cardinaux, il pleure longtemps ses crimes, puis au milieu de la stupeur et du silence des assistants, il ordonne, furieux, hébété par la douleur, que son corps soit haché, que les lambeaux soient jetés hors du palais. Que celui, disait-il, qui a cherché l'hommage de mes membres, en ait le service, car jamais mon âme ne s'est attachée à ce serment ou plutôt à ce sacrilège [1]. »

Cette légende est reproduite par Albéric des Trois-Fontaines et Vincent de Beauvais, par Martinus Polanus, par tous les chroniqueurs et les historiens, qui ne la discutent même plus à partir du XIII° siècle.

Un fait facile à expliquer, par la nature du sol, fit ajouter, au récit de Guillaume de Malmesbury, quelques circonstances extraordinaires et nouvelles, qu'on ne se soucia guère d'ailleurs d'y relier logiquement. « Souvent le tombeau de Gerbert, dit Jean, diacre de Saint-Jean-de-Latran, même par le temps le plus serein et quoique placé dans un lieu qui n'est pas humide, laisse échapper visiblement des gouttes d'eau, ce qui étonne assez tout le monde. » — Cela n'étonne ni le chroniqueur de Vézelay, pour qui « la tombe de Gerbert sue, avant la mort des papes », ni le chroniqueur Godelle, convaincu « que le Seigneur a été touché, par la pénitence tardive de Gerbert, et qu'il n'a pas refusé le pardon à son repentir sincère [2] ». — « On dit maintenant, écrit-il, que ce tombeau annonce la mort du pontife romain, de sorte que peu d'instants avant sa fin, il répand tant d'eau, que cela fait de la boue tout autour. Quand un cardinal ou un haut dignitaire de l'Église doit mourir, le tombeau est tellement humide, qu'il

---

1. Guillaume amplifie ce qu'a dit Bennon.
2. Godelle dit, comme Guillaume, qu'il commanda de couper son corps en morceaux, pour éteindre les douleurs éternelles, par un supplice temporel. Ses expressions, « très infâme, très scélérat » s'appliquent bien à Benoît IX, dont Bennon avait rapproché Gerbert.

semble avoir été arrosé. » Enfin, rapporte Platine, l'épitaphe placée sur la tombe, affirme que le trépas des papes est annoncé, « par un choc et froissis des os qui se fait au dedans ».

II

A l'époque de la Réforme, la légende se mêle aux discussions ardentes, que Gerbert soulève entre les protestants et les catholiques. Les centuriateurs de Magdebourg, qui imprimèrent, en 1570, les *Actes du Concile de Saint-Basle,* y puisèrent des armes contre la papauté. Mais, en même temps, la légende, qui faisait de Gerbert un magicien, un scélérat, un suppôt du démon, leur permettait d'ajouter un nom odieux, à la liste de ceux qui leur servaient, par énumération, à établir l'indignité morale des souverains pontifes. Les partisans de la papauté se trouvaient dans une situation fort embarrassante, obligés de le défendre comme pape ; d'infirmer son autorité, comme rédacteur des *Actes,* et adversaire « acharné » des pontifes de son temps. Baronius, mort en 1605, accuse Gerbert d'avoir « falsifié », dans son récit, ce qui s'était fait à Saint-Basle. Et, en supposant, ajoute-t-il, que tout ce qu'il a écrit, ne soit pas une invention, les « novateurs » ne tireront aucun parti de cette œuvre, arrachée comme un cadavre, aux vers du tombeau, pour déshonorer le Saint-Siège. Gerbert n'est « qu'un arrogant, un menteur, un loup garou » ; Arnoul d'Orléans, un hérétique, un schismatique, un donatiste, un pélagien. Contre la lettre à Siguin de Sens, où Gerbert soutient qu'il faut tenir, « pour un païen et un publicain », l'évêque de Rome qui pêche contre son frère et refuse d'écouter les avertissements de l'Église, Baronius s'indigne plus encore, et traite l'auteur « d'arrogant et d'orgueilleux, d'hérétique et de schismatique, d'insensé, de fou et de frénétique ». Pour la lettre à Wilderod, il affirme que Gerbert falsifie le texte d'Hincmar et que, s'ils sont d'accord, ils ne sont tous deux que des blasphémateurs.

Aussi Baronius « avoue-t-il franchement », que Gerbert était indigne du Saint-Siège, dont il fut l'ennemi le plus acharné, « qu'il couvrit de ces vomissements hideux, avalés et mâchés par les novateurs, pour les revomir une fois de plus sur saint Pierre, qui les a fait retomber sur eux-mêmes ».

Par contre, Baronius défend Gerbert, quand les protestants l'accusent de magie pour rejeter l'accusation sur la papauté : « Qui donc, dit-il, s'est permis de dire qu'il était magicien ? Un Bennon, un soi-disant cardinal archiprêtre, un adversaire de Grégoire VII. Gerbert ne fut qu'un savant, qui devançait et surpassait son temps [1]. Ceux qui ont voulu effacer son nom du catalogue sont des ignorants, pervertis par le schismatique Bennon. Qui pourrait ajouter foi à cette fable du Champ-de-Mars, du valet de chambre et du joli couteau ? Il n'y a, entre cette histoire et celle de la papesse Jeanne, qu'une différence, c'est que l'une fut imaginée pour la joie et l'autre, pour le dénigrement ».

Au XVIIe siècle, c'est en France, entre gallicans et ultramontains, que se pose, dans l'Église même, la question soulevée au IXe par Nicolas Ier, reprise par Jean XV, à propos de l'élection de Gerbert. L'auteur des *Actes du Concile de Saint-Basle*, des lettres à Siguin et à Wilderod, est invoqué par les uns, combattu par les autres, parfois loué, parfois décrié, rarement étudié avec impartialité.

La légende, battue en brèche par Baronius, se découronne en 1648, quand Innocent X, pour réparer l'église de Saint-Jean-de-Latran, fit ouvrir le tombeau de Sylvestre II. « Quand on creusa sous le portique, dit le chanoine Rasponi, le corps fut trouvé tout entier, couché dans un sépulcre de

---

[1]. Baronius avait reçu, de Nicolas le Fèvre, une copie des Lettres de Gerbert, qui est aujourd'hui à la bibliothèque Vallicellane (G. 94) à Rome (Julien Havet, p. XLIV).

marbre, à une profondeur de douze palmes. Il était revêtu des ornements pontificaux, les bras croisés sur la poitrine, la tête couverte de la tiare sacrée. Dès qu'on l'eut changé de place, l'action de l'air le fit tomber en poussière et il se répandit tout autour une odeur douce et agréable, peut-être à cause des parfums que l'on avait employés pour l'embaumer. Il n'en resta qu'une croix d'argent et l'anneau pontifical. »

Il devenait difficile de soutenir que l'on avait coupé le mort en morceaux, pour sauver son âme et lui faire obtenir le pardon des crimes qu'elle avait commis. Mais on n'était nullement, par ce fait, obligé de renoncer à voir en lui un criminel, pour enlever un puissant défenseur aux doctrines adverses.

Un apologiste de Gerbert, Bzovius [1], avait refait la légende en un autre sens : Gerbert devient, pour lui, un descendant des Cæsius, contemporains de Paul Émile et de Caton l'ancien, célèbres en Aquitaine, après s'être autrefois alliés aux Héraclides sur l'Hellespont!

Toutefois des érudits se succédaient, qui essayaient de mieux faire connaître Gerbert et surtout de l'apprécier avec impartialité, par conséquent de mettre en relief ses grandes qualités, intellectuelles et morales. Dès 1611, Masson édite les *Lettres* [2], dont Nicolas Viguier, qui en avait eu communication par Pithou, avait déjà donné des extraits [3]. Puis Duchesne, en 1636, reproduisait, avec corrections, l'édition de Masson et y joignait cinquante-cinq lettres nouvelles [4]. Naudé prenait la défense de Gerbert et des autres grands hommes accusés de magie; Mabillon, dom Bouquet et Muratori publiaient des documents intéressants [5]; Baluze préparait une

1. *Silvester II Cæsius Aquitanus pontifex Maximus*, 1828.
2. *Epistolæ Gerberti*, primo Remorum, dein Ravennatium episcopi, postea Romani pontificis Silvestri secundi. Paris.
3. La Bibliothèque historiale de Nicolas Viguier, de Bar-sur-Seine, médecin et historiographe du roi.
4. *Historiæ Francorum Scriptores*, t. II. Paris, 1636.
5. Mabillon, *Veterum Analectorum*, tome I, IV. Paris, 1675 ; *Annales ordinis*

apologie de Gerbert. A ceux qui le disaient un homme sans conscience, un pervers, un perfide, un traître, un enchanteur, un possédé du démon, à peine un chrétien, il se proposait de prouver que Gerbert fut plein de bonté, de raison, de piété, de sagesse, de courage ; un homme éminent dans les sciences, un homme enfin, dont la mémoire mérite d'être conservée et honorée [1].

En 1826, Pertz commençait la publication des *Monumenta Germaniæ historica,* dans lesquels il ne tardait pas à faire paraître les *Histoires* de Richer, depuis longtemps oubliées, et absolument nécessaires, pour connaître l'œuvre, la vie et l'influence de Gerbert. Olleris éditait, en 1867, les Œuvres, où il introduisait un certain nombre de documents nouveaux. Enfin, Julien Havet publiait, en 1889, les *Lettres*, d'après des manuscrits inconnus des précédents éditeurs : il en déchiffrait les caractères tachygraphiques et en donnait une bonne classification, suivant l'ordre chronologique.

Sous l'influence des recherches désintéressées, les défenseurs ou même les adversaires des doctrines, qui présentent, avec celles de Gerbert, certaines analogies, se sont efforcés de l'apprécier plus exactement. Si les frères Weichel, qui rééditent, pour les réformés, les *Actes du Concile de Saint-Basle* en 1600, publient encore une Chronique, où la légende médiévale est présentée dans toute sa naïveté et sa méchanceté, le protestant Sismondi considère Gerbert « comme le plus digne de gouverner l'Église, par l'étendue de ses connaissances et peut-être même par ses vertus ; car, dans sa vie si agitée, on ne remarque point de tache, et le même homme, qui avait défendu avec chaleur ce qu'on nomma depuis les libertés gallicanes, s'était résigné..... plutôt que d'occasionner un schisme [2] ». De même Bellarmin et Suares, sans compter

---

*Sancti Benedicti,* Paris, 1703-1739, VI tom. in-fol.; Bouquet (dom Martin) et ses continuateurs, *Recueil des historiens des Gaules et de la France.* Paris, 1738-1876, XXIII tom. in-fol.: Muratori, *Rerum Italicarum Scriptores.* Milan, 1723-1751, XXV tom. in-fol.

1. Julien Havet, p. xxxv.
2. Voyez ch. v, § 3, p. 173, le texte de Gerbert, auquel de Sismondi fait allusion.

Mabillon, Fleury, Bouquet et Rivet, suspects peut-être à cause de leur ordre ou de leurs doctrines, sans compter Voltaire et d'Alembert, plus suspects encore, tentent de lui rendre justice. De nos jours les *Études religieuses, historiques*, etc., de la Compagnie de Jésus, ont, avec des articles qui se ressentaient des préventions ultramontaines contre Gerbert, inséré des articles, qui sont plutôt bienveillants [1]. Et l'abbé Lausser, dans une thèse présentée à l'ancienne faculté de théologie de Paris, soutenait que « la déposition d'Arnoul fut canonique et que la promotion de Gerbert, sur le siège archiépiscopal de Reims, est inattaquable, au point de vue du droit commun, adopté au x° siècle [2] ».

Mais, pour bien des écrivains encore, les souvenirs de la légende, des discussions entre protestants et catholiques, entre gallicans et ultramontains, nuisent à l'examen des œuvres, par lesquelles on devrait uniquement se laisser guider pour dire ce qu'il fut et ce qu'il fit. Ajoutez à cela que de nouveaux adversaires sont venus à Gerbert. Les uns ont pris parti pour les Carolingiens dépossédés, pour Charles de Lorraine et pour Arnoul de Reims ; d'autres sont avec les Capétiens, ou trouvent que Gerbert ne fut pas un partisan suffisamment impersonnel des empereurs germains ou des rois de France ; d'autres lui reprochent d'avoir été nuisible à la France ou à la Germanie. Tous, occupés des doctrines politiques dont ils voudraient assurer le triomphe, les transportent dans le passé et s'indignent contre ceux qu'ils en estiment avoir été alors les adversaires.

Dès lors, si l'on renonce à faire, de Gerbert, un allié du démon, on ne rejette pas toujours les imputations calomnieuses, qui avaient été inventées pour transformer, en diabolique, le personnage que vantaient les plus grands de ses contemporains, et auquel certains de ses admirateurs attribuaient même quelque chose de divin. Ainsi Ampère parle

---

1. Année 1869. Voyez Julien Havet, p. xxxii.
2. Gerbert, *Étude historique sur le* xi° *siècle*. Aurillac, 1866.

« de cette habileté souple et déliée, qui a fait de tout temps le renom des politiques célèbres, pour laquelle l'opinion vulgaire a toujours eu une trop indulgente admiration, et que la morale de l'histoire doit réprouver ». Il condamne sa « conduite tortueuse et ses intrigues ». « C'est probablement, dit-il encore, du consentement de Gerbert, qu'Arnoul a livré Reims aux Lorrains [1] ». Michelet incline à conserver la légende, en l'exagérant, et il juge sévèrement « la versatilité de l'Auvergne ». Gfrörer, Wilmans, Olleris, Franck ont, plus d'une fois, répété des assertions, qui sont en contradiction manifeste avec les textes dont nous avons donné l'analyse [2].

M. Lanson a dit, de Victor Hugo [3], que, « n'ayant pas d'idées originales, il n'en sera que plus apte à représenter, pour la postérité, certains courants généraux de notre opinion contemporaine ». Si l'on en juge ainsi pour ce que Victor Hugo dit de Gerbert, on pensera que nos contemporains ont une tendance marquée à se souvenir beaucoup plus du mal, qu'en affirment la légende et les polémistes de toute espèce, qu'à lui rendre cette justice due à tous ceux qui ont pris place dans l'histoire de l'humanité. Victor Hugo l'a mis dans *Welf, castellan d'Osbor*. Sylvestre II vient en aide au César, pour com-

1. Pour qui voudrait constater combien sont inexactes toutes ces assertions, nous renvoyons aux chapitres précédents. Ampère a bien vu l'importance du spéculatif.
2. Gfrörer, *Allgemeine Kirchengeschichte*, dritter Band; Wilmans, *Jahrbücher des deutschen Reichs unter der Herrschaft König und Kaiser Otto's III*. Berlin 1840; Olleris, *Œuvres de Gerbert*, Paris et Clermont, 1867; Franck, *Journal des savants*, 1868, et *Moralistes et Philosophes*, Paris, 1872. Olleris trouve — par une exagération manifeste — « que le langage de tous les écrivains catholiques et protestants, qui ont traité des affaires de l'Église, est celui de la passion et qu'ils n'apportent aucun élément nouveau pour éclairer l'histoire ». Il relève fort justement les appréciations qui, dans Gfrörer, « ne sont pas assez impartiales ». A son tour, M. Julien Havet en signale dans Olleris lui-même et dans Wilmans. M. Franck ne trouve, à Gerbert, ni « force de caractère », ni « grandeur d'âme », ni « droiture », ni « bonne foi ». Il a des « connaissances médiocres », un « génie qui n'est pas de premier ordre », il a vraisemblablement trahi son supérieur et l'a livré à la vengeance du roi, pour s'asseoir à sa place, au mépris de l'autorité du Saint-Siège ». M. Franck, voit d'ailleurs, avec raison, en Gerbert, un continuateur d'Alcuin et de Charlemagne.
3. Lanson, *Histoire de la littérature*, p. 1029.

mettre une iniquité : en un langage hypocrite, hautain et orgueilleux, il engage Welf à se soumettre à Otton, pour sauver son âme et éviter l'enfer. Et Welf lui répond, comme si Gerbert eût été un de ces monstres, auxquels celui-ci reprochait autrefois de déshonorer le siège pontifical, un Jean XII ou un Benoît IX ! Puis quand Otton veut, en soldat, commander l'assaut, pour mettre fin à la résistance de Welf, c'est Sylvestre qui l'en dissuade, qui lui recommande de recourir à la ruse et d'attendre [1].

1. Nous donnons, dans leur ensemble, les vers de Victor Hugo, parce qu'ils condensent, pour ainsi dire, tout ce qui a été inventé par la légende et les pires adversaires de Gerbert :

WELF, CASTELLAN D'OSBOR

SYLVESTRE.

Moi, j'ai les clefs. La force est moins que la vertu.
Deux mains jointes font plus d'ouvrage sur la terre
Que tout le roulement des machines de guerre.
César est grand ; mais Christ, à la douceur enclin,
Près de l'homme de pourpre a mis l'homme de lin.
Je suis le père. En moi la lumière se lève,
Et ce que l'empereur commence, je l'achève ;
Il absout pour la terre et j'absous pour le ciel.
Le grand César ne peut rien donner d'éternel.
Il t'offre une couronne, et moi je t'offre une âme,
La tienne. En t'isolant, comme en un schisme infâme,
Triste excommunié, tu l'as perdue, hélas !
Je te la rends. Frémis, vieillard, tu reculas
Vers Satan, et tu fis outrage au ciel propice
Quand tu mis entre nous et toi ce précipice.
Fils, veux-tu regagner ta part du paradis,
Rentrer chez les élus, fuir de chez les maudits ;
Cède à moi qui suis pape, héritier des apôtres.

WELF.

Que me veut-on ? Passez votre chemin, vous autres.
Je hais ton glaive, ô duc. Je hais ton sceptre, ô roi.
César, je hais ton globe impérial. Et toi,
Pape, je ne crois pas à tes clefs. Qu'ouvrent-elles ?
Des enfers. Tu mens, pape, et tes fureurs sont telles
Que Rome est le cachot du Christ, je te le dis,
Et pour voir en toi l'homme ouvrant le paradis,
Le père, j'attendrai, pape, que tu dételles
Tous ces hideux chevaux : Guerre aux rages mortelles,
Haine, Anathème, Orgueil, Vengeance à l'œil de feu,
Monstres par qui tu fais traîner le char de Dieu !
..............................................

OTTON.

A l'assaut !

Victor Hugo ne se contente pas de mettre Gerbert au service d'Otton et de le faire plus mauvais que l'empereur lui-même. Il oppose les hommes de paix aux hommes de guerre, et, plaçant les prêtres à côté des guerriers, il associe Gerbert à Borgia et à Anitus, à Judas et à Caïphe, à Dicatus, l'inventeur des quatorze tortures, à Torquemada et à Loyola, — comme à Bossuet — pour leur reprocher leur cruauté, leur ruse et leur mépris de la raison humaine [1] !

> SYLVESTRE (*montrant le précipice*).
>
> Si vous n'avez pas d'ailes,
> Vous ne franchirez pas cet abîme. Vos ponts
> Ne pourront au roc vif enfoncer leurs crampons.
> Les torrents dans ce trou tombent. Et votre armée,
> Comme eux, en y croulant, y deviendra fumée.
> ............................................
>
> OTTON (à Sylvestre).
>
> Que nous conseille donc la sainteté ?
>
> SYLVESTRE.
>
> D'attendre.
> La nuit vient. Et le temps qui s'écoule est pour nous.
> Cachez dans le ravin des gardes à genoux.
> Faites le guet.

[1].  LES HOMMES DE PAIX AUX HOMMES DE GUERRE

> Ô conquérants, guerriers, héros, faiseurs de cendres
> ............................................
> Vous que l'homme, par vous dévoré, trouve beaux ;
> Nous qui sommes les noirs bénisseurs funéraires,
> Les prêtres, nous avons à vous dire ceci.
> Écoutez.
> Notre gîte auguste fut saisi,
> Comme le vôtre, hélas, par *la raison humaine* ;
> Nous avions, comme vous, les peuples pour domaine,
> Et nous rôdions sur eux, puissants, l'œil en arrêt,
> Vainqueurs, toute la terre étant notre forêt ;
> Et nous disions à Dieu : C'est par nous que tu frappes,
> Car vous êtes les rois, mais nous sommes les papes ;
> Vous êtes Attila, nous sommes Borgia.
> Nous avons la madone et la panagia,
> L'idole, comme vous, vous avez la bataille ;
> Princes, nous n'avons pas tout à fait votre taille,
> Nous sommes le danger qui se met à genoux,
> Vous grondez plus que nous, nous rampons mieux que vous ;
> On sent notre velours, pire que votre griffe ;
> Nous sommes Anitus, Torquemada, Caïphe.
> Une grande tiare est sur nos fronts étroits,
> Urbain huit, Sixte quint, Paul trois, Innocent trois,
> Gerbert, l'âme livrée aux sombres aventures,
> Dicatus, inventant tes quatorze tortures.

Enfin, plus hardi que la plupart de nos légendaires, il place Gerbert en enfer, avec ceux qu'il appelle les fléaux, avec Tibère et Néron, Tamerlan et Phalaris, sous le gouvernement de Satan ou de Borgia [1] !

Si donc des historiens considérables ont reproduit des assertions que démentent les documents aujourd'hui connus ; si un poète, qui compte parmi les plus puissants de notre siècle, a si complètement méconnu un homme supérieur à la plupart de ceux qu'il a chantés au moyen âge, c'est que la légende continue à peser sur l'histoire, pour la fausser. Et, par cela même, il était nécessaire de procéder, comme nous l'avons fait, à une analyse minutieuse et précise des textes, pour en tirer tout ce qu'ils contiennent d'incontestable et expliquer, du même coup, comment la fiction s'est substituée à la vérité.

> Judas buvant le sang que Jésus-Christ suait.
> La ruse, Loyola, la haine, Bossuet,
> L'autodafé, l'effroi, le cachot, la Bastille,
> C'est nous ; et notre pourpre effrayante pétille
> Par moments, et s'allume, et devient flamboiement.

Le vers où il est question de Gerbert, est une allusion manifeste à la vieille légende.

[1]
> Je me penchai. J'étais dans le lieu ténébreux :
> Là gisent les fléaux avec la nuit sur eux :
> Et je criai : — Tibère ! — Eh bien ? me dit cet homme.
> — Tiens-toi là. — Soit. — Néron ! — L'autre monstre de Rome
> Dit : — Qui donc ose ainsi me parler ?. — Bien. Tiens-toi-là.
> Je dis : — Sennachérib ! Tamerlan ! Attila !
> — Qu'est-ce donc que tu veux ? répondirent trois gueules.
> — Restez-là. Plus un mot. Silence. Soyez seules.
> Je me tournai : — Nemrod ! — Quoi ? — Tais-toi. — Je repris ;
> — Cyrus ! Rhamsès ! Cambyse ! Amilcar ! Phalaris !
> — Que veut-on ? — Restez là. — Puis, passant aux modernes,
> Je comparai les bruits de toutes les cavernes,
> Les antres aux palais et les trônes aux bois,
> Le grondement du tigre au cri d'innocent trois ;
> Nuit sinistre, où pas un des coupables n'échappe,
> Ni sous la pourpre Otton, ni *Gerbert sous la chape*.
> Pensif, je m'assurai qu'ils étaient bien là tous.
> Et je leur dis : — Quel est le pire d'entre vous ?
> Alors au fond du gouffre, ombre patibulaire
> Où le nid menacé par l'immense colère
> Autrefois se blottit et se réfugia,
> Satan cria : — C'est moi ! — Crois-tu ? dit Borgia.

## CONCLUSION

De la légende, comme des polémiques qui la conservèrent ou la renouvelèrent, nous pouvons cependant retenir que Gerbert frappa les imaginations du xi° et du xii° siècle, comme celles de ses contemporains; que les discussions, auxquelles il s'était mêlé ou qu'il avait soulevées, devaient continuer à occuper et même à passionner les esprits; qu'enfin, la façon dont il les a traitées, en faisait un de ces hommes qu'on admire ou qu'on déteste, mais devant lesquels on ne saurait rester indifférent.

Nous sommes donc conduits aux mêmes conclusions que par l'étude des textes et des faits. Gerbert fut un professeur incomparable, supérieur à ceux qui l'avaient précédé; l'égal au moins, de tous les maîtres, dont le succès fut incontesté au moyen âge. Ce fut un penseur original, moins par les idées, dont il a été le propagateur, que par le système dans lequel il les fit entrer. Les prosateurs et les poètes, les savants et les philosophes, les livres saints et les auteurs chrétiens ont été, par lui réunis dans une synthèse, qui ne laisse échapper aucun des éléments dont l'humanité peut tirer profit, pour son développement intellectuel et moral. Saint Thomas a su davantage, mais il n'a pas poursuivi un but plus vaste, en tâchant d'unir la théologie, la science et la philosophie. Peut-être même pourrait-on penser que les deux dernières tiennent plus de place dans l'œuvre de Gerbert, non moins soucieux, d'ailleurs, de rester chrétien que l'Ange de l'École, dont se réclament surtout aujourd'hui le pape et les catholiques.

Érudit et humaniste, Gerbert touche à la Renaissance dont il surpasse les représentants les plus éminents, en ce qu'il joint, au souci de bien dire, celui de bien penser et de bien faire. Savant, il mérite, par l'ingéniosité de ses procédés, d'être rapproché des savants modernes. D'Alembert disait que, placé au temps d'Archimède, Gerbert l'eût peut-être égalé ; il serait tout aussi vrai de dire, qu'il eût peut-être été, au xvii<sup>e</sup> siècle, le rival de Galilée.

L'homme est, par son intelligence et son caractère, aussi grand que le penseur. Car, de sa philosophie si compréhensive, il fait sortir une morale et une politique, où il réunit ce qu'il y a de meilleur dans la pensée antique et surtout stoïcienne, comme dans le christianisme. Et ce qu'il croit vrai, il tente de le réaliser, d'abord en lui-même, puis en ceux qu'il est chargé de diriger, enfin dans l'Église et dans l'État. De même qu'il demande à la raison et à la foi d'éclairer l'intelligence, au stoïcisme et au christianisme de diriger la volonté, pour rendre l'individu plus instruit et meilleur, il veut que le pouvoir spirituel et le pouvoir temporel, étroitement unis et conservant leurs droits réciproques, fassent régner, dans le monde chrétien, la paix si nécessaire aux laïques et aux clercs, pour accomplir leur œuvre en cette vie, et mériter, dans l'autre, les récompenses promises, par le Seigneur, à ses élus. Et ce n'était pas une utopie pure et simple, que poursuivait « le pape philosophe ». Car nous voyons, de nos jours, un souverain pontife, que les catholiques révèrent et dont les incroyants reconnaissent la haute intelligence, essayer, dans une société où les catholiques sont mêlés à des chrétiens de confessions différentes, à des représentants d'autres religions et même à des penseurs libres, qui ont rompu avec toute croyance, d'établir une conciliation entre les choses civiles et les choses religieuses, en recommandant, au sens à peu près où Gerbert l'entendait, de rendre à l'État — quelle que soit sa forme — ce qui lui est dû, comme on rend à Dieu ce qu'on lui doit.

Que si nous nous plaçons enfin à un point de vue exclusivement moderne, en laissant de côté toute préoccupation historique ou chrétienne, nous rappellerons que Gerbert a toujours poursuivi la découverte de la vérité et le triomphe de la justice, qu'il corrige ou complète par la charité. C'est assez pour que nous le comptions parmi ceux qui, ayant été grands aux yeux de leurs contemporains, le sont plus encore pour la postérité.

# TABLE DES MATIÈRES

Préface..................................................... 1

### CHAPITRE PREMIER

**La civilisation médiévale avant Gerbert**............... 1
I. — La civilisation hellénico-romaine, de la séparation de l'Orient et de l'Occident, au temps de Charlemagne. — Décadence en Occident; l'Italie, l'Afrique, l'Espagne, la Gaule, l'Irlande, la Grande-Bretagne; les livres et les maîtres qui pouvaient ramener à l'étude de la pensée antique. — Byzance conserve la civilisation gréco-romaine et fait œuvre originale. — Les Arabes ayant constitué leur empire, vont créer une civilisation brillante............................................. 2-7
II. — Byzance et les Arabes au temps de Charlemagne. — Relations entre les trois empires. — Renaissance carolingienne : Alcuin et sa synthèse impersonnelle des connaissances accessibles à ses contemporains, faite d'un point de vue religieux et pratique : ses collaborateurs et ses successeurs.......... 8-12
III. — Au temps de Charles le Chauve, marche ascendante des trois civilisations. — Byzance : Photius. — Les Arabes, Honain et Alkendi. — Situation peu prospère de la France; progrès de la culture intellectuelle, Servat Loup, Jean Scot et leurs contemporains, retour à l'antiquité, questions nouvelles, introduction de l'esprit grec dans les écoles............... 12-16
IV. — Byzance au x$^e$ siècle : Constantin VII Porphyrogénète. — Les Arabes en Orient, Alfarabi; en Espagne, bibliothèques et académies. — L'Occident : Alfred en Angleterre; la France, Heiric et Remi d'Auxerre, Abbon et Odon; l'Allemagne, héritière et continuatrice de Charlemagne, Henri I$^{er}$, les Otton, contemporains et protecteurs de Gerbert........... 16-19

## CHAPITRE II

**La vie de Gerbert, son éducation**........................ 21

I. — Les grandes lignes de la vie de Gerbert; les documents, *Lettres de Gerbert*, éditées par Julien Havet, l'*Histoire* de Richer et la confiance que nous pouvons lui accorder............ 22-24

II. — Sa famille : elle était pauvre et obscure, d'après Richer, Raoul Glaber et Gerbert lui-même. — Son lieu d'origine : il est Aquitain. — Séjour à Saint-Géraud d'Aurillac ; Gerbert y est élevé et instruit avec soin : ses relations ultérieures avec Géraud, avec Raimond, son ancien maître, avec les moines. 24-29

III. — Gerbert en Espagne (967-970) : mélange de la civilisation gothique et de la civilisation carolingienne dans le nord de l'Espagne ; Gerbert peut y étudier Boèce et Isidore de Séville : il y a des amis et il est sur le point d'y chercher fortune après son départ de Bobbio ; il n'a pas séjourné chez les Arabes ; raisons multiples qui font considérer ce voyage comme légendaire ; il a pu, en Espagne ou plus tard, utiliser certaines traductions des ouvrages arabes............ 30-38

IV. — Gerbert en Italie et à Reims : le pape Jean XIII retient Gerbert, par ordre d'Otton ; Gerbert professe les mathématiques ; il va étudier la logique à Reims ; Adalbéron le nomme scolastique................................................. 38-41

## CHAPITRE III

**La vie de Gerbert, scolastique et abbé, archevêque et pape** ............................................. 43

Gerbert se partage entre la spéculation et la pratique.........

I. — Gerbert scolastique à Reims : l'organisation de son enseignement, sa renommée; discussion avec Otric; recherche de manuscrits................................................. 44-47

II. — Gerbert, abbé de Bobbio; les difficultés ; les deux maximes qui dirigent sa vie publique ; ses lettres à l'empereur et à l'impératrice Adélaïde, à l'évêque de Tortone, à Boson et à Pierre, évêque de Pavie, à ses amis ; mort d'Otton II ; raisons pour lesquelles Gerbert quitte Bobbio et revient à Reims................................................. 47-55

III. — Gerbert à Reims : il augmente sa bibliothèque, continue à enseigner et à s'instruire ; il ne renonce jamais à faire valoir ses droits sur Bobbio, auprès des moines, du pape, des impératrices et d'Otton III. — Gerbert se tourne vers l'Espagne, mais s'attache surtout à Adalbéron ; il l'aide à défendre l'héritage d'Otton III; il est secrétaire d'Hemma, puis de Hugues Capet ; Adalbéron cherche à le faire évêque. puis meurt le 23 janvier 989........................................  55-61

IV. — Situation de Gerbert; les propositions qui lui sont faites ; Arnoul, archevêque de Reims ; Gerbert demande vainement qu'Otton lui assure une situation indépendante; il reste le secrétaire d'Arnoul, perd tout ce qu'il possède, au pillage de Reims par les soldats de Charles de Lorraine ; il est quelque temps le partisan de Charles, puis reprend son influence auprès de Hugues Capet. — Gerbert, archevêque de Reims (juin 991); luttes contre les partisans d'Arnoul; Grégoire V, le parent d'Otton, remplace Jean XV, le défenseur d'Arnoul ; mort de Hugues Capet (24 octobre 996); Gerbert cherche un asile en Germanie ; Otton lui donne Sasbach et lui demande des leçons. — Gerbert, archevêque de Ravenne, puis pape, sa mort, 12 mai 1003..............  61-68

## CHAPITRE IV

L'enseignement, les lettres et les écrits de Gerbert.....  69
Gerbert comparé à ses prédécesseurs.

I. — Gerbert, professeur à la cour d'Otton I$^{er}$. — Gerbert, scolastique à Reims. La dialectique : Gerbert lit et commente plus de livres que ses prédécesseurs, autant que Fulbert et Abélard; les poètes et la rhétorique, les controverses dirigées par un sophiste, complètent l'étude de la logique; les discussions socratiques et Otton II; dispute avec Otric ; usage des divisions, des distinctions pour chercher la vérité. Les mathématiques : 1° l'arithmétique, Richer, la *Regula de abaco computi*, le *Libellus de numerorum divisione*, le *Liber abaci*, les Lettres. La musique. L'astronomie : sphère pleine en bois, observation des étoiles, demi-cercle, sphères armillaires, qui provoquent l'admiration des contemporains. L'abaque et la géométrie : *Gerberti Geometria*..............  70-84

II. — Gerbert à Bobbio : Lettres et correspondants, Catalogue et acquisition de livres. — Gerbert à Reims (984-991); ceux pour qui et à qui il écrit; enseignement, études, travaux...  84-101

III. — Gerbert, archevêque de Reims (991-997) : Lettres et correspondants, écrits et études, *Acta Concilii Remensis ad Sanctum Basolum*. Gerbert, professeur d'Otton III ; archevêque de Ravenne et pape (997-1003) : Lettres et correspondants, écrits et études, le *Libellus de rationali et ratione uti*, le *De Corpore et sanguine Domini*, etc...........................  101-113

IV. — Résumé ...................................................  113-116

## CHAPITRE V

**L'œuvre spéculative et pratique de Gerbert**............ 117
L'œuvre de Gerbert, comme sa vie, est partagée entre la spéculation et la pratique : la philosophie en fait l'unité et la synthèse.

I. — L'érudit : la recherche des livres ; Gerbert y emploie l'argent qu'il possède, rend des services, use de promesses, de prières et d'objurgations éloquentes, lettres à Ébrard et à Rainard. — Nous ne connaissons ni tous les livres qu'il demanda, ni tous ceux qu'il obtint. — Les ouvrages littéraires que Gerbert posséda et put étudier : poètes et prosateurs. — L'enseignement de la rhétorique : Gerbert unit Cicéron et saint Augustin, précède Fénelon ; les lettres sacrées et profanes ; Gerbert se distingue des humanistes de la Renaissance et des scolastiques, leurs adversaires. — Le poète, l'humaniste, orateur et écrivain ; les Lettres.......... 119-136

II. — Le philosophe : la science des choses divines et humaines met l'unité dans ses études et dans sa vie, le console et l'inspire : il est et il paraît aux autres un philosophe. — Ses connaissances : l'*Isagoge* de Porphyre, les *Catégories*, et l'*Interprétation* ; Boèce, Martianus Capella, Macrobe ; le *Timée* de Platon ; Cicéron et Lucrèce, Térence et Lucain, Perse et Juvénal, Horace, Virgile et saint Augustin lui font connaître, en tout ou en partie, les doctrines académiques, épicuriennes, stoïciennes et néo-platoniciennes. — La philosophie de Gerbert : la discussion avec Otric, recherche de la vérité, autorité et réflexion, définition et division de la philosophie ; le *Libellus de rationali et ratione uti* ; les Lettres, le philosophe, le dialecticien, le moraliste......... 136-165

III. — Le théologien et le polémiste ; le savant, arithmétique et musique, astronomie et géométrie, physique et médecine.. 165-191

IV. — L'homme et l'ami, le serviteur et l'abbé, l'archevêque, le pape et le politique.............................. 191-196

## CHAPITRE VI

**La légende de Gerbert**................................. 197

I. — Les hérétiques après Gerbert ; Vilgard et les poètes : les manichéens d'Orléans, scolastique et science ; la dialectique, Bérenger et Abélard ; les mathématiques et le démon. — Ignorance croissante ; le rôle du démon. — Abbon, Adhémar, Bennon, Sigebert, Orderic Vital, Guillaume de Malmesbury ; la légende complète.... ...................... 197-209

II. — Luttes entre protestants et catholiques, Baronius. — Les Gallicans et les ultramontains ; ouverture du tombeau de Gerbert. — Les travaux des érudits. — Persistance des imputations calomnieuses chez les historiens. — La légende de Gerbert et Victor Hugo. — Nécessité d'une analyse minutieuse des textes........................... 209-217

CONCLUSION............................................. 219-221

ERNEST LEROUX, ÉDITEUR, 28, RUE BONAPARTE, PARIS

# BIBLIOTHÈQUE DE L'ÉCOLE DES HAUTES ÉTUDES

## SECTION DES SCIENCES RELIGIEUSES

I. — ÉTUDES DE CRITIQUE ET D'HISTOIRE, par les Membres de la Section des sciences religieuses, avec une introduction par Albert Réville, professeur au Collège de France, président de la Section. In-8°.. 7 fr. 50

II et III. — DU PRÉTENDU POLYTHÉISME DES HÉBREUX. Essai critique sur la religion du peuple d'Israël, suivi de l'examen de l'authenticité des écrits prophétiques, par Maurice Vernes, directeur-adjoint. 2 volumes in-8°........................................................ 15 fr. "

IV. — LA MORALE ÉGYPTIENNE QUINZE SIÈCLES AVANT NOTRE ÈRE. Étude sur le papyrus de Boulaq n° 4, par E. Amélineau. In-8°. 10 fr. "

V. — LES ORIGINES DE L'ÉPISCOPAT. Étude sur la formation du gouvernement ecclésiastique au sein de l'Église chrétienne dans l'Empire romain, par Jean Réville, maître de conférences. In-8°........ 12 fr. "

VI. — ESSAI SUR L'ÉVOLUTION HISTORIQUE ET PHILOSOPHIQUE DES IDÉES MORALES DANS L'ÉGYPTE ANCIENNE, par E. Amélineau, maître de conférences. In-8°......................... 8 fr. "

VII. — ÉTUDES DE CRITIQUE ET D'HISTOIRE, par les Membres de la Section des sciences religieuses. Deuxième série, publiée à l'occasion du Xe anniversaire de la fondation de la Section. In-8°........... 7 fr. 50

Albert Réville, Avant-propos. — E. Amélineau, Les coutumes funéraires de l'Égypte ancienne comparées avec celles de la Chine. — L. Marillier, Caractère religieux du *tabou* mélanésien. — Sylvain Lévi, Les donations religieuses des rois de Valabhi. — A. Foucher, Les scènes figurées de la légende du Bouddha. — H. Derenbourg, Le poète anté-islamique Imrou' ou'l-Kaïs et le dieu arabe al-Kaïs. — M. Vernes, Les sources des livres historiques de la Bible. — A. Sabatier, Note sur un vers de Virgile. — Eug. de Faye, De l'influence du Timée de Platon sur la théologie de Justin Martyr. — A. Réville, La christologie de Paul Samosate. — F. Picavet, Abélard et Alexandre de Halès, créateurs de la méthode scolastique. — A. Esmein, Le serment des inculpés en droit canonique. — J. Réville, L'instruction religieuse dans les premières communautés chrétiennes. — Léon de Rosny, Une grande lutte d'idées dans la Chine antérieure à notre ère. — André Berthelot, L'idée de la Μοῖρα dans les épopées homériques. — J. Deramey, Étude d'eschatologie. Vision de Gorgorios. Texte éthiopien inédit. — A. Quentin, La religion d'Assurbanipal (667-647 av. J.-C.) — G. Raynaud, Quelques mots sur les Panthéons de l'Amérique Centrale et sur leurs rapports avec les Panthéons mexicains.

VIII. — SAINT-AUGUSTIN ET LE NÉO-PLATONISME, par L. Grandgeorge, élève diplômé de l'École des Hautes-Études. In-8°....... 4 fr. "

## RAPPORTS ANNUELS

I. — LA SCIENCE DES RELIGIONS ET LES RELIGIONS DE L'INDE, par Sylvain Lévi. In-8°............................................. 1 fr. "

II. — L'ÉVANGILE DE PIERRE ET LES ÉVANGILES CANONIQUES, par A. Sabatier. In-8°............................................ 1 fr. "

III. — LA SURVIVANCE DE L'AME ET L'IDÉE DE JUSTICE CHEZ LES PEUPLES NON CIVILISÉS, par L. Marillier. In-8°............. 1 fr. "

IV. — NOUVEAU MÉMOIRE SUR L'ÉPITAPHE MINÉENNE D'ÉGYPTE INSCRITE SOUS PTOLÉMÉE, FILS DE PTOLÉMÉE, par Hartwig Derenbourg. In-8°................................................ 1 fr. "

V. — ROSCELIN, PHILOSOPHE ET THÉOLOGIEN, d'après l'histoire et d'après la légende, par F. Picavet. In-8°...................... 1 fr. "

www.ingramcontent.com/pod-product-compliance
Lightning Source LLC
Chambersburg PA
CBHW071906160426
43198CB00011B/1196